Dr. Oetker KÜHLSCHRANK TORTEN VON A–Z

Dr. Oetker

KÜHLSCHRANK TORTEN

VON A–Z

Dr. Oetker Verlag

Abkürzungen

EL	=	Esslöffel
TL	=	Teelöffel
Msp.	=	Messerspitze
Pck.	=	Packung/Päckchen
g	=	Gramm
kg	=	Kilogramm
ml	=	Milliliter
l	=	Liter
evtl.	=	eventuell
Fl.	=	Fläschchen
geh.	=	gehäuft
gestr.	=	gestrichen
TK	=	Tiefkühlprodukt
°C	=	Grad Celsius

Kalorien-/Nährwertangaben

E	=	Eiweiß
F	=	Fett
Kh	=	Kohlenhydrate
kcal	=	Kilokalorie
kJ	=	Kilojoule

Hinweise zu den Rezepten

Lesen Sie vor der Zubereitung – besser noch vor dem Einkauf – das Rezept einmal vollständig durch. Oft werden Arbeitsabläufe oder -zusammenhänge dann klarer.

Zutatenliste

Die Zutaten sind in der Reihenfolge ihrer Bearbeitung angegeben.

Arbeitsschritte

Die Arbeitsschritte sind einzeln hervorgehoben, in der Reihenfolge, in der sie von uns ausprobiert wurden.

Zubereitungszeiten

Die Zubereitungszeit ist ein Anhaltswert für die Zeit der Vorbereitung und die eigentliche Zubereitung. Längere Wartezeiten, z. B. Kühl- und Auftauzeiten, sind nicht mit einbezogen.

Formen

Torten ohne zu backen gelingen, indem Sie einen Springformrand (hier bitte die Angabe zum Durchmesser im jeweiligen Rezept beachten) auf eine mit Tortenspitze oder Backpapier belegte Tortenplatte stellen und die Torte nach Rezept zubereiten. Sollten Sie Backpapier verwenden, ist es empfehlenswert, die Torte zunächst mithilfe eines Tortenhebers vom Backpapier zu lösen und das Backpapier dann vorsichtig unter dem Boden wegzuziehen.
Statt des Springformrands kann auch ein Tortenring oder je nach Rezept ein Backrahmen eingesetzt werden.

Nur frische Eier verwenden

Bei der Zubereitung mit frischen Eiern nur Eier verwenden, die nicht älter als 5 Tage sind (Legedatum beachten!). Ei bzw. Eier in eine Rühr- oder Edelstahlschüssel geben und im heißen Wasserbad mit Handrührgerät mit Rührbesen bei mittlerer Hitze aufschlagen, bis eine Temperatur von etwa 70 °C entsteht. Die Torten und Kuchen im Kühlschrank aufbewahren und innerhalb von 24 Stunden verzehren.

Vorwort

Backen ohne zu backen - nicht nur im Sommer eine prima Alternative. Es ist ganz einfach: Biskuit, Kekse oder Waffeln werden im Ganzen oder zerbröselt zu Böden oder Zwischenschichten verarbeitet und mit Obst, Sahne, Quark oder anderen leckeren Milchprodukten zu fantasievollen Kreationen verarbeitet.

Und nach einem Gastspiel im Kühlschrank warten die coolen Köstlichkeiten dann nur noch darauf, von Ihnen vernascht zu werden.

Mit diesen köstlich fruchtigen Torten und Kuchen kann der Sommer kommen. Denn was gibt es Schöneres als mit der Familie und Freunden an warmen Sommertagen auf Balkon oder Terrasse zu sitzen und leckere Torten zu genießen? Aus der Vielfalt der Sommerfrüchte können Sie sommerlich-leichte Tortengenüsse zaubern, die Sie und Ihre Gäste verwöhnen. Und damit Sie nicht viel Zeit mit dem heißen Backofen verbringen müssen, brauchen Sie keinen Backofen. Für besonders heiße Tage finden Sie in diesem Buch auch einige Eistorten.

Das ist die moderne Art des Backens, mit Quark, Joghurt oder Dickmilch und vielen frischen Früchten und farbenfrohen Beeren.

So wird bei der Fülle der Rezepte jeder sein Lieblingsrezept finden, seien es Hits für Kids, Torten mit Schwips oder frischen Früchtchen, schnelle Zaubereien, Leckeres für Ihre Lieben oder Sommerliches für Gäste.

Adventstorte | Raffiniert

Insgesamt:
E: 64 g, F: 248 g, Kh: 240 g, kJ: 14863, kcal: 3553

Für den Boden:

125 g Gewürzspekulatius oder Nussplätzchen
50 g Butter

Für die Creme:

4 Blatt weiße Gelatine
250 g Mascarpone (ital. Frischkäse)
250 g Speisequark (Magerstufe)
2 EL flüssiger Honig
1 Pck. Dr. Oetker Vanillin-Zucker
1 1/2 TL gemahlener Zimt
75 g Zucker
250 g Schlagsahne
1 Pck. Dr. Oetker Sahnesteif

Zum Bestreuen:

etwa 4 kleine Baisertörtchen (Ø etwa 7 cm, feines Schaumgebäck)
2 TL Kakaopulver

Zubereitungszeit: 30 Minuten, ohne Kühlzeit

1. Für den Boden Spekulatius oder Plätzchen in einen Gefrierbeutel geben. Den Beutel verschließen. Spekulatius oder Plätzchen mit einer Teigrolle fein zerbröseln. Die Brösel in eine Rührschüssel geben. Butter zerlassen, zu den Gebäckbröseln geben und gut verrühren.

2. Einen Springformrand (Ø 22 cm) auf eine mit Tortenspitze oder Backpapier belegte Tortenplatte stellen. Die Bröselmasse darin gleichmäßig verteilen und mit einem Löffel gut zu einem Boden andrücken. Tortenboden kalt stellen.

3. Für die Creme Gelatine in kaltem Wasser nach Packungsanleitung einweichen. Mascarpone, Quark, Honig, Vanillin-Zucker, Zimt und Zucker verrühren. Sahne mit Sahnesteif steif schlagen.

4. Eingeweichte Gelatine leicht ausdrücken und in einem kleinen Topf unter Rühren bei schwacher Hitze auflösen (nicht kochen). Gelatine mit etwa 3 Esslöffeln der Mascarpone-Quark-Masse verrühren, dann unter die restlichen Mascarpone-Quark-Masse rühren. Die Hälfte der Sahne unterheben. Restliche Sahne kalt stellen (Kühlschrank).

5. Die Mascarpone-Quark-Creme auf den Bröselboden geben und glatt streichen. Die Torte etwa 30 Minuten kalt stellen (Kühlschrank).

6. Den Springformrand lösen und entfernen. Restliche, kalt gestellte Sahne auf die Tortenoberfläche streichen. Die Torte wieder etwa 2 Stunden kalt stellen (Kühlschrank).

7. Zum Bestreuen Baisertörtchen in kleine Stücke hacken und auf die Sahne streuen. Den Tortenrand mit Kakao bestäuben. Nach Belieben eine Sternschablone vorsichtig auf die Tortenoberfläche legen und die Torte mit Kakao bestäuben. Dann die Schablone vorsichtig abnehmen.

Abwandlung: Zusätzlich 3 Esslöffel Pflaumenmus auf den Boden streichen oder den Boden mit 250 g abgetropften Pflaumenhälften aus dem Glas belegen. Dann die Creme nach Belieben mit 2–3 Esslöffeln Slibowitz abschmecken.

Tipps: Baiserbrösel und Kakao erst kurz vor dem Servieren auf die Sahne geben, da die Brösel sonst durchweichen bzw. Feuchtigkeit ziehen.
Für die Creme möglichst einen nicht zu stark gewürzten Honig verwenden, da dieser sonst den Zimtgeschmack übertönen würde.
Der Boden kann bis zu 2 Tage vor dem Verzehr zubereitet werden. Die Torte dann zugedeckt kalt stellen (Kühlschrank).

Adventstorte mit Orangen | Für Gäste

Insgesamt:
E: 128 g, F: 288 g, Kh: 384 g, kJ: 20000, kcal: 4768

Für den Boden:
200 g Gewürzspekulatius oder Nussplätzchen
100 g Butter

Für die Creme:
6 Blatt weiße Gelatine
250 g Mascarpone (ital. Frischkäse)
500 g Speisequark (Magerstufe)
2 EL flüssiger Honig
1 Pck. Dr. Oetker Vanillin-Zucker
2 gestr. TL gemahlener Zimt
75 g Zucker
200 g Schlagsahne

Für den Belag:
2 Orangen
2 kleine Birnen
60 ml (5 EL) Cointreau (Orangenlikör)
300 ml Orangensaft
140 ml Wasser
2 Pck. Tortenguss, klar
4 EL Zucker

Zum Garnieren:
25 g weiße Kuvertüre

Zubereitungszeit: 45 Minuten, ohne Kühlzeit

1. Für den Boden Spekulatius oder Nussplätzchen in einen Gefrierbeutel geben. Den Beutel verschließen. Das Gebäck mit einer Teigrolle fein zerbröseln. Gebäckbrösel in eine Rührschüssel geben. Butter zerlassen, zu den Gebäckbröseln geben und gut verrühren.

2. Einen Springformrand (Ø 26 cm) auf eine mit Tortenspitze oder Backpapier belegte Tortenplatte stellen. Die Bröselmasse darin gleichmäßig verteilen und mit einem Löffel gut zu einem Boden andrücken. Tortenboden kalt stellen.

3. Für die Creme die Gelatine in kaltem Wasser nach Packungsanleitung einweichen. Den Mascarpone mit Quark, Honig, Vanillin-Zucker, Zimt und Zucker verrühren. Eingeweichte Gelatine leicht ausdrücken und in einem kleinen Topf unter Rühren bei schwacher Hitze auflösen (nicht kochen).

4. Zuerst etwa 4 Esslöffel von der Mascarpone-Quark-Masse mit der Gelatine verrühren, dann unter die restliche Mascarpone-Quark-Masse rühren. Sahne steif schlagen und unterheben.

5. Die Creme auf den Bröselboden geben und glatt streichen. Die Adventstorte etwa 2 Stunden kalt stellen (Kühlschrank).

6. Für den Belag Orangen so schälen, dass die weiße Haut mitentfernt wird. Orangen filetieren. Birnen waschen, abtrocknen, vierteln und entkernen. Birnenviertel in Spalten schneiden. Orangenfilets und Birnenspalten dekorativ auf der Creme verteilen.

7. Cointreau, Orangensaft und Wasser in einem Topf verrühren. Tortengusspulver mit Zucker mischen, in die Flüssigkeit rühren und unter Rühren gut aufkochen lassen. Den Guss auf den Orangenfilets und Birnenspalten verteilen. Guss fest werden lassen.

8. Den Springformrand lösen und entfernen. Den Tortenoberflächenrand mit geschabter Kuvertüre garnieren.

Amarena-Schnittchen | Mit Alkohol

Insgesamt:
E: 85 g, F: 521 g, Kh: 481 g, kJ: 29601, kcal: 7044

Für den Boden:
300 g mit Schokolade gefüllte Doppelkekse
1 Pck. Trinkschokolade (25 g)
120 g Butter
50 g Schlagsahne

Für den Belag:
500 g Mascarpone (ital. Frischkäse)
250 g Speisequark (Magerstufe)
75 g Zucker
1 Pck. Dr. Oetker Bourbon-Vanille-Zucker
350 g Schlagsahne
2 Pck. Dr. Oetker Sahnesteif
2 kleine Gläser Amarenakirschen (Einwaage je 140 g)

Zum Verzieren:
50 g Zartbitter-Schokolade
1 TL Speiseöl

Zubereitungszeit: 30 Minuten, ohne Kühlzeit

1. Für den Boden Schokoladenkekse in einen Gefrierbeutel geben. Den Beutel verschließen. Die Kekse mit einer Teigrolle zerbröseln. Brösel in eine Rührschüssel geben und mit der Trinkschokolade mischen. Butter zerlassen, mit der Sahne zu den Bröseln geben und gut verrühren.

2. Einen Backrahmen (30 x 20 cm) auf eine Platte (mit Backpapier belegt) stellen. Die Bröselmasse darin gleichmäßig verteilen und dann mit einem Löffel gut zu einem Boden andrücken. Boden kalt stellen.

3. Für den Belag Mascarpone, Quark, Zucker und Vanille-Zucker in eine Rührschüssel geben und mit Handrührgerät mit Rührbesen geschmeidig rühren. Sahne mit Sahnesteif steif schlagen und unterheben.

4. Die Amarenakirschen in einem Sieb gut abtropfen lassen. Einige Kirschen halbieren und zum Garnieren beiseitelegen.

5. Amarenakirschen auf dem Bröselboden verteilen. Dann die Quark-Sahne-Creme daraufgeben und glatt streichen. Den Kuchen etwa 1 Stunde kalt stellen (Kühlschrank).

6. Zum Verzieren Schokolade in Stücke brechen, mit Speiseöl in einem kleinen Topf im heißen Wasserbad bei schwacher Hitze unter Rühren schmelzen. Dann Schokolade in einen Gefrierbeutel füllen und eine kleine Spitze abschneiden. Die Kuchenoberfläche mit der Schokolade besprenkeln und mit den beiseitegelegten Amarenakirschen garnieren. Schokolade fest werden lassen.

7. Den Backrahmen lösen und das Backpapier entfernen. Den Kuchen in etwa 15 Schnittchen schneiden.

Tipp: Die Schnittchen nach Belieben in Papierbackförmchen setzen und servieren.

Amarettini-Eierpflaumen-Torte I

Raffiniert

Insgesamt:
E: 62 g, F: 267 g, Kh: 380 g, kJ: 18097, kcal: 4324

Für den Boden:
50 g Amarettini (ital. Mandelmakronen)
100 g Löffelbiskuits
125 g Butter

Für die Joghurt-Frischkäse-Creme:
5 Blatt weiße Gelatine
300 g Vanillejoghurt
200 g Doppelrahm-Frischkäse
Saft von
1 Zitrone
50 g Zucker
1 Pck. Dr. Oetker Bourbon-Vanille-Zucker
250 g Schlagsahne

Für den Belag:
750 g Eierpflaumen
2 Pck. Tortenguss, klar
je 250 ml
(1/4 l) Apfelsaft und Wasser
30 g Zucker

Zum Bestreuen und Garnieren:
25 g Amarettini
evtl. frische, vorbereitete Minzeblättchen

Zubereitungszeit: 50 Minuten, ohne Kühlzeit

1. Für den Boden Amarettini und Löffelbiskuits in einen Gefrierbeutel geben. Den Beutel verschließen. Das Gebäck mit einer Teigrolle fein zerbröseln. Gebäckbrösel in eine Rührschüssel geben. Butter zerlassen, zu den Gebäckbröseln geben und gut verrühren.

2. Einen Springformrand (Ø 26 cm) auf eine mit Tortenspitze oder Backpapier belegte Tortenplatte stellen. Die Bröselmasse darin gleichmäßig verteilen und mit einem Löffel gut zu einem Boden andrücken. Tortenboden kurz kalt stellen.

3. Für die Joghurt-Frischkäse-Creme die Gelatine in kaltem Wasser nach Packungsanleitung einweichen. Joghurt, Frischkäse, Zitronensaft, Zucker und Vanille-Zucker in einer Schüssel verrühren. Die eingeweichte Gelatine leicht ausdrücken und in einem kleinen Topf unter Rühren bei schwacher Hitze auflösen (nicht kochen).

4. Gelatine mit 2 Esslöffeln der Joghurt-Frischkäse-Masse verrühren, dann mit der restlichen Joghurt-Frischkäse-Masse verrühren, kalt stellen.

5. Sahne steif schlagen. Sobald die Masse anfängt dicklich zu werden, Sahne unterheben. Die Joghurt-Frischkäse-Creme auf den Bröselboden geben und glatt streichen. Die Torte etwa 2 Stunden kalt stellen (Kühlschrank).

6. Für den Belag die Pflaumen waschen, abtrocknen, halbieren und entsteinen. Pflaumenhälften nochmals durchschneiden. Pflaumenviertel kuppelartig auf die Tortenoberfläche legen.

7. Aus Tortengusspulver, Apfelsaft, Wasser und Zucker einen Guss nach Packungsanleitung zubereiten. Den Guss auf den Pflaumenvierteln verteilen.

8. Amarettini leicht zerbröseln und auf den Guss streuen. Die Torte etwa 1 Stunde kalt stellen (Kühlschrank). Den Guss fest werden lassen. Die Torte nach Belieben mit Minzeblättchen garnieren.

Amarettini-Torte | Raffiniert

Insgesamt:
E: 33 g, F: 171 g, Kh: 173 g, kJ: 10115, kcal: 2411

Für den Belag:
75 g Amarettini (ital. Mandelmakronen, ohne Hagelzucker)
5 Blatt weiße Gelatine
3 Beutel (je 10 g) Instant-Cappuccino-Pulver
250 ml (1/4 l) kochendes Wasser
250 g Schlagsahne
1 Pck. Dr. Oetker Bourbon-Vanille-Zucker
100 g Mascarpone (ital. Frischkäse)

Für den Boden:
etwa 100 g Amarettini

Zum Garnieren und Bestäuben:
125 g Schlagsahne
Kakopulver

Zubereitungszeit: 20 Minuten, ohne Kühlzeit

1. Für den Belag Amarettini in einen Gefrierbeutel geben. Den Beutel verschließen. Amarettini mit einer Teigrolle zerbröseln.

2. Gelatine in kaltem Wasser nach Packungsanleitung einweichen. Das Cappuccino-Pulver in dem kochenden Wasser unter Rühren auflösen. Eingeweichte Gelatine leicht ausdrücken und in der Cappuccino-Flüssigkeit unter Rühren auflösen (nicht kochen). Abkühlen lassen.

3. Sahne mit Vanille-Zucker steif schlagen. Wenn die Cappuccino-Flüssigkeit anfängt dicklich zu werden, Mascarpone, Amarettinibrösel und Sahne unterheben.

4. Die Creme in eine mit Backpapier ausgelegte, viereckige Form (etwa 20 x 20 cm) oder Springform (Ø 20 cm) füllen und glatt streichen.

5. Für den Boden Amarettini mit der Spitze nach unten dicht an dicht auf die Creme legen und leicht eindrücken. Die Torte etwa 2 Stunden kalt stellen (Kühlschrank) und die Creme fest werden lassen.

6. Die Torte auf eine Tortenplatte stürzen. Die Sahne steif schlagen und wellenartig auf der Torte verteilen. Tortenoberfäche mit Kakao bestäuben und servieren.

Ananas-Charlotte | Fruchtig

Insgesamt:
E: 53 g, F: 151 g, Kh: 290 g, kJ: 11645, kcal: 2781

Für den Boden:
150 g Löffelbiskuits
75 g weiße Kuvertüre
25 g Butter

Für den Belag:
1 kleine Dose Ananasscheiben (Abtropfgewicht 340 g)
2 Eier (Größe M)
40 g Zucker
6 Blatt weiße Gelatine
125 ml (1/8 l) Ananassaft aus der Dose
2 EL Zitronensaft
250 g Schlagsahne
1 Pck. Dr. Oetker Vanillin-Zucker

Nach Belieben zum Garnieren:
etwa 30 g weiße Schokolade
gehackte Pistazienkerne

Zubereitungszeit: 40 Minuten, ohne Kühlzeit

1. Für den Boden von den Löffelbiskuits etwa 50 g abnehmen, in einen Gefrierbeutel geben und den Beutel verschließen. Löffelbiskuits mit einer Teigrolle fein zerbröseln. Biskuitbrösel in eine Rührschüssel geben.

2. Kuvertüre in kleine Stücke hacken, mit der Butter in einer kleinen Schüssel im heißen Wasserbad unter Rühren schmelzen. Kuvertüre zu den Biskuitbröseln geben und gut verrühren.

3. Einen Springformrand (Ø 22 cm) auf eine mit Tortenspitze oder Backpapier belegte Tortenplatte stellen. Die Bröselmasse gleichmäßig darin verteilen und mit einem Löffel gut zu einem Boden andrücken.

4. Für den Rand die restlichen Löffelbiskuits (etwa 100 g) mit einem Messer halbieren. Löffelbiskuithälften so an den Springformrand stellen, dass die Zuckerseite nach außen zeigt und die Schnittflächen auf dem Bröselboden stehen. Die Löffelbiskuithälften etwas in den Bröselboden drücken. Den Tortenboden kalt stellen (Kühlschrank).

5. Für den Belag Ananasscheiben in einem Sieb abtropfen lassen, dabei den Saft auffangen und 125 ml (1/8 l) abmessen.

6. Ananasscheiben (2 Ananasscheiben zum Garnieren beiseitelegen) in kleine Stücke schneiden und zum Abtropfen wieder in das Sieb geben.

7. Eier und Zucker in eine Rühr- oder Edelstahlschüssel geben und im heißen Wasserbad mit Handrührgerät mit Rührbesen bei mittlerer Hitze schaumig schlagen, bis eine dickflüssige Masse entstanden ist.

8. Gelatine in kaltem Wasser nach Packungsanleitung einweichen. Gelatine leicht ausdrücken und in einem kleinen Topf unter Rühren bei schwacher Hitze auflösen (nicht kochen).

9. Zuerst die aufgelöste Gelatine, dann den Ananas- und Zitronensaft vorsichtig unter die Eiermasse rühren. Kalt stellen.

10. Die Sahne mit Vanillin-Zucker steif schlagen. Wenn die Eiermasse anfängt dicklich zu werden, Sahne und die Ananasstücke vorsichtig unterheben.

11. Die Ananascreme auf den Bröselboden geben und glatt streichen. Die Torte etwa 3 Stunden kalt stellen (Kühlschrank).

12. Nach Belieben zum Garnieren Schokolade mit einem Sparschäler zu Röllchen schaben. Beiseitegelegte Ananasscheiben in Stücke schneiden.

13. Den Springformrand lösen und entfernen. Die Tortenoberfläche mit den Ananasstücken garnieren.

14. Mit den abgeschabten Schokoladenröllchen und Pistazienkernen bestreuen.

Hinweis: Nur ganz frische Eier verwenden, die nicht älter als 5 Tage sind (Legedatum beachten!).

Ananas-Marzipan-Torte I

Für Gäste

Insgesamt:
E: 84 g, F: 477 g, Kh: 423 g, kJ: 26865, kcal: 6416

Für den Boden:

200 g Löffelbiskuits
100 g Marzipan-Rohmasse
150 g Butter

Für den Belag:

8 Blatt weiße Gelatine
1 Dose Ananasstücke (Abtropfgewicht 340 g)
200 ml Ananassaft aus der Dose, evtl. mit Wasser aufgefüllt
500 g Mascarpone (ital. Frischkäse)
75 g Zucker
200 g Schlagsahne

100 g Marzipan-Rohmasse
20 g Puderzucker

Zubereitungszeit: 35 Minuten, ohne Kühlzeit

1. Für den Boden Löffelbiskuits in einen Gefrierbeutel geben und den Beutel verschließen. Löffelbiskuits mit einer Teigrolle fein zerbröseln. Das Marzipan in kleine Würfel schneiden und in eine Rührschüssel geben. Die Butter zerlassen, zu den Marzipanwürfeln geben und glatt rühren. Biskuitbrösel hinzufügen und alles gut vermischen.

2. Einen Springformrand (Ø 26 cm) auf eine mit Tortenspitze oder Backpapier belegte Tortenplatte stellen. Die Brösel-Marzipan-Masse darin gleichmäßig verteilen und mit einem Löffel gut zu einem Boden und zu einem etwa 2 cm hohen Rand andrücken. Tortenboden kalt stellen.

3. Für den Belag Gelatine in kaltem Wasser nach Packungsanleitung einweichen. Ananasstücke in einem Sieb abtropfen lassen, dabei den Saft auffangen und 200 ml abmessen. Ananassaft mit Mascarpone und Zucker in einer Schüssel verrühren.

4. Die eingeweichte Gelatine leicht ausdrücken und in einem Topf bei schwacher Hitze unter Rühren auflösen (nicht kochen). Gelatine zuerst mit 2–3 Esslöffeln der Mascarponemasse verrühren, dann unter die restliche Mascarponemasse rühren. Sahne steif schlagen und unterheben.

5. Ananasstücke (einige Ananasstücke zum Garnieren beiseitelegen) eventuell etwas kleiner schneiden und vorsichtig unter die Creme rühren. Die Creme auf den Bröselboden geben und glatt streichen. Die Torte etwa 3 Stunden kalt stellen (Kühlschrank).

6. Zum Garnieren den Springformrand lösen und entfernen. Das Marzipan mit Puderzucker verkneten und zwischen zwei Lagen Frischhaltefolie ausrollen. Aus der Marzipanplatte mit einem runden Ausstecher 12 Kreise (Ø etwa 4 cm) ausstechen. Marzipankreise an einer Stelle bis zur Mitte durchschneiden und dekorativ auf der Tortenoberfläche verteilen. Beiseitegelegte Ananasstücke daranlegen.

Tipps: Anstelle von Mascarpone schmeckt der Belag auch mit Frischkäse oder Quark.
Ananas kann durch die gleiche Menge Stachelbeeren oder Aprikosen ersetzt werden.

Ananas-Müsli-Torte | Gut vorzubereiten

Insgesamt:
E: 43 g, F: 157 g, Kh: 275 g, kJ: 11312, kcal: 2672

Für den Boden:
200 g Früchtemüsli (ungezuckert)
100 g zerlassene Butter
50 g flüssiger Honig

Für den Belag:
1 Dose Ananasscheiben (Abtropfgewicht 360 g)
10 Blatt weiße Gelatine
250 g Speisequark (Magerstufe)
500 g fettarme Dickmilch
100 g Zucker
1 TL abgeriebene Schale von 1 Bio-Zitrone (unbehandelt, ungewachst)
2–3 EL Zitronensaft
6 EL Ananassaft aus der Dose
200 g Schlagsahne

evtl. etwas Früchtemüsli

Zubereitungszeit: 40 Minuten, ohne Kühlzeit

1. Für den Boden Müsli eventuell etwas zerkleinern, in einer Pfanne ohne Fett unter Rühren erhitzen. So lange rühren, bis die Masse leicht gebräut ist. Butter und Honig unterrühren.

2. Einen Springformrand (Ø 26 cm) auf eine mit Tortenspitze oder Backpapier belegte Tortenplatte stellen. Die Bröselmasse darin gleichmäßig verteilen und mit einem Löffel gut zu einem Boden andrücken.

3. Für den Belag Ananasscheiben in einem Sieb gut abtropfen lassen, den Saft dabei auffangen und etwa 6 Esslöffel abmessen. 3–4 Ananasscheiben zum Garnieren beiseitelegen.

4. Gelatine in kaltem Wasser nach Packungsanleitung einweichen. Restliche Ananasscheiben in kleine Stücke schneiden. Quark, Dickmilch, Zucker, Zitronenschale und -saft gut verrühren. Ananasstücke unterheben.

5. Ananassaft in einem Topf erwärmen (nicht kochen). Die Gelatine leicht ausdrücken und unter Rühren in dem Ananassaft auflösen (nicht kochen). Gelatine mit etwa 3 Esslöffeln der Ananas-Quark-Masse verrühren, dann unter die restliche Ananas-Quark-Masse rühren. Sahne steif schlagen und vorsichtig unterheben.

6. Die Ananas-Quark-Sahne-Creme auf den Müsliboden geben und glatt streichen. Die Torte etwa 3 Stunden kalt stellen (Kühlschrank).

7. Den Springformrand lösen und entfernen. Beiseitegelegte Ananasscheiben in kleine Stücke schneiden. Die Tortenoberfläche mit den Ananasstücken garnieren und nach Belieben mit Müsli bestreuen.

Ananassaft-Schnitten I

Für Gäste

Insgesamt:
E: 84 g, F: 325 g, Kh: 458 g, kJ: 21617, kcal: 5163

Für den Knusperboden:

150 g Cornflakes
70 g Kokosraspel
150 g Vollmilch-Schokolade
100 g weiche Butter

Für die Creme:

18 Blatt weiße Gelatine
1 l Ananassaft (Handelsware)
2–3 EL Zitronensaft
60 g Zucker
450 g saure Sahne
250 g Schlagsahne

Zum Garnieren:

70 g Vollmilch-Schokolade
1 TL Speiseöl
evtl. 10
Kugeln Kokos-Mandelkonfekt
Kakaopulver

Zubereitungszeit: 40 Minuten, ohne Kühlzeit

1. Einen Backrahmen (30 x 40 cm) auf ein Backblech (gefettet, mit Backpapier belegt) stellen.

2. Für den Knusperboden Cornflakes in einen Gefrierbeutel geben. Den Beutel verschließen. Cornflakes mit einer Teigrolle grob zerbröseln und in eine Rührschüssel geben. Kokosraspel in einer Pfanne ohne Fett goldbraun rösten und mit den Cornflakesbröseln mischen.

3. Schokolade in Stücke brechen. Butter in einem kleinen Topf zerlassen. Topf von der Kochstelle nehmen. Schokoladenstücke unter Rühren in der Butter schmelzen. Die Schoko-Butter unter die Kokos-Cornflakes-Mischung rühren, auf dem vorbereiteten Backblech verteilen und mit einem Löffel zu einem Boden andrücken. Das Backblech kalt stellen. Den Knusperboden fest werden lassen.

4. Für die Creme die Gelatine in kaltem Wasser nach Packungsanleitung einweichen. Den Ananassaft mit Zitronensaft und Zucker verrühren. Die Gelatine ausdrücken und in einem kleinen Topf bei schwacher Hitze unter Rühren auflösen (nicht kochen). Etwas von dem Saft unter die Gelatine rühren, dann die Gelatinemasse mit dem restlichen Saft verrühren und kalt stellen.

5. Sobald der Saft anfängt dicklich zu werden, saure Sahne unterrühren. Sahne steif schlagen und unterheben. Die Creme auf dem Knusperboden verteilen und glatt streichen. Das Backblech mindestens 3 Stunden kalt stellen (Kühlschrank).

6. Zum Garnieren die Schokolade in Stücke brechen, mit Speiseöl in einer kleinen Schüssel im heißen Wasserbad bei schwacher Hitze unter Rühren schmelzen. Die Schokolade in einen Gefrierbeutel füllen und eine kleine Ecke abschneiden.

7. Mit einem Messer den Backrahmen lösen und entfernen. Den Ananaskuchen in Schnitten, z.B. Rauten, schneiden und mit der Schokolade besprenkeln. Nach Belieben Konfektkugeln halbieren, jeweils zur Hälfte mit Kakao bestäuben und auf die Schnitten legen. Schokolade fest werden lassen.

Tipp: Frisch gepresster Ananassaft kann nicht verwendet werden, die Creme wird nicht fest und wird bitter.

Apfelcremetorte | Einfach

Insgesamt:
E: 55 g, F: 312 g, Kh: 301 g, kJ: 18410, kcal: 4402

Für den Boden:
125 g Löffelbiskuits
75 g abgezogene, gemahlene Mandeln
125 g Butter

Für die Füllung:
1 Pck. gemahlene Gelatine, weiß
4 EL kaltes Wasser
150 g Joghurt
6 EL Zucker
1 Pck. Dr. Oetker Vanillin-Zucker
Saft von 1 Zitrone
1 kleines Glas feines Apfelmus (Einwaage etwa 300 g)
500 g Schlagsahne

Für den Belag:
300 g Äpfel mit roter Schale
250 ml (1/4 l) Apfelsaft, klar

Für den Guss:
1 Pck. Tortenguss, klar
250 ml (1/4 l) Apfelsaft, klar von den Apfelspalten
1 EL Zucker

Zubereitungszeit: 60 Minuten, ohne Abkühl- und Kühlzeit

1. Für den Boden Löffelbiskuits in einen Gefrierbeutel geben und den Beutel verschließen. Löffelbiskuits mit einer Teigrolle fein zerbröseln. Die Biskuitbrösel mit den Mandeln in eine Rührschüssel geben. Butter zerlassen, zu der Brösel-Mandel-Mischung geben und gut verrühren.

2. Einen Springformrand (Ø 26 cm) auf eine mit Tortenspitze oder Backpapier belegte Tortenplatte stellen. Die Bröselmasse darin gleichmäßig verteilen und mit einem Löffel gut zu einem Boden andrücken. Tortenboden kalt stellen.

3. Für die Füllung die Gelatine mit kaltem Wasser in einem kleinen Topf anrühren und 10 Minuten quellen lassen. Joghurt mit Zucker, Vanillin-Zucker, Zitronensaft und Apfelmus verrühren. Gelatine unter Rühren erwärmen (nicht kochen), bis sie völlig gelöst ist. Die Gelatine mit etwa 2 Esslöffeln der Joghurt-Apfelmus-Masse verrühren, dann unter die restliche Joghurt-Apfelmus-Masse rühren. Kalt stellen.

4. Die Sahne steif schlagen. Wenn die Masse anfängt dicklich zu werden, Sahne unterheben. Die Creme auf den Bröselboden geben und glatt streichen. Die Torte etwa 2 Stunden kalt stellen (Kühlschrank).

5. Für den Belag Äpfel mit Schale waschen, abtrocknen, vierteln und entkernen. Apfelviertel mit Schale in Spalten schneiden. Den Apfelsaft in einem Topf zum Kochen bringen. Apfelspalten hinzugeben und aufkochen lassen. Apfelspalten in dem Apfelsaft erkalten lassen.

6. Apfelspalten in einem Sieb abtropfen lassen, dabei den Saft auffangen und 250 ml (1/4 l) abmessen. Die Apfelspalten auf der Tortenoberfläche verteilen.

7. Für den Guss aus Tortengusspulver, Apfelsaft und Zucker einen Guss nach Packungsanleitung zubereiten. Den Guss auf den Apfelspalten verteilen. Die Torte kalt stellen (Kühlschrank).

Apfelmustorte mit Haferflockenkrokant | Fruchtig

Insgesamt:
E: 163 g, F: 255 g, Kh: 406 g, kJ: 19549, kcal: 4668

Für den Boden:
75 g Butter
100 g Zucker
100 g kernige Haferflocken
100 g gehobelte Mandeln
100 g Schlagsahne

Für den Belag:
12 Blatt weiße Gelatine
1 kleines Glas Apfelmus (Einwaage 370 g)
750 g Speisequark (Magerstufe)
100 g Zucker
300 g Schlagsahne

Zum Garnieren:
50 g Haferflocken
20 g Zucker

Zubereitungszeit: 45 Minuten, ohne Kühlzeit

1. Für den Boden Butter mit Zucker und Haferflocken in einer Pfanne unter Rühren erhitzen. So lange rühren, bis die Masse leicht gebräunt ist. Dann Mandeln unterrühren. Sahne langsam hinzugießen. Die Masse weitere etwa 5 Minuten unter Rühren erhitzen, bis sie anfängt dicklich zu werden.

2. Einen Springformrand (Ø 26 cm) auf eine mit Backpapier belegte Tortenplatte stellen. Die Haferflocken-Mandel-Masse darin gleichmäßig verteilen und mit einem Löffel gut zu einem Boden andrücken. Tortenboden kalt stellen.

3. Für den Belag Gelatine in kaltem Wasser nach Packungsanleitung einweichen. 150 g von dem Apfelmus mit dem Quark und Zucker in einer Schüssel verrühren. Die eingeweichte Gelatine leicht ausdrücken, in einem kleinen Topf unter Rühren bei schwacher Hitze auflösen (nicht kochen). Zunächst etwa 3 Esslöffel der aufgelösten Gelatine unter das restliche Apfelmus rühren. Die Restliche Gelatine mit der Apfel-Quark-Masse verrühren.

4. Sahne steif schlagen und unter die Apfel-Quark-Masse heben. Dann die Creme auf den Haferflocken-Mandel-Boden geben und glatt streichen. Apfelmus in einen Spritzbeutel mit kleiner Lochtülle füllen und Nester in die Apfel-Quark-Creme spritzen, dabei die Spritztülle etwas in die Creme drücken. Anschließend mit einem Holzstäbchen durch die Oberfläche ziehen, sodass die Apfelmusstellen leicht marmoriert werden. Die Torte etwa 3 Stunden kalt stellen (Kühlschrank).

5. Zum Garnieren Haferflocken mit Zucker in einer Pfanne unter Rühren leicht bräunen, herausnehmen und auf einem Teller erkalten lassen. Springformrand lösen und entfernen. Tortenrand und nach Belieben Tortenoberfäche mit den Haferflocken bestreuen.

Apfeltorte | Raffiniert – mit Alkohol

Insgesamt:
E: 71 g, F: 395 g, Kh: 1043 g, kJ: 34206, kcal: 8172

Für den Boden:
200 g Cornflakes
300 g weiße Kuvertüre
50 g Kokosfett

Für die Apfelfüllung:
750 g Äpfel, z. B. Elstar
1 Bio-Zitrone (unbehandelt, ungewachst)
100 g Zucker
evtl. gemahlener Zimt
500 ml (1/2 l) Apfelsaft oder Weißwein
2 Pck. Dr. Oetker Pudding-Pulver Vanille-Geschmack

Für den Belag:
400 g Schlagsahne
1 Pck. Dr. Oetker Vanillin-Zucker
2 Pck. Dr. Oetker Sahnesteif
250 g Mascarpone (ital. Frischkäse)

Zum Bestreuen:
gemahlener Zimt

Zubereitungszeit: 60 Minuten, ohne Kühl- und Abkühlzeit

1. Für den Boden Cornflakes in einen Gefrierbeutel geben und den Beutel verschließen. Cornflakes mit einer Teigrolle fein zerbröseln. Die Brösel in eine Rührschüssel geben. Kuvertüre in kleine Stücke hacken, mit Kokosfett in einem kleinen Topf im heißen Wasser bei schwacher Hitze unter Rühren schmelzen. Kuvertüre zu den Bröseln geben und gut unterrühren.

2. Einen Springformrand (Ø 28 cm) auf eine mit Tortenspitze oder Backpapier belegte Tortenplatte stellen. Zwei Drittel der Bröselmasse darin gleichmäßig verteilen und mit einem Löffel gut zu einem Boden andrücken. Tortenboden kalt stellen. Restliche Bröselmasse etwa 1/2 cm dick auf ein Stück Backpapier streichen, andrücken, kalt stellen und fest werden lassen.

3. Für die Apfelfüllung Äpfel schälen, vierteln, entkernen und in kleine Stücke schneiden. Zitrone heiß abwaschen, abtrocknen und die Schale abreiben. Zitrone halbieren und den Saft auspressen. Apfelstücke mit Zucker, nach Belieben Zimt, Zitronenschale, -saft und 400 ml Apfelsaft oder Wein in einem Topf zum Kochen bringen. Apfelstücke weich dünsten.

4. Das Pudding-Pulver mit restlichem Apfelsaft oder Wasser anrühren, in die Apfelmasse rühren und unter Rühren aufkochen lassen. Den Topf von der Kochstelle nehmen. Apfelmasse etwas abkühlen lassen und auf den Bröselboden streichen. Die Apfeltorte mindestens 2–3 Stunden kalt stellen (Kühlschrank). Den Springformrand lösen und entfernen.

5. Für den Belag die Sahne mit Vanillin-Zucker und Sahnesteif steif schlagen. Mascarpone kurz unterrühren. Etwa zwei Drittel der Sahne-Mascarpone-Creme auf die Oberfläche der erkalteten Apfelmasse geben und glatt streichen. Den Tortenrand mit der restlichen Sahne-Mascarpone-Creme bestreichen.

6. Die Cornflakes-Platte mit einem Sägemesser in beliebige Motive schneiden. Die Tortenoberfläche mit den Motiven garnieren und mit Zimt bestreuen.

Tipp: Die Cornflakes-Ecken zusätzlich mit weißer Kuvertüre besprenkeln oder teilweise eintauchen.

Aprikosen-Schokoladeneis-Torte

Für Gäste – raffiniert

Insgesamt:
E: 34 g, F: 243 g, Kh: 332 g, kJ: 15759, kcal: 3759

300 ml Schokoladen-Eiscreme
1 Lage von 1 hellen Wiener Boden (Ø 24 cm)
40 g Aprikosenkonfitüre
2 kleine Dosen Aprikosenhälften (Abtropfgewicht je 240 g)
300 g Schlagsahne
70 g gesiebter Puderzucker

Zum Verzieren:
250 g Schlagsahne
1 TL Zucker
1 Pck. Dr. Oetker Sahnesteif
1 EL Schokoladenstreusel

Zubereitungszeit: 30 Minuten, ohne Gefrierzeit

1. Eiscreme etwa 15 Minuten in den Kühlschrank stellen, damit sie streichfähig wird.

2. Einen Springformrand (Ø 24 cm) auf eine mit Tortenspitze oder Backpapier belegte Tortenplatte stellen. Den Biskuitboden hineinlegen und mit Aprikosenkonfitüre bestreichen.

3. Aprikosenhälften in einem Sieb abtropfen lassen. Sahne steif schlagen. Den Puderzucker unterschlagen. 4 Aprikosenhälften zum Garnieren beiseitelegen. Restliche Aprikosenhälften pürieren.

4. Sahne zum Aprikosenpüree geben und unterheben.

5. Die Eiscreme auf den Biskuitboden streichen. Die Aprikosen-Sahne-Creme darauf verteilen. Die Torte etwa 4 Stunden in den Gefrierschrank stellen.

6. Zum Verzieren Sahne mit Zucker und Sahnesteif steif schlagen. Etwa ein Drittel der Sahne in einen Spritzbeutel mit Lochtülle füllen. Den Springformrand vorsichtig mit einem Messer von der Eistorte lösen und entfernen.

7. Die Tortenoberfläche und -rand mit der restlichen Sahne bestreichen. Den oberen Tortenrand mit der Sahne aus dem Spritzbeutel verzieren. Die Tortenmitte mit Schokoladenstreuseln bestreuen.

8. Beiseitegelegte Aprikosenhälften in Spalten schneiden. Die Torte damit garnieren.

Hinweis: Aufgetaute und wieder eingefrorene Eiscreme können Sie nicht noch einmal einfrieren, Sie sollten diese möglichst innerhalb eines Tages verwenden.

Aprikosen-Zwieback-Torte

Gut vorzubereiten

Insgesamt:
E: 77 g, F: 14 g, Kh: 336 g, kJ: 7704, kcal: 1836

Zum Vorbereiten:
750 g frische Aprikosen oder
1 Dose Aprikosenhälften (Abtropfgewicht 480 g)

Zum Tränken:
125 ml (1/8 l) Orangensaft
2 EL Ahornsirup

150 g Zwieback

Für den Belag:
10 Blatt weiße Gelatine
500 g Creme-Quark (0,2 oder 0,3 % Fett, aus dem Kühlregal)
100 g Zucker
1 Pck. Dr. Oetker Vanillin-Zucker
125 ml (1/8 l) frisch gepresster Orangensaft
1 EL Ahornsirup
200 g Schlagsahne

Zum Bestreuen:
2 EL geröstete Kokosraspel

Zubereitungszeit: 55 Minuten, ohne Kühlzeit

1. Zum Vorbereiten Aprikosen kurze Zeit in kochendes Wasser legen, in kaltem Wasser abschrecken, abtropfen lassen und enthäuten. Aprikosen halbieren und entsteinen. Oder Aprikosenhälften aus der Dose in einem Sieb gut abtropfen lassen. 6 Aprikosenhälften zum Garnieren beiseitelegen. Restliche Aprikosenhälften in kleine Stücke schneiden.

2. Zum Tränken Orangensaft mit Ahornsirup gut verrühren. Für den Boden die Zwiebäcke grob zerkleinern und mit der Orangensaftmischung verrühren. Einen Springformrand (Ø 26 cm) auf eine mit Tortenspitze oder Backpapier belegte Tortenplatte stellen. Gut die Hälfte der Zwiebackmasse darin gleichmäßig verteilen und mit einem Löffel gut zu einem Boden andrücken.

3. Für die Füllung Gelatine in kaltem Wasser nach Packungsanleitung einweichen. Creme-Quark, Zucker, Vanillin-Zucker, Orangensaft und Ahornsirup gut verrühren. Eingeweichte Gelatine leicht ausdrücken und in einem kleinen Topf unter Rühren bei schwacher Hitze auflösen (nicht kochen). Leicht abkühlen lassen.

4. Gelatine zuerst mit 2–3 Esslöffeln der Quarkcreme verrühren, dann unter die restliche Quarkcreme rühren. Sahne steif schlagen. Aprikosenstücke und Sahne unterheben.

5. Die Hälfte der Quark-Aprikosen-Creme auf den Zwiebackboden geben, dann die Form einige Male auf die Arbeitsfläche stoßen, damit die Creme in die Zwieback-Zwischenräume fließen kann. Die restliche Zwiebackmasse darauf verteilen. Mit der restlichen Quark-Aprikosen-Creme bestreichen. Die Torte etwa 3 Stunden kalt stellen (Kühlschrank).

6. Den Springformrand mit einem Messer lösen und entfernen. Die beiseitegelegten Aprikosenhälften in Spalten schneiden. Die Torte mit den Aprikosenspalten garnieren und mit Kokosraspeln bestreuen.

Tipp: Die Torte schmeckt am besten, wenn sie einen Tag durchgezogen ist.

Azora-Torte | Erfrischend

Insgesamt:
E: 135 g, F: 265 g, Kh: 388 g, kJ: 19376, kcal: 4630

Für den Boden:

1 Pck. Azora-Kekse (zartes Orangengebäck von Bahlsen, 125 g)
70 g Zwieback
125 g Butter

Für den Belag:

10 Blatt weiße Gelatine
750 g Johannisbeeren
300 g Joghurt
175 g Zucker
1 Pck. Dr. Oetker Vanillin-Zucker
400 g Schlagsahne

Zubereitungszeit: 40 Minuten, ohne Kühlzeit

1. Für den Boden von dem Orangengebäck 19 Kekse beiseitelegen. Restliche Kekse und Zwiebäcke in einen Gefrierbeutel geben. Den Beutel verschließen. Kekse und Zwiebäcke mit einer Teigrolle fein zerbröseln und in eine Rührschüssel geben. Butter zerlassen, zu der Brösel-Zwieback-Mischung geben und gut verrühren.

2. Einen Springformrand (Ø 26 cm) auf eine mit Tortenspitze oder Backpapier belegte Tortenplatte stellen. Die Bröselmasse darin gleichmäßig verteilen und mit einem Löffel gut zu einem Boden andrücken. Beiseitegelegte Kekse so an den Springformrand stellen, dass die gewölbte Seite nach außen zeigt. Kekse etwas in den Bröselboden drücken.

3. Für den Belag die Gelatine in kaltem Wasser nach Packungsanleitung einweichen. Johannisbeeren waschen, abtropfen lassen (einige Rispen zum Garnieren beiseitelegen) und entstielen.

4. Die Hälfte der Johannisbeeren pürieren und durch ein Sieb streichen. Johannisbeerpüree mit Joghurt, Zucker und Vanillin-Zucker verrühren.

5. Eingeweichte Gelatine leicht ausdrücken und in einem kleinen Topf unter Rühren bei schwacher Hitze auflösen (nicht kochen). Gelatine zuerst mit 2–3 Esslöffeln der Johannisbeer-Joghurt-Masse verrühren, dann unter die restliche Johannisbeer-Joghurt-Masse rühren.

6. Die Sahne steif schlagen. Restliche Johannisbeeren und Sahne vorsichtig unter die Johannisbeer-Joghurt-Masse heben. Die Creme auf den Bröselboden geben und glatt streichen. Die Torte etwa 2 Stunden kalt stellen (Kühlschrank).

7. Springformrand lösen und entfernen. Die Torte mit den beiseitegelegten Johannisbeerrispen garnieren.

Batida-Ananas-Torte I

Mit Alkohol

Insgesamt:
E: 164 g, F: 290 g, Kh: 442 g, kJ: 22414, kcal: 5353

Für den Boden:

150 g Löffelbiskuits
150 g Marzipan-Rohmasse
100 g Butter

Für den Belag:

1 Dose Ananasscheiben (Abtropfgewicht 490 g)
8 Blatt weiße Gelatine
125 ml (1/8 l) Ananassaft aus der Dose
750 g Speisequark (Magerstufe)
75 ml Batida de Côco (Kokoslikör)
150 g Zucker
Saft von
1 Zitrone
400 g Schlagsahne

Zum Garnieren:

50 g Marzipan-Rohmasse
1 gestr. EL Puderzucker
einige Tropfen grüne Speisefarbe

Zum Bestäuben:

etwas Puderzucker

Zubereitungszeit: 50 Minuten, ohne Kühlzeit

1. Für den Boden Löffelbiskuits in einen Gefrierbeutel geben und den Beutel verschließen. Löffelbiskuits mit einer Teigrolle fein zerbröseln. Die Marzipan-Rohmasse auf einer Küchenreibe grob reiben oder fein würfeln. Die Biskuitbrösel mit Marzipan in einer Rührschüssel mischen. Butter zerlassen, zu der Brösel-Marzipan-Mischung geben und gut verrühren.

2. Einen Springformrand (Ø 26 cm) auf eine mit Tortenspitze oder Backpapier belegte Tortenplatte stellen. Die Bröselmasse darin gleichmäßig verteilen und mit einem Löffel gut zu einem Boden und zu einem etwa 2 cm hohen Rand andrücken. Tortenboden kalt stellen.

3. Für den Belag Ananasscheiben in einem Sieb abtropfen lassen, dabei den Saft auffangen und 125 ml (1/8 l) abmessen. 3 Ananasscheiben zum Garnieren beiseitelegen. Restliche Ananasscheiben in kleine Stücke schneiden.

4. Gelatine in kaltem Wasser nach Packungsanleitung einweichen. Eingeweichte Gelatine leicht ausdrücken und in einem kleinen Topf unter Rühren bei schwacher Hitze auflösen (nicht kochen). Dann den aufgefangenen Ananassaft unter Rühren langsam hinzugießen.

5. Quark mit Kokoslikör, Zucker und Zitronensaft gut verrühren. Die Ananas-Gelatine-Flüssigkeit unterrühren. Ananasstücke unterheben. Quark-Ananas-Masse kalt stellen.

6. Sahne steif schlagen. Sobald die Quark-Ananas-Masse anfängt dicklich zu werden, Sahne unterheben. Die Ananascreme auf den Bröselboden geben und glatt streichen. Die Torte etwa 2 Stunden kalt stellen (Kühlschrank).

7. Den Springformrand mithilfe eines Messers lösen und entfernen.

8. Zum Garnieren Marzipan-Rohmasse mit Puderzucker und etwas Speisefarbe gut verkneten.

9. Marzipan zwischen zwei Lagen Frischhaltefolie ausrollen. Aus der Marzipanplatte Blätter ausschneiden und anschließend mit einem Messerrücken „Blattadern" eindrücken.

10. Beiseitegelegte Ananasscheiben mit einem scharfen Messer waagerecht durchschneiden und eventuell halbieren.

11. Die Tortenoberfläche mit den Marzipanblättern und Ananasscheiben garnieren. Die Marzipanblätter mit Puderzucker bestäuben.

Tipps: Für eine alkoholfreie Variante statt Batida de Côco und Ananassaft nur Ananassaft verwenden.
Die Torte schmeckt frisch am besten. Statt nur Quark, 250 g Schmand (Sauerrahm) und 500 g Speisequark (Magerstufe) nehmen.

Beeren-Baiser-Torte | Raffiniert

Insgesamt:
E: 61 g, F: 212 g, Kh: 350 g, kJ: 15296, kcal: 3663

Für den Boden:
100 g Baiser, z. B. Schaumkronen oder Torteletts
100 g Zartbitter-Kuvertüre

Für den Belag:
250 g frische, gemischte Beeren, z. B. Himbeeren, Brombeeren und Johannisbeeren
9 Blatt weiße Gelatine
500 g Kefir oder Dickmilch
100 g Zucker
300 g Schlagsahne

Zum Verzieren und Garnieren:
25 g Zartbitter-Kuvertüre
200 g Schlagsahne
1 Pck. Dr. Oetker Vanillin-Zucker
50 g Baiser
150 g gemischte Beeren

Zubereitungszeit: 40 Minuten, ohne Kühlzeit

1. Für den Boden Baiser grob zerbröseln und in eine Rührschüssel geben. Kuvertüre grob hacken, in einem kleinen Topf im heißen Wasserbad bei schwacher Hitze unter Rühren schmelzen. Kuvertüre zu den Baiserbröseln geben und gut vermischen.

2. Einen Springformrand (Ø 26 cm) auf eine mit Tortenspitze oder Backpapier belegte Tortenplatte stellen. Die Baisermasse darin gleichmäßig verteilen und mit einem Löffel andrücken, sodass ein Boden entsteht. Tortenboden kalt stellen.

3. Für den Belag Beeren verlesen. Himbeeren eventuell abspülen und gut abtropfen lassen. Brombeeren und Johannisbeeren waschen, gut abtropfen lassen, Johannisbeeren entstielen.

4. Gelatine in kaltem Wasser nach Packungsanleitung einweichen. Kefir oder Dickmilch mit Zucker verrühren. Eingeweichte Gelatine leicht ausdrücken und in einem kleinen Topf unter Rühren bei schwacher Hitze auflösen (nicht kochen).

5. Zunächst etwas von der Kefir- oder Dickmilchmasse mit der Gelatine verrühren, dann unter die restliche Masse rühren. Kalt stellen.

6. Sahne steif schlagen. Sobald die Masse anfängt dicklich zu werden, Sahne unterheben. Die Beeren auf dem Baiser-Schoko-Boden verteilen. Die Sahnecreme daraufgeben und glatt streichen. Die Torte 2–3 Stunden kalt stellen (Kühlschrank).

7. Springformrand lösen und entfernen. Zum Verzieren und Garnieren Kuvertüre grob hacken und wie unter Punkt 1 beschrieben schmelzen. Die Tortenoberfläche mit der Kuvertüre besprenkeln. Sahne mit Vanillin-Zucker steif schlagen, in einen Spritzbeutel mit glatter Tülle füllen und die Torte damit garnieren. Baiser grob zerbröseln und mit den abgespülten und trocken getupften Beeren die Torte garnieren.

Tipp: Anstatt die Baiserbrösel mit der Kuvertüre zu vermischen, einfach alle Brösel in der Form verteilen, mithilfe eines Löffels mit einem Teil der Kuvertüre besprenkeln und fest werden lassen. Nun können die „zusammengeklebten" Baiserbrösel vorsichtig mit der restlichen Kuvertüre bestrichen werden. Dann erscheint im Anschnitt ein Kuvertürestreifen und außerdem weicht der Boden nicht so schnell durch.

Beerenstarke Super-Dickmann's-Torte | Für Kinder

Insgesamt:
E: 68 g, F: 181 g, Kh: 496 g, kJ: 16994, kcal: 4006

Für die Füllung:
18 Super Dickmann's (große Schokoküsse)
500 g Joghurt
1 EL Zitronensaft
1 Pck. Dr. Oetker Vanillin-Zucker
2 EL Zucker
300 g gemischte Früchte, z. B. Erdbeeren, Heidelbeeren
1 Dose Mandarinen (Abtropfgewicht 175 g)
40 g Cornflakes
8 Blatt weiße Gelatine
200 g Schlagsahne

1 Lage von 1 hellen Wiener Boden (Ø 26 cm)

Zum Verzieren:
125 g Schlagsahne
½ Pck. Dr. Oetker Sahnesteif

Zubereitungszeit: 30 Minuten, ohne Kühlzeit

1. Für die Füllung die Schokoküsse von den Waffelböden lösen und in eine Rührschüssel geben. Joghurt, Zitronensaft, Vanillin-Zucker und Zucker hinzugeben. Die Zutaten gut verrühren.

2. Eine Schüssel (Ø 22 cm, etwa 1 ½-Liter-Inhalt, mit möglichst rundem Boden, mit Frischhaltefolie ausgelegt) mit den Waffelböden auslegen (die Unterseite nach außen).

3. Die Erdbeeren putzen, waschen, abtropfen lassen, entstielen und eventuell in kleine Stücke schneiden. Heidelbeeren putzen, waschen und abtropfen lassen. Mandarinen in einem Sieb abtropfen lassen. Die vorbereiteten Früchte (einige zum Garnieren beiseitelegen) und Cornflakes unter die Joghurtmasse rühren.

4. Gelatine in kaltem Wasser nach Packungsanleitung einweichen. Eingeweichte Gelatine leicht ausdrücken und in einem kleinen Topf unter Rühren bei schwacher Hitze auflösen (nicht kochen).

5. Die Gelatine zuerst mit 2–3 Esslöffeln der Joghurt-Früchte-Masse verrühren, dann unter die restliche Joghurt-Früchte-Masse rühren.

6. Sahne steif schlagen und unterheben. Die Creme in die Schüssel füllen und 3–4 Stunden kalt stellen (Kühlschrank).

7. Vor dem Servieren den Wiener Boden auf eine Tortenplatte legen und den Schüsselinhalt so auf den Boden stürzen, dass ein gleichmäßiger Rand entsteht. Frischhaltefolie entfernen.

8. Zum Verzieren Sahne mit Sahnesteif steif schlagen, in einen Spritztülle mit Sterntülle füllen. Den Rand des Wiener Bodens und nach Belieben die Tortenmitte mit der Sahne verzieren. Die Tortenmitte mit den beiseitegelegten Früchten garnieren.

Tipp: Die restlichen Gebäcklagen des Wiener Bodens einfrieren.

Birnen-Charlotte | Einfach

Insgesamt:
E: 54 g, F: 160 g, Kh: 315 g, kJ: 12372, kcal: 2954

Für die Füllung:
1 Pck. gemahlene Gelatine, weiß
3 EL kaltes Wasser
1 Pck. Gala-Pudding-Pulver Schokoladen-Geschmack
3 gut geh. EL Zucker (75 g)
500 ml (1/2 l) Milch

Für den Rand und Boden:
150 g Löffelbiskuits
50 g Butter

1 Dose Birnenhälften (Abtropfgewicht 260 g)
250 g Schlagsahne

30 g geschabte Vollmilch-Schokolade

Zubereitungszeit: 40 Minuten, ohne Kühlzeit

1. Für die Füllung die Gelatine mit kaltem Wasser in einem kleinen Topf anrühren und 10 Minuten quellen lassen.

2. In der Zwischenzeit aus Pudding-Pulver, Zucker und Milch nach Packungsanleitung einen Pudding zubereiten. Den Topf von der Kochstelle nehmen. Die eingeweichte Gelatine leicht ausdrücken, zu der Puddingmasse gegen und unter Rühren auflösen (nicht kochen). Den Pudding kalt stellen, dabei ab und zu umrühren.

3. Einen Springformrand (Ø 24 cm) auf eine mit Tortenspitze oder Backpapier belegte Tortenplatte stellen.

4. Für den Rand Löffelbiskuits waagerecht halbieren. Löffelbiskuithälften (etwa 20 Biskuithälften) so an den Springformrand stellen, dass die Zuckerseite nach außen und die Wölbung nach oben zeigt. Restliche Löffelbiskuits in einen Gefrierbeutel füllen. Den Beutel verschließen. Löffelbiskuits mit einer Teigrolle fein zerbröseln. Butter zerlassen, zu den Biskuitbröseln geben und gut verrühren.

5. Die Bröselmasse in den Springformrand geben und vorsichtig mit einem Löffel zu einem Boden andrücken. Tortenboden kalt stellen.

6. Die Birnenhälften in einem Sieb abtropfen lassen. Die Sahne steif schlagen. Die Birnenhälften in Spalten schneiden.

7. Sobald die Puddingmasse anfängt dicklich zu werden, die Sahne unterheben. Die Schokoladencreme vorsichtig auf den Bröselboden in den Springformrand geben. Die Birnenspalten auf die Creme legen und leicht eindrücken. Charlotte etwa 3 Stunden kalt stellen (Kühlschrank).

8. Den Springformrand lösen und entfernen. Birnen-Charlotte mit geschabter Schokolade bestreuen.

Birnen-Crossie-Torte | Für Kinder

Insgesamt:
E: 39 g, F: 197 g, Kh: 326 g, kJ: 13693, kcal: 3272

Für den Boden:
200 g Zartbitter-Schokolade
80 g Cornflakes

Für den Belag:
4 Blatt weiße Gelatine
1 Dose Birnenhälften (Abtropfgewicht 460 g)
400 g Schlagsahne
1 Pck. Dr. Oetker Vanillin-Zucker
1 TL Zucker

Für den Guss:
1 Bio-Zitrone (unbehandelt, ungewachst)
1 Pck. Tortenguss, klar
250 ml (1/4 l) Birnensaft aus der Dose
2 EL Zitronensaft
1 EL Zucker

Zubereitungszeit: 40 Minuten, ohne Kühlzeit

1. Für den Boden die Schokolade in Stücke brechen und in einem kleinen Topf im heißen Wasserbad bei schwacher Hitze unter Rühren schmelzen. Cornflakes zerdrücken und unterrühren. Aus der Masse mit zwei Teelöffeln 12 kleine Häufchen auf Backpapier setzen, kalt stellen und fest werden lassen.

2. Einen Springformrand (Ø 26 cm) auf eine mit Tortenspitze oder Backpapier belegte Tortenplatte stellen. Restliche Schokoladen-Cornflakes-Masse darin gleichmäßig verteilen und mit einem Löffel gut zu einem Boden andrücken. Tortenboden etwa 1 Stunde kalt stellen (Kühlschrank).

3. Für den Belag Birnenhälften in einem Sieb abtropfen lassen, dabei den Saft auffangen und 250 ml (1/4 l) abmessen.

4. Gelatine in kaltem Wasser nach Packungsanleitung einweichen. Die Sahne mit Vanillin-Zucker und Zucker steif schlagen. Die eingeweichte Gelatine leicht ausdrücken und in einem kleinen Topf unter Rühren bei schwacher Hitze auflösen (nicht kochen). Gelatine abkühlen lassen und unter die Sahne rühren. Die Sahne auf den Schokoladen-Cornflakes-Boden streichen. Die Torte nochmals etwa 1 Stunde kalt stellen (Kühlschrank).

5. Birnenhälften in dünne Spalten schneiden und fächerförmig auf die Sahne legen.

6. Für den Guss Zitrone heiß abwaschen, abtrocknen und etwas von der Schale abschneiden. Aus Tortengusspulver, Birnensaft, Zitronenschale, -saft und Zucker einen Guss nach Packungsanleitung zubereiten. Die Zitronenschale entfernen.

7. Den Guss vorsichtig mit einem Esslöffel von der Mitte aus auf den Birnenspalten verteilen. Die Torte etwa 30 Minuten kalt stellen (Kühlschrank). Springformrand lösen und entfernen.

8. Die Torte mit den Cornflakes-Schokoladen-Häufchen garniert servieren.

Birnen-Frischkäse-Torte | Mit Alkohol

Insgesamt:
E: 130 g, F: 214 g, Kh: 372 g, kJ: 16677, kcal: 3982

Für den Boden:
200 g Vollmilch-Schokolade
75 g Cornflakes

Für den Belag:
3 Birnen (etwa 600 g), z. B. Abate
250 ml (1/4 l) trockener Weißwein
2–3 EL Zitronensaft
30 g Zucker
1 Pck. Dr. Oetker Vanillin-Zucker
6 Blatt weiße Gelatine
200 g Doppelrahm-Frischkäse
500 g Speisequark (Magerstufe)
100 g Zucker
2–3 EL Zitronensaft
1 Pck. Dr. Oetker Bourbon-Vanille-Zucker
250 g Schlagsahne

Für den Guss:
1 Pck. Tortenguss, klar
250 ml (1/4 l) Birnenflüssigkeit
1 TL Zucker

Zum Bestreuen:
1 EL geröstete, gehobelte Mandeln

Zubereitungszeit: 40 Minuten, ohne Kühl- und Abkühlzeit

1. Für den Boden die Schokolade in Stücke brechen, in einem kleinen Topf im heißen Wasserbad bei schwacher Hitze unter Rühren schmelzen. Cornflakes in eine Rührschüssel geben, die Schokolade hinzugeben und gut verrühren.

2. Einen Springformrand (Ø 26 cm) auf eine mit Tortenspitze oder Backpapier belegte Tortenplatte stellen. Die Cornflakes-Schoko-Masse darin gleichmäßig verteilen und mit einem Löffel gut zu einem Boden andrücken. Tortenboden kalt stellen.

3. In der Zwischenzeit Birnen waschen, abtrocknen, vierteln und entkernen. Birnenviertel nach Belieben schälen. Birnenviertel in Spalten schneiden.

4. Wein, Zitronensaft, Zucker und Vanillin-Zucker in einem Topf zum Kochen bringen, Birnenspalten darin etwa 3 Minuten dünsten. Birnenspalten in einem Sieb abtropfen lassen, dabei die Flüssigkeit auffangen und mit Wasser auf 250 ml (1/4 l) auffüllen. Birnenspalten erkalten lassen.

5. Gelatine in kaltem Wasser nach Packungsanleitung einweichen. Den Frischkäse in einer Rührschüssel glatt rühren, Quark unterrühren. Zucker, Zitronensaft und Vanille-Zucker hinzugeben und unter die Frischkäse-Quark-Masse rühren. Die eingeweichte Gelatine leicht ausdrücken und in einem kleinen Topf unter Rühren bei schwacher Hitze auflösen (nicht kochen).

6. Die Gelatine mit etwa 2 Esslöffeln der Frischkäse-Quark-Masse verrühren, danach unter die restliche Frischkäse-Quark-Masse rühren. Sahne steif schlagen und unterheben.

7. Die Frischkäse-Sahne-Creme auf den Cornflakes-Schoko-Boden geben und glatt streichen. Die Birnenspalten dekorativ darauflegen. Die Torte mindestens 3 Stunden kalt stellen (Kühlschrank).

8. Für den Guss aus Tortengusspulver, Birnenflüssigkeit und Zucker einen Guss nach Packungsanleitung zubereiten. Die Birnenspalten mit dem Guss bestreichen. Die Torte nochmals etwa 30 Minuten kalt stellen (Kühlschrank). Den Springformrand lösen und entfernen. Die Torte mit den Mandeln bestreuen.

Birnen-Zwieback-Torte | Mit Alkohol

Insgesamt:
E: 97 g, F: 245 g, Kh: 389 g, kJ: 17896, kcal: 4278

Für den Boden:
etwa 100 g Zwieback
100 g Butter
75 g brauner Zucker
1–2 EL Weinbrand oder Mandellikör

Für den Belag:
100 g Zartbitter-Schokolade
4 Blatt weiße Gelatine
400 g Schlagsahne
500 g Speisequark (Magerstufe)
1 Pck. Dr. Oetker Vanillin-Zucker
50 g Zucker
1 große Dose Birnenhälften (Abtropfgewicht 460 g)
1 Pck. Dr. Oetker Sahnesteif
1 TL Zucker
1 EL Preiselbeeren (aus dem Glas)

Zubereitungszeit: 45 Minuten, ohne Kühlzeit

1. Für den Boden Zwiebäcke in einen Gefrierbeutel geben. Den Beutel verschließen. Zwiebäcke mit einer Teigrolle fein zerbröseln. Die Brösel in eine Rührschüssel geben.

2. Die Butter zerlassen, mit Zucker und Weinbrand oder Likör zu den Zwiebackbröseln geben und gut verrühren.

3. Einen Springformrand (Ø 26 cm) auf eine mit Tortenspitze oder Backpapier belegte Tortenplatte stellen. Die Bröselmasse darin gleichmäßig verteilen und mit einem Löffel gut zu einem Boden andrücken. Tortenboden kalt stellen.

4. Für den Belag Schokolade in kleine Stücke schneiden oder hacken. Die Gelatine in kaltem Wasser nach Packungsanleitung einweichen. Die Hälfte der Sahne steif schlagen. Quark, Vanillin-Zucker und Zucker gut verrühren, die Schokoladenstücke unterrühren.

5. Eingeweichte Gelatine leicht ausdrücken und in einem kleinen Topf unter Rühren bei schwacher Hitze auflösen (nicht kochen).

6. Gelatine zuerst mit 3 Esslöffeln der Quarkmasse verrühren, dann unter die restliche Quarkcreme rühren. Geschlagene Sahne vorsichtig unterheben.

7. Die Quark-Sahne-Creme auf dem Bröselboden verteilen und glatt streichen. Die Torte etwa 3 Stunden kalt stellen (Kühlschrank).

8. In der Zwischenzeit Birnenhälften in einem Sieb abtropfen lassen.

9. Den Springformrand lösen und entfernen.

10. Restliche Sahne mit Sahnesteif und Zucker steif schlagen, in einen Spritzbeutel mit Sterntülle füllen. Einen Kranz auf den Tortenrand spritzen. Die Torte mit Birnenhälften belegen und mit Sahnetuffs verzieren. Preiselbeeren in die Birnenhälften geben.

Tipp: Die Torte nach Belieben mit etwas geschabter Zartbitter-Schokolade bestreuen.

Blutorangen-Charlotte-Torte I

Fruchtig-herb

Insgesamt:
E: 51 g, F: 212 g, Kh: 224 g, kJ: 12802, kcal: 3059

Für den Boden und Rand:

1 Pck. Orangengebäck (125 g)
50 g abgezogene, gemahlene Mandeln
75 g Butter

Für den Belag:

etwa 8 Blutorangen
2 Eier (Größe M)
75 g Zucker
6 Blatt weiße Gelatine
125 ml (1/8 l) Blutorangensaft von den Blutorangen
150 g Joghurt
250 g Schlagsahne
1 Pck. Dr. Oetker Vanillin-Zucker
etwa 200 g Blutorangenfilets von den Blutorangen

Zum Garnieren:

etwa 2 Blutorangen

Zubereitungszeit: 40 Minuten, ohne Kühlzeit

1. Für den Boden und Rand von dem Orangengebäck etwa 20 Kekse beiseitelegen. Restliches Orangengebäck in einen Gefrierbeutel geben, Beutel verschließen. Orangengebäck mit einer Teigrolle fein zerbröseln. Gebäckbrösel in eine Rührschüssel geben und mit den Mandeln gut vermischen. Butter zerlassen, zu der Brösel-Mandel-Mischung geben und gut verrühren.

2. Einen Springformrand (Ø 24 cm) auf eine mit Tortenspitze oder Backpapier belegte Tortenplatte stellen. Die Bröselmasse gleichmäßig darin verteilen und mit einem Löffel gut zu einem Boden andrücken. Die beiseitegelegten Kekse so an den Springformrand stellen, dass jeweils die gewölbte Seite nach außen zeigt. Kekse etwas in den Bröselboden drücken. Den Bröselboden kalt stellen (Kühlschrank).

3. Für den Belag 4 Blutorangen so schälen, dass die weiße Haut vollständig entfernt wird. Orangen filetieren und 200 g abwiegen.

4. Die Orangenfilets halbieren, in ein Sieb geben und den Saft auffangen. Restliche Blutorangen halbieren und den Saft auspressen. Von diesem Saft und dem aufgefangenen Orangensaft insgesamt 125 ml (1/8 l) abmessen.

5. Eier und Zucker in eine Rühr- oder Edelstahlschüssel geben und im heißen Wasserbad mit Handrührgerät mit Rührbesen bei mittlerer Hitze schaumig schlagen, bis eine dickflüssige Masse entstanden ist.

6. Gelatine in kaltem Wasser nach Packungsanleitung einweichen. Gelatine leicht ausdrücken und in einem kleinen Topf unter Rühren bei schwacher Hitze auflösen (nicht kochen).

7. Zuerst die aufgelöste Gelatine, dann den Orangensaft und Joghurt unter die Eiermasse rühren. Die Masse unter Rühren erkalten lassen.

8. Sahne mit Vanillin-Zucker steif schlagen. Wenn die Eiermasse anfängt dicklich zu werden, die Sahne und Orangenfilets unterheben.

9. Die Orangencreme auf den Bröselboden geben und glatt streichen. Die Torte etwa 3 Stunden kalt stellen (Kühlschrank).

10. Zum Garnieren Blutorangen so schälen, dass die weiße Haut vollständig entfernt wird. Orangen in dünne Scheiben schneiden.

11. Den Springformrand lösen und entfernen. Die Tortenoberfläche mit den Orangenscheiben garnieren.

Tipps: Statt Joghurt kann auch Schmand (Sauerrahm) verwendet werden.
Nach Belieben können Sie die Blutorangen-Charlotte-Torte auch noch mit vorbereiteten Pfefferminzblättchen garnieren.

Hinweis: Nur ganz frische Eier verwenden, die nicht älter als 5 Tage sind (Legedatum beachten!)

Brombeer-Frischkäse-Torte | Schnell

Insgesamt:
E: 60 g, F: 309 g, Kh: 266 g, kJ: 17451, kcal: 4171

Für den Boden:

150 g Löffelbiskuits
125 g Butter

Für die Füllung:

500 g Brombeeren
3 Blatt weiße Gelatine
200 g Doppelrahm-Frischkäse
400 g Schlagsahne
50 g Zucker
2 EL Zitronensaft

Für den Guss:

100 g Brombeeren
50 g Zucker
1 Pck. gezuckerter Tortenguss, rot
1 EL Zucker

Zubereitungszeit: 35 Minuten, ohne Kühlzeit

1. Für den Boden Löffelbiskuits in einen Gefrierbeutel geben und den Beutel verschließen. Die Löffelbiskuits mit einer Teigrolle fein zerbröseln. Die Brösel in eine Rührschüssel geben. Butter zerlassen, zu den Bröseln geben und gut verrühren.

2. Einen Springformrand (Ø 26 cm) auf eine mit Tortenspitze oder Backpapier belegte Tortenplatte stellen. Die Bröselmasse darin gleichmäßig verteilen und mit einem Löffel gut zu einem Boden andrücken. Den Tortenboden kalt stellen.

3. Für die Füllung Brombeeren verlesen, waschen, gut abtropfen lassen, entstielen und auf dem Bröselboden verteilen.

4. Gelatine in kaltem Wasser nach Packungsanleitung einweichen. Frischkäse mit 100 g Sahne, Zucker und Zitronensaft verrühren. Eingeweichte Gelatine leicht ausdrücken und in einem kleinen Topf unter Rühren bei schwacher Hitze auflösen (nicht kochen). Gelatine mit 2–3 Esslöffeln der Frischkäsemasse verrühren, dann unter die restliche Frischkäsemasse rühren. Kalt stellen.

5. Sobald die Masse anfängt dicklich zu werden, die restliche Sahne (300 g) steif schlagen und unter die Frischkäsemasse heben.

6. Die Frischkäsecreme auf den Brombeeren verteilen und glatt streichen. Die Torte etwa 1 Stunde kalt stellen (Kühlschrank).

7. Für den Guss Brombeeren verlesen, waschen, gut abtropfen lassen und entstielen. Brombeeren pürieren, durch ein Sieb passieren und den Zucker unterrühren. Die Brombeermasse mit Wasser auf 250 ml (1/4 l) auffüllen und in einen Topf geben. Aus der Brombeerflüssigkeit, dem Tortengusspulver und Zucker einen Guss nach Packungsanleitung zubereiten. Dann den Guss auf die Frischkäsecreme geben. Mithilfe eines Löffelstiels ein Marmormuster durch den Guss ziehen. Die Torte etwa 1 Stunde kalt stellen (Kühlschrank).

8. Springformrand lösen und entfernen.

Bunte Puffreistorte | Einfach

Insgesamt:
E: 68 g, F: 105 g, Kh: 270 g, kJ: 10036, kcal: 2398

Für den Boden:
100 g weiße Kuvertüre
80 g bunter Knusper-Puffreis

Für den Belag:
375 ml (3/8 l) Milch
80 g Zucker
6 Blatt weiße Gelatine
1 Pck. Dr. Oetker Pudding-Pulver Vanille-Geschmack
100 ml Zitronensaft
200 g Schlagsahne
250 g Speisequark (Magerstufe)

Zubereitungszeit: 35 Minuten, ohne Kühl- und Abkühlzeit

1. Für den Boden die Kuvertüre grob hacken und in einem kleinen Topf im heißen Wasserbad bei schwacher Hitze unter Rühren schmelzen. Puffreis (3 Esslöffel abnehmen und zum Garnieren beiseitestellen) mit der Kuvertüre gut verrühren.

2. Einen Springformrand (Ø 26 cm) auf eine mit Tortenspitze oder Backpapier belegte Tortenplatte stellen. Die Puffreismasse darin gleichmäßig verteilen, mit einem Löffel zu einem Boden andrücken. Kalt stellen.

3. Für den Belag die Milch mit Zucker in einem Topf zum Kochen bringen. Gelatine in kaltem Wasser nach Packungsanleitung einweichen. Pudding-Pulver mit Zitronensaft anrühren, in die von der Kochstelle genommene Milch rühren und unter Rühren nochmals aufkochen lassen. Topf von der Kochstelle nehmen.

4. Eingeweichte Gelatine leicht ausdrücken und in dem heißen Pudding unter Rühren auflösen. Pudding in eine Schüssel geben und die Oberfläche mit Frischhaltefolie belegen. Pudding erkalten lassen.

5. Sahne steif schlagen. Den erkalteten Pudding nochmals durchrühren. Zuerst Quark, dann Sahne unter den Pudding heben. Die Pudding-Sahne-Creme auf den Puffreisboden geben und glatt streichen. Die Torte 2–3 Stunden kalt stellen (Kühlschrank).

6. Den Springformrand lösen und entfernen. Die Tortenoberfläche mit dem beiseitegestellten Puffreis garnieren, dafür z. B. mithilfe eines runden Ausstechförmchens Puffreiskreise auf die Torte streuen.

Tipps: Noch fruchtiger wird die Torte mit 1 Päckchen Dr. Oetker Finesse Geriebene Zitronenschale im Puffreisboden. Statt Quark kann auch Schmand (Sauerrahm) verwendet werden und statt der Kreise können beliebige andere Formen auf die Torte gestreut werden, z. B. ein Gesicht oder Herzen.

Bunter Götter-Kuchen | Schnell

Insgesamt:
E: 84 g, F: 312 g, Kh: 432 g, kJ: 20352, kcal: 4836

Für den Boden:
150 g Löffelbiskuits
120 g Butter

Für den Belag:
400 g Schlagsahne
1 Pck. Käse-Sahne Tortencreme
100 ml Wasser
300 g Joghurt (3,5 % Fett)
200 g Doppelrahm-Frischkäse
4 Becher Götterspeise Himbeer-Geschmack (je 125 g, aus dem Kühlregal)
4 Becher Götterspeise Waldmeister-Geschmack (je 125 g, aus dem Kühlregal)

Zubereitungszeit: 20 Minuten, ohne Kühlzeit

1. Für den Boden Löffelbiskuits in einen Gefrierbeutel geben. Den Beutel verschließen. Die Löffelbiskuits mit einer Teigrolle fein zerbröseln. Die Brösel in eine Rührschüssel geben. Die Butter zerlassen, zu den Bröseln geben und gut verrühren.

2. Einen Springformrand (Ø 26 cm) auf eine mit Tortenspitze oder Backpapier belegte Tortenplatte stellen. Die Bröselmasse darin gleichmäßig verteilen und mit einem Löffel gut zu einem Boden andrücken. Den Tortenboden kalt stellen.

3. Für den Belag Sahne steif schlagen. Tortencremepulver in eine Rührschüssel geben. Wasser hinzufügen und mit einem Schneebesen etwa ½ Minute gut verrühren. Zuerst Joghurt und Dekorzucker (Dekorzucker liegt der Tortencreme bei), dann Frischkäse gut unterrühren. Zuletzt Sahne unterheben. Teelöffelweise je 2 Becher Himbeer- und Waldmeister-Götterspeise auf die Creme geben und unterheben. Die Masse auf den Bröselboden geben und glatt streichen. Den Kuchen etwa 3 Stunden kalt stellen (Kühlschrank).

4. Den Springformrand lösen und entfernen. Restliche Götterspeise mit einem Teelöffel abwechselnd auf dem Belag verteilen, dabei einen etwa 1 cm breiten Rand frei lassen.

Buttermilchschnitten mit Kirschen | Raffiniert

Insgesamt:
E: 73 g, F: 367 g, Kh: 510 g, kJ: 24005, kcal: 5738

Für den Boden:
300 g Butterkekse
175 g Butter

Für den Belag:
2 Pck. gemahlene Gelatine, weiß
500 ml (1/2 l) Buttermilch
150 g Zucker
1 Pck. Dr. Oetker Finesse Geriebene Zitronenschale
500 g Schlagsahne

Für das Kirschkompott:
250 g Sauerkirschen
100 g Zucker
10 g Speisestärke
100 ml Kirschsaft oder Wasser

Zubereitungszeit: 40 Minuten, ohne Kühl- und Abkühlzeit

1. Für den Boden Butterkekse in einen Gefrierbeutel geben. Den Beutel verschließen. Die Butterkekse mit einer Teigrolle fein zerbröseln. Die Brösel in eine Rührschüssel geben. Butter zerlassen, zu den Keksbröseln geben und gut verrühren.

2. Einen Backrahmen (30 x 40 cm) auf ein Backblech (gefettet, mit Backpapier belegt) stellen. Die Bröselmasse darin gleichmäßig verteilen und mit einem Löffel gut zu einem Boden andrücken. Kalt stellen.

3. Für den Belag Gelatine mit Wasser in einem kleinen Topf anrühren und etwa 10 Minuten quellen lassen. Buttermilch und Zucker in einer Schüssel so lange verrühren, bis der Zucker gelöst ist. Gelatine unter Rühren bei schwacher Hitze auflösen (nicht kochen).

4. Die Gelatine mit etwa 3 Esslöffeln der Buttermilch verrühren, dann unter die restliche Buttermilch rühren. Zitronenschale unterrühren. Kalt stellen.

5. Sahne steif schlagen. Sobald die Masse anfängt dicklich zu werden, Sahne unterheben. Die Buttermilch-Sahne-Creme auf dem Bröselboden verteilen und glatt streichen. Mit einem Tortengarnierkamm ein Muster in die Oberfläche ziehen. Den Kuchen etwa 2 Stunden kalt stellen (Kühlschrank).

6. Für das Kompott Sauerkirschen waschen, abtropfen lassen, entstielen und entsteinen. Den Zucker mit Speisestärke und etwas Saft oder Wasser anrühren. Restlichen Saft oder Wasser mit den Sauerkirschen in einem Topf zum Kochen bringen. Angerührte Speisestärke einrühren und unter Rühren kurz aufkochen. Den Topf von der Kochstelle nehmen. Kompott erkalten lassen.

7. Den Backrahmen vorsichtig lösen und entfernen. Den Kuchen in Stücke schneiden, etwas Kompott auf jede Schnitte geben. Die Buttermilchschnitten leicht gekühlt servieren.

Buttermilchtörtchen Exotik I

Gut vorzubereiten

Insgesamt:
E: 34 g, F: 63 g, Kh: 245 g, kJ: 7301, kcal: 1744

Für die Böden:

125 g Nussplätzchen
50 g Butter

Für die Buttermilchtoreletts:

6 Blatt weiße Gelatine
500 ml (1/2 l) Buttermilch
Saft von
1/2 Zitrone
100 g Zucker
1 Pck. Dr. Oetker Vanillin-Zucker
500 g vorbereites, gemischtes Obst, z. B. Papaya, Physalis, Ananas, Honigmelonenkugeln, Kumquats, Mango, Karambole

Außerdem:

4 Torteletttförmchen (Ø je 12 cm)

Zubereitungszeit: 20 Minuten, ohne Kühlzeit

1. Für die Böden die Plätzchen in einen Gefrierbeutel geben. Den Beutel verschließen. Plätzchen mit einer Teigrolle fein zerbröseln. Die Butter zerlassen, zu den Bröseln geben und gut verrühren.

2. Die Bröselmasse mit einem Löffel zu 4 Kreisen (Ø je etwa 12 cm) auf eine Tortenplatte (mit Backpapier gelegt) drücken. Böden kalt stellen.

3. Für die Buttermilchtorteletts die Gelatine in kaltem Wasser nach Packungsanleitung einweichen. Buttermilch mit Zitronensaft, Zucker und Vanillin-Zucker verrühren. Eingeweichte Gelatine leicht ausdrücken und in einem kleinen Topf unter Rühren bei schwacher Hitze auflösen (nicht kochen). Gelatine mit 2–3 Esslöffeln der Buttermilchmasse verrühren, dann unter die restliche Buttermilchmasse rühren.

4. Vier Torteletttförmchen (Ø je 12 cm) mit kaltem Wasser ausspülen und die Buttermilchmasse darin verteilen. Die Förmchen etwa 2 Stunden kalt stellen (Kühlschrank). Buttermilchmasse fest werden lassen.

5. Die Buttermilchtörtchen mit einem Messer vorsichtig vom Rand lösen. Jeweils ein Buttermilchtörtchen aus der Form auf je einen Bröselboden stürzen. Das vorbereitete Obst dekorativ darauf verteilen.

Buttermilchtörtchen mit Kirschen | Mit Alkohol

Insgesamt:
E: 34 g, F: 171 g, Kh: 265 g, kJ: 11934, kcal: 2852

Für die Buttermilchfüllung:
1 Pck. gemahlene Gelatine, weiß
250 ml (1/4 l) Buttermilch
100 g Zucker
1 Pck. Dr. Oetker Vanillin-Zucker
2 EL Kirschlikör
500 g Schlagsahne

Für das Kirschkompott:
etwa 200 g Sauerkirschen
2 TL Speisestärke
50 g Zucker
100 ml Wasser oder Kirschsaft

10 Butter- oder Haferkekse (Ø etwa 8 cm)

Außerdem:
10 Kaffeetassen oder Timbale-Förmchen (Ø etwa 8 cm)

Zubereitungszeit: 30 Minuten, ohne Kühl- und Abkühlzeit

1. Für die Buttermilchfüllung Gelatine mit etwa 3 Esslöffeln von der Buttermilch in einem kleinen Topf anrühren und etwa 10 Minuten quellen lassen.

2. Die restliche Buttermilch mit Zucker und Vanillin-Zucker verrühren. Eingeweichte Gelatine unter Rühren auflösen (nicht kochen). Den Kirschlikör unterrühren. Die aufgelöste Gelatine unter die Buttermilchflüssigkeit rühren und kalt stellen (Kühlschrank).

3. Sahne steif schlagen. Wenn die Buttermilchflüssigkeit anfängt dicklich zu werden, Sahne unterheben.

4. Die Buttermilchcreme in kalt ausgespülte Kaffeetassen oder Timbale-Förmchen (Ø etwa 8 cm) füllen. Die Tassen oder Förmchen etwa 3 Stunden kalt stellen (Kühlschrank).

5. Für das Kirschkompott Kirschen waschen, abtropfen lassen und entsteinen. Speisestärke mit Zucker mischen, mit etwas Wasser oder Saft anrühren. Restliches Wasser oder restlichen Saft mit den Kirschen in einem Topf zum Kochen bringen. Angerührte Speisestärke unter Rühren hinzufügen und unter Rühren kurz aufkochen lassen. Kirschkompott erkalten lassen.

6. Die Buttermilchcreme aus der Form lösen und jeweils auf einen Keksboden stürzen. Etwas Kompott auf die Buttermilchtörtchen geben. Die Buttermilchtörtchen leicht gekühlt servieren.

Caipirinha-Kuchen | Mit Alkohol

Insgesamt:
E: 66 g, F: 316 g, Kh: 310 g, kJ: 18733, kcal: 4480

Für den Boden:
200 g Butterkekse
125 g Butter

Für die Creme:
8 Blatt weiße Gelatine
500 g Dickmilch
150 ml fertig gemixter Caipirinha-Likör
100 g brauner Zucker (Kandisfarin)
400 g Schlagsahne

50 g gehobelte Mandeln
30 g brauner Zucker (Kandisfarin)
1 Bio-Limette (unbehandelt, ungewachst)

Zubereitungszeit: 50 Minuten, ohne Kühl- und Abkühlzeit

1. Für den Boden Butterkekse in einen Gefrierbeutel geben. Den Beutel verschließen. Die Butterkekse mit einer Teigrolle fein zerbröseln. Die Brösel in eine Rührschüssel geben. Butter zerlassen, zu den Keksbröseln geben und gut verrühren.

2. Einen Backrahmen (26 x 26 cm) auf ein Backblech (gefettet, mit Backpapier belegt) stellen. Die Bröselmasse darin gleichmäßig verteilen und mit einem Löffel gut zu einem Boden andrücken. Kalt stellen.

3. Für die Creme Gelatine in kaltem Wasser nach Packungsanleitung einweichen. Dickmilch mit Caipirinha-Likör und Zucker in einer Schüssel gut verrühren, bis der Zucker gelöst ist. Eingeweichte Gelatine leicht ausdrücken und in einem kleinen Topf unter Rühren bei schwacher Hitze auflösen (nicht kochen). Gelatine mit etwa 3 Esslöffeln von der Dickmilchmasse verrühren, dann unter die restliche Dickmilchmasse rühren. Kalt stellen.

4. Sahne steif schlagen. Sobald die Masse anfängt dicklich zu werden, Sahne unterheben. Die Creme auf dem Bröselboden verteilen und glatt streichen. Den Kuchen etwa 3 Stunden kalt stellen (Kühlschrank).

5. Zum Garnieren Mandeln mit Zucker in einer Pfanne unter Rühren bräunen. Mandeln herausnehmen und auf einem Teller erkalten lassen.

6. Den Backrahmen lösen und entfernen. Den Kuchen auf eine Tortenplatte setzen. Die Mandeln kurz vor dem Servieren auf der Kuchenoberfläche verteilen. Limette heiß abwaschen, abtrocknen und in dünne Scheiben schneiden. Die Kuchenoberfläche mit den Limettenscheiben garnieren.

Tipps: Der Kuchen kann am Vortag zubereitet werden. Anstelle von Caipirinha-Likör können Sie auch 100 ml Cachaça und 50 ml Limettensaft verwenden. Für eine alkoholfreie Variante einfach den Caipirinha-Likör durch 100 ml Apfelsaft und 50 ml Limettensaft ersetzen.

Cantuccini-Kaffeetraum | Schnell

Insgesamt:
E: 34 g, F: 98 g, Kh: 370 g, kJ: 10688, kcal: 2543

Für den Boden:
125 g Cantuccini (ital. Mandelgebäck)
75 g Butter

Für den Belag:
1 Dose Birnenhälften (Abtropfgewicht 460 g)
400 ml Milch
100 ml kalter Kaffee
2 Pck. Galetta Schokoladen-Geschmack (Pudding-Pulver ohne Kochen)

einige Cantuccini

Zubereitungszeit: 20 Minuten, ohne Kühlzeit

1. Für den Boden Cantuccini in einen Gefrierbeutel geben. Den Beutel verschließen. Cantuccini mit einer Teigrolle fein zerbröseln. Die Butter zerlassen, zu den Bröseln geben und gut verrühren.

2. Einen Springformrand (Ø 26 cm) auf eine mit Tortenspitze oder Backpapier belegte Tortenplatte stellen. Die Bröselmasse darin gleichmäßig verteilen und mit einem Löffel gut zu einem Boden andrücken. Den Tortenboden kalt stellen.

3. Für den Belag Birnenhälften in einem Sieb gut abtropfen lassen. 1–2 Birnenhälften zum Garnieren beiseitelegen. Restliche Birnenhälften auf dem Bröselboden verteilen.

4. Milch mit Kaffee in einer Rührschüssel verrühren. Pudding-Pulver hinzugeben und einen Pudding nach Packungsanleitung zubereiten. Die Puddingcreme auf den Birnenhälften verteilen. Die Torte 2–3 Stunden kalt stellen (Kühlschrank).

5. Den Springformrand lösen und entfernen. Beiseitegelegte Birnenhälften in Spalten schneiden. Cantuccini halbieren oder vierteln. Die Tortenoberfläche mit den Birnenspalten und Cantuccini-Stücken garnieren.

Tipps: Verzieren Sie die Tortenoberfläche vor dem Garnieren mit 100 g steif geschlagener Schlagsahne. Für Kinder den Belag aus 400 ml Milch und 100 ml Kakaogetränk zubereiten.

Cantuccini-Torte | Raffiniert

Insgesamt:
E: 117 g, F: 210 g, Kh: 351 g, kJ: 15983, kcal: 3816

Für den Boden:
200 g Cantuccini (ital. Mandelgebäck)
2–3 EL Espresso-Kaffee
100 g Zartbitter-Schokolade (50 % Kakao)
20 g Butter

Für die Creme:
4 Blatt weiße Gelatine
250 g Ricotta (ital. Frischkäse)
½ TL gemahlener Zimt
50 g Zucker
1 TL Dr. Oetker Finesse Geriebene Zitronenschale
300 g Schlagsahne

Für den Belag:
1 reife Mango (etwa 500 g)
1 Pck. Tortenguss, klar
1–2 EL Zucker
250 ml (¼ l) klarer Apfelsaft

Zubereitungszeit: 50 Minuten, ohne Kühlzeit

1. Für den Boden Cantuccini grob zerkleinern und in mehreren Portionen im Zerkleinerer oder Mixer fein hacken und in eine Rührschüssel geben. Espresso auf die Cantuccini-Stücke träufeln und einziehen lassen.

2. Schokolade in kleine Stücke brechen, mit der Butter in einer kleinen Schüssel im heißen Wasserbad bei schwacher Hitze unter Rühren schmelzen. Die Schokoladenbutter zu den Cantuccini-Stücken geben und gut vermengen.

3. Einen Springformrand (Ø 26 cm) auf eine mit Tortenspitze oder Backpapier belegte Tortenplatte stellen. Die Bröselmasse darin gleichmäßig verteilen und mit einem Löffel gut zu einem Boden andrücken. Tortenboden kalt stellen.

4. Für die Creme die Gelatine in kaltem Wasser nach Packungsanleitung einweichen. Den Ricotta mit Zimt, Zucker und Zitronenschale verrühren. Gelatine leicht ausdrücken und in einem kleinen Topf bei schwacher Hitze unter Rühren auflösen (nicht kochen). Etwa 4 Esslöffel Ricotta unter die Gelatine rühren. Dann unter den restlichen Ricotta rühren.

5. Sahne steif schlagen und unter die Ricottamasse heben. Die Creme auf den Tortenboden geben und glatt streichen. Die Torte mindestens 2 Stunden kalt stellen (Kühlschrank).

6. Für den Belag Mango halbieren, den Stein herauslösen. Mangohälften schälen oder mit einem Löffel aus der Schale lösen. Fruchtfleisch in dünne Scheiben schneiden und kreisförmig auf der Tortenoberfläche verteilen.

7. Aus Tortengusspulver, Zucker und Apfelsaft nach Packungsanleitung einen Guss zubereiten. Den Guss von der Tortenmitte aus auf den Mangoscheiben verteilen. Torte nochmals kalt stellen (Kühlschrank), bis der Guss fest ist. Den Springformrand lösen und entfernen.

Cappuccino-Erdbeer-Torte | Raffiniert

Insgesamt:
E: 56 g, F: 360 g, Kh: 303 g, kJ: 19854, kcal: 4739

Für den Boden:
150 g Löffelbiskuits
125 g Butter

Für die Creme:
250 g Erdbeeren
4 Blatt weiße Gelatine
250 g Mascarpone (ital. Frischkäse)
2 Beutel (je 12 g) Instant-Cappuccino-Pulver ohne Zucker
50 g Zucker
1 Pck. Dr. Oetker Vanillin-Zucker
400 g Schlagsahne

Zum Garnieren:
500 g Erdbeeren

Für den Guss:
1 Pck. Tortenguss, klar
250 ml (1/4 l) Apfelsaft oder Wasser
30 g Zucker

evtl. etwas weiße, geschabte Kuvertüre

Zubereitungszeit: 40 Minuten, ohne Kühlzeit

1. Für den Boden Löffelbiskuits in einen Gefrierbeutel geben. Den Beutel verschließen. Löffelbiskuits mit einer Teigrolle fein zerbröseln. Die Brösel in eine Rührschüssel geben. Butter zerlassen, zu den Biskuitbröseln geben und gut verrühren.

2. Einen Springformrand (Ø 26 cm) auf eine mit Tortenspitze oder Backpapier belegte Tortenplatte stellen. Die Bröselmasse darin gleichmäßig verteilen und mit einem Löffel gut zu einem Boden andrücken. Tortenboden kalt stellen.

3. Für die Creme Erdbeeren putzen, waschen, abtropfen lassen, entstielen und in kleine Stücke schneiden. Gelatine in kaltem Wasser nach Packungsanleitung einweichen. Den Mascarpone mit Cappuccino-Pulver, Zucker und Vanillin-Zucker in einer Schüssel verrühren.

4. Eingeweichte Gelatine leicht ausdrücken und in einem kleinen Topf unter Rühren bei schwacher Hitze auflösen (nicht kochen).

5. Gelatine mit etwa 3 Esslöffeln der Mascarponemasse verrühren, dann unter die restliche Mascarponemasse rühren. Sahne steif schlagen und unterheben. Erdbeerstücke ebenfalls unterheben. Die Creme auf den Bröselboden geben und glatt streichen. Die Torte 2–3 Stunden kalt stellen (Kühlschrank).

6. Zum Garnieren Erdbeeren putzen, waschen, gut abtropfen lassen, entstielen und in Scheiben schneiden. Erdbeerscheiben dachziegelartig auf die Tortenoberfläche legen.

7. Für den Guss aus Tortengusspulver, Saft oder Wasser und Zucker einen Guss nach Packungsanleitung zubereiten. Den Guss auf den Erdbeerscheiben verteilen. Erdbeer-Cappuccino-Torte kalt stellen und den Guss fest werden lassen.

8. Springformrand lösen und entfernen. Nach Belieben Schokoladenspäne an den Tortenrand drücken.

Tipp: Die Torte schmeckt frisch am besten.

Cappuccino-Oblatentorte I

Für Gäste

Insgesamt:
E: 57 g, F: 201 g, Kh: 251 g, kJ: 12901, kcal: 3084

Für die Creme:

8 Blatt weiße Gelatine
400 ml Cappuccino-Getränk (aus dem Kühlregal)
400 g Schlagsahne

Außerdem:

1 Pck. Karlsbader Oblaten, hell (mit Butter und Mandeln = 6 Stück)
1 Pck. Karlsbader Oblaten, dunkel (mit Schokolade = 4 Stück)

Zum Bestäuben:

Kakaopulver

Zubereitungszeit: 30 Minuten, ohne Kühlzeit

1. Für die Creme Gelatine in kaltem Wasser nach Packungsanleitung einweichen. Eingeweichte Gelatine leicht ausdrücken und in einem kleinen Topf unter Rühren bei schwacher Hitze auflösen (nicht kochen). Nach und nach das Cappuccino-Getränk unterrühren, kalt stellen.

2. Sahne steif schlagen. Wenn die Flüssigkeit anfängt dicklich zu werden, Sahne unterheben.

3. Eine helle Oblate auf eine Tortenplatte legen, mit etwas Creme bestreichen, mit einer dunklen Oblate belegen und leicht andrücken. Etwas Creme daraufstreichen, dann wieder eine helle Oblate auflegen, mit Creme bestreichen und mit einer dunklen Oblate belegen. Auf diese Weise die Oblaten aufeinanderschichten, dabei eine helle Oblate beiseitelegen. Die Tortenoberfläche dekorativ mit der restlichen Creme bestreichen. Die Torte bis zum Servieren etwa 2 Stunden kalt stellen (Kühlschrank).

4. Vor dem Servieren die beiseitegelegte Oblate zerbrechen, dekorativ auf der Tortenoberfläche verteilen und mit etwas Kakao bestäuben.

Tipps: Das Cappuccino-Getränk kann auch durch Latte Macchiato, Irish Coffee oder ähnliches ausgetauscht werden. Mithilfe von Instant-Eiskaffeepulver und Milch kann man das Getränk selbst zubereiten. Die Torte schmeckt frisch am besten.

Cassata-Torte | Gut vorzubereiten

Insgesamt:
E: 60 g, F: 361 g, Kh: 265 g, kJ: 19622, kcal: 4687

Für den Boden:
75 g Amarettini (ital. Mandelmakronen)

Für den Belag:
1 Glas Sauerkirschen (Abtropfgewicht 155 g)
1 Glas Amarenakirschen (Abtropfgewicht 140 g)
100 g Marzipan-Rohmasse
50 g gemahlene Pistazienkerne
2–3 Tropfen grüne Speisefarbe
3 ganz frische Eigelb (Größe M)
50 g Zucker
675 g Schlagsahne
1 kleine Mango

Zum Verzieren und Garnieren:
125 g Schlagsahne
1 EL gehackte Pistazienkerne

Zubereitungszeit: 60 Minuten, ohne Gefrierzeit

1. Für den Boden Amarettini in einen Gefrierbeutel geben. Amarettini grob zerstoßen. Einen Springformrand (Ø 20–22 cm) auf eine mit Backpapier belegte Tortenplatte stellen. Die Amarettinistücke darin gleichmäßig verteilen.

2. Für den Belag die Sauerkirschen und Amarenakirschen in einem Sieb abtropfen lassen, nebeneinander in eine flache Schale legen und im Gefrierschrank hart gefrieren lassen.

3. Marzipan mit Pistazienkernen pürieren, mit Speisefarbe einfärben. Aus der Püreemasse Rollen (Ø etwa 5 mm) formen, in etwa 5 mm dicke Scheiben schneiden und ebenfalls gefrieren lassen.

4. Eigelb, Zucker und etwa 3 Esslöffel von der Sahne in eine Edelstahlschüssel geben und im heißen Wasserbad mit Handrührgerät mit Rührbesen bei mittlerer Hitze schaumig schlagen, bis eine dickflüssige Masse entstanden ist. Die Schüssel aus dem Wasserbad nehmen und in kaltes Wasser setzen. Die Eigelbcreme so lange weiterschlagen, bis sie abgekühlt ist.

5. Die Mango halbieren und den Stein herauslösen. Die Mangohälften schälen und in Stücke schneiden. Mangostücke pürieren und unter die Eigelbcreme ziehen. Restliche Sahne steif schlagen und unter die Mangocreme ziehen. Die gefrorenen Kirschen und Marzipanscheiben unterheben. Die Creme auf den Amarettinibröselboden geben und glatt streichen. Die Cassata-Torte in den Gefrierschrank stellen und über Nacht gefrieren lassen.

6. Den Springformrand lösen und entfernen. Zum Verzieren und Garnieren Sahne steif schlagen und in einen Spritzbeutel mit Lochtülle füllen. Den oberen Tortenrand mit der Sahne verzieren und mit Pistazienkernen garnieren.

Tipp: Besonders gut schmeckt die Torte, wenn sie etwa 30 Minuten vor dem Verzehr angetaut wird. Aufgetaute und wieder eingefrorene Eiscreme-Torte können Sie nicht noch einmal einfrieren, Sie sollten diese möglichst innerhalb eines Tages verwenden.

Hinweis: Nur ganz frische Eigelb verwenden, die nicht länger als 5 Tage sind (Legedatum beachten!).

Charlotte-au-Chocolat-Torte

Mit Alkohol

Insgesamt:
E: 65 g, F: 337 g, Kh: 340 g, kJ: 20822, kcal: 4972

Für die Füllung und den Belag:
125 g Erdbeeren
1 Karambole
1 kleine Papaya
75 ml Cognac
2 EL gesiebter Puderzucker

Für den Boden und Rand:
100 g Zwieback
100 g Butter
100 g Löffelbiskuits

Für die Füllung:
200 g weiße Kuvertüre
2 Eier (Größe M)
1 EL Zucker (20 g)
3 EL Cognac
500 g Schlagsahne
2 Pck. Dr. Oetker Sahnesteif

Für den Guss:
2 Blatt weiße Gelatine
Cognacflüssigkeit von den Früchten

Zubereitungszeit: 60 Minuten, ohne Kühlzeit

1. Erdbeeren, Karambole und Papaya putzen, waschen und gut abtropfen lassen. Erdbeeren entstielen und in Viertel schneiden. Karambole in dünne Scheiben schneiden. Papaya halbieren, entkernen, schälen und in dünne Scheiben schneiden. Die vorbereiteten Früchte in eine Schüssel geben. Cognac mit Puderzucker verrühren, über die Früchte gießen, zugedeckt etwa 30 Minuten durchziehen lassen.

2. In der Zwischenzeit für den Boden Zwiebäcke in einen Gefrierbeutel geben, Beutel verschließen. Zwiebäcke mit einer Teigrolle fein zerbröseln und in eine Rührschüssel geben. Butter zerlassen, zu den Zwiebackbröseln geben und gut verrühren. Einen Springformrand (Ø 26 cm) auf eine mit Tortenspitze oder Backpapier belegte Tortenplatte stellen. Die Bröselmasse darin gleichmäßig verteilen und mit einem Löffel gut zu einem Boden andrücken.

3. Löffelbiskuits mit einem Messer halbieren. Löffelbiskuithälften so an den Springformrand stellen, dass die Zuckerseite nach außen zeigt und die Schnittflächen auf dem Bröselboden stehen. Die Löffelbiskuithälften etwas in den Bröselboden drücken. Den Tortenboden kalt stellen (Kühlschrank).

4. Für die Füllung Kuvertüre in kleine Stücke hacken, in einer kleinen Schüssel im heißen Wasserbad unter Rühren schmelzen. Die Schüssel aus dem Wasserbad nehmen, die Kuvertüre etwas abkühlen lassen. Eier, Zucker und Cognac in eine Rühr- oder Edelstahlschüssel geben und im heißen Wasserbad mit Handrührgerät mit Rührbesen bei mittlerer Hitze schaumig schlagen, bis eine dickflüssige Masse entstanden ist. Die Schüssel aus dem Wasserbad nehmen. Die etwas abgekühlte Kuvertüre auf einmal hinzugeben und schnell verrühren. Die Kuvertüremasse erkalten lassen. Sahne mit Sahnesteif steif schlagen und unter die Kuvertüremasse heben.

5. Die Früchte in ein Sieb geben und abtropfen lassen, dabei die Cognacflüssigkeit auffangen. Die Hälfte der Früchte auf dem Tortenboden verteilen. Die Kuvertüre-Sahne-Creme daraufgeben und glatt streichen. Die Torte etwa 3 Stunden kalt stellen (Kühlschrank).

6. Für den Guss Gelatine in kaltem Wasser nach Packungsanleitung einweichen. Gelatine leicht ausdrücken und in einem kleinen Topf mit der Hälfte der Cognacflüssigkeit unter Rühren bei schwacher Hitze auflösen (nicht kochen). Restliche Cognacflüssigkeit unterrühren und etwas abkühlen lassen.

7. Die restlichen Früchte auf der Tortenoberfläche verteilen. Die Früchte nach und nach mithilfe eines Backpinsels mit der Gelatineflüssigkeit bestreichen. Die Torte zwischendurch immer wieder kalt stellen. Den Springformrand lösen und entfernen.

Hinweis: Nur ganz frische Eier verwenden, die nicht älter als 5 Tage sind (Legedatum beachten!).

Charlotte-Russe-Torte I

Raffiniert

Insgesamt:
E: 52 g, F: 118 g, Kh: 258 g, kJ: 9800, kcal: 2340

Für den Boden und Rand:
150 g Löffelbiskuits

Für die Füllung:
1 Dose Aprikosenhälften (Abtropfgewicht 250 g)
6 Blatt weiße Gelatine
250 ml (1/4 l) Milch
1/2 Vanilleschote
3 Eigelb (Größe M)
80 g Zucker
250 g Schlagsahne
1 Pck. Dr. Oetker Sahnesteif

Zubereitungszeit: 40 Minuten, ohne Kühlzeit

1. Für den Boden und Rand einen Springformrand (Ø 24 cm) auf eine mit Tortenspitze oder Backpapier belegte Tortenplatte stellen.

2. Etwa zwei Drittel der Löffelbiskuits mit einem Messer halbieren.

3. Löffelbiskuithälften so an den Springformrand stellen, dass die Zuckerseite nach außen zeigt und die Schnittflächen auf dem Boden stehen. Den Boden mit den restlichen Löffelbiskuits auslegen.

4. Für die Füllung Aprikosenhälften in einem Sieb abtropfen lassen. Aprikosenhälften (eventuell 3 Aprikosenhälften beiseitelegen) mit einem Stabmixer pürieren.

5. Gelatine in kaltem Wasser nach Packungsanleitung einweichen.

6. In der Zwischenzeit Milch in einen Topf geben. Vanilleschote längs aufschneiden, das Mark herausschaben und zu der Milch geben. Die Milch zum Kochen bringen. Den Topf anschließend von der Kochstelle nehmen.

7. Eigelb und Zucker in eine Rühr- oder Edelstahlschüssel geben und im heißen Wasserbad bei mittlerer Hitze schaumig schlagen, bis eine dickflüssige Masse entstanden ist. Die Vanillemilch hinzugeben.

8. Gelatine leicht ausdrücken, zu der Eigelb-Milch-Masse geben und unter Rühren auflösen. Die Schüssel aus dem Wasserbad nehmen. Die Masse unter mehrmaligem Rühren erkalten lassen.

9. Sahne steif schlagen. Wenn die Masse anfängt dicklich zu werden, Sahne unterheben.

10. Ein Drittel der Creme auf den Tortenboden geben und glatt streichen. Aprikosenpüree mit Sahnesteif verrühren. Gut die Hälfte des Aprikosenpürees vorsichtig mit einem Esslöffel auf die Creme geben und verteilen.

11. Restliche Creme daraufgeben und glatt streichen. Restliches Aprikosenpüree in Klecksen auf die Creme geben und mit einer Gabel marmorieren.

12. Die beiseitegelegte Aprikosenhälften in Spalten schneiden. Die Tortenoberfläche damit garnieren. Die Torte etwa 2 Stunden kalt stellen (Kühlschrank).

13. Den Springformrand lösen und entfernen.

Hinweis: Nur ganz frische Eigelb verwenden, die nicht älter als 5 Tage sind (Legedatum beachten!).

Clowntorte | Für Kinder

Insgesamt:
E: 55 g, F: 120 g, Kh: 396 g, kJ: 13135, kcal: 3138

Für den Boden:

1 Pck. Schoko-Knusperreis-Quadrate (200 g)
30 g bunter Knusper-Puffreis

Für die Füllung:

1 Dose kleine Ananasscheiben (Abtropfgewicht 140 g)
1 Dose Fruchtcocktail (Abtropfgewicht 250 g)
8 Blatt weiße Gelatine
250 g Schlagsahne
500 g Ananasjoghurt
200 ml Ananas-Fruchtcocktail-Saftmischung aus den Dosen
1 Pck. Fruchtmus-Zauber Apfel/Birne (175 g, Fruchtmuspulver)

Zum Garnieren:

1 Nektarine
Saft einer ½ Zitrone
20 Mandarinenfilets
2 Schokoladen-Dekortaler
rote Fruchtgummischnüre
einige rote Kaiserkirschen ohne Stein
2 rote, runde Pflaumen

Zubereitungszeit: 40 Minuten, ohne Kühlzeit

1. Für den Boden Knusperreis in Stücke brechen (1 Quadrat beiseitelegen) und in einem Topf im heißen Wasserbad bei schwacher Hitze unter Rühren schmelzen.

2. Einen Springformrand (Ø 26 cm) auf eine mit Tortenspitze oder Backpapier belegte Tortenplatte stellen. Die Knusperreismasse darin gleichmäßig verteilen und mit einem Löffel gut zu einem Boden andrücken. Knusper-Puffreis daraufstreuen. Tortenboden kalt stellen.

3. Für die Füllung Ananasscheiben und Fruchtcocktail in einem Sieb abtropfen lassen, dabei den Saft auffangen und 200 ml abmessen. 2 Ananasscheiben beiseitelegen. Restliche Ananasscheiben in kleine Stücke schneiden.

4. Gelatine in kaltem Wasser nach Packungsanleitung einweichen. Sahne steif schlagen. Joghurt mit der Saftmischung und dem Fruchtmuspulver mit dem Schneebesen gut verrühren. Die eingeweichte Gelatine leicht ausdrücken und in einem kleinen Topf unter Rühren bei schwacher Hitze auflösen (nicht kochen). Gelatine mit 2–3 Esslöffeln von der Joghurt-Saft-Mischung verrühren, dann unter die restliche Joghurt-Saft-Mischung rühren. Sahne und Fruchtstücke unterheben.

5. Die Joghurt-Sahne-Creme auf den Knusperreisboden geben und glatt streichen. Die Torte etwa 2 Stunden kalt stellen (Kühlschrank). Springformrand lösen und entfernen.

6. Zum Garnieren Nektarine waschen, abtrocknen, halbieren, entsteinen und in feine Spalten schneiden. Nektarinenspalten mit Zitronensaft beträufeln und als Haare auf die Tortenoberfläche legen. Beiseitegelegtes Knusperreis-Quadrat zerbröseln und auf die Nektarinenspalten streuen.

7. Die beiseitegelegten Ananasscheiben als Augen und die Mandarinen als Mund auf die Torte legen. Auf die „Augen“ die Dekortaler legen, darauf die zurechtgeschnittenen Fruchtgummischnüre legen.

8. Die gut abgetropften Kirschen auf den „Mund“ legen. Pflaumen waschen, abtrocknen und eine Pflaume als Nase auf die Torte legen. Die zweite Pflaume halbieren und entsteinen und die Hälften als Ohren an den Tortenrand legen.

Tipps: Einen Clownhut und eine große bunte Krepppapierschleife an die Torte gelegt, macht den Clown komplett. Statt Fruchtgummischnüre können Sie für die Augen auch rote Zuckerschrift verwenden. Statt Fruchtmus-Zauber Apfel/Birne können Sie auch 150 g Birnen- oder Apfelmus verwenden, dann jedoch nur 75 ml Ananas-Fruchtcocktail-Saftmischung aus der Dose nehmen.

Cornflakes-Beeren-Torte | Einfach

Insgesamt:
E: 67 g, F: 205 g, Kh: 301 g, kJ: 14431, kcal: 3451

Für den Boden:
100 g Cornflakes
75 g Löffelbiskuits
50 g gehobelte Mandeln
125 g Butter

Für den Belag:
8 Blatt weiße Gelatine
500 g Joghurt
75 g Zucker
50 ml Zitronensaft
200 g Schlagsahne
400 g gemischte Beerenfrüchte, z. B. Himbeeren, Brombeeren Johannisbeeren, Erdbeeren und Heidelbeeren
30 g Cornflakes
evtl. etwas Puderzucker

Zubereitungszeit: 35 Minuten, ohne Kühlzeit

1. Für den Boden Cornflakes und Löffelbiskuits jeweils in einen Gefrierbeutel geben und die Beutel verschließen. Cornflakes und Löffelbiskuits mit einer Teigrolle etwas zerbröseln. Die Brösel mit den Mandeln in eine Rührschüssel geben. Butter zerlassen, zu der Brösel-Mandel-Mischung geben und gut verrühren.

2. Einen Springformrand (Ø 26 cm) auf eine mit Tortenspitze oder Backpapier belegte Tortenplatte stellen. Die Bröselmasse darin gleichmäßig verteilen und mit einem Löffel gut zu einem Boden andrücken. Tortenboden kalt stellen.

3. Für den Belag die Gelatine in kaltem Wasser nach Packungsanleitung einweichen. Joghurt mit Zucker und Zitronensaft verrühren. Die eingeweichte Gelatine leicht ausdrücken und in einem kleinen Topf unter Rühren bei schwacher Hitze auflösen (nicht kochen). Gelatine mit etwa 4 Esslöffeln von der Joghurtmasse verrühren, dann unter die restliche Joghurtmasse rühren. Die Masse kalt stellen (Kühlschrank).

4. Sahne steif schlagen. Sobald die Masse anfängt dicklich zu werden, Sahne unterheben.

5. Die Beerenfrüchte verlesen, abspülen, trocken tupfen (150 g der Beerenfrüchte zum Garnieren beiseitelegen) und unter die Joghurtcreme heben. Die Beerencreme auf den Cornflakesboden geben und glatt streichen. Die Torte etwa 2 Stunden kalt stellen (Kühlschrank).

6. Springformrand lösen und entfernen. Die Tortenoberfläche mit den beiseitegelegten Beeren und Cornflakes garnieren. Nach Belieben mit etwas Puderzucker bestäuben.

Tipps: Die Torte schmeckt auch mit Waldfruchtjoghurt. Sie können auch nur eine Beerensorte verwenden. Der Mandelgeschmack wird intensiver, wenn die Mandeln kurz in einer Pfanne ohne Fett gebräunt werden. Die Mandeln können auch durch Löffelbiskuitbrösel ersetzt werden.

Crème-fraîche-Schoko-Torte I

Raffiniert

Insgesamt:
E: 123 g, F: 542 g, Kh: 471 g, kJ: 30531, kcal: 7305

Für die Füllung:
600 g Crème fraîche
500 g Speisequark (Magerstufe)

Für den Boden:
250 g Amarettini (ital. Mandelmakronen)
120 g Butter

350 g weiße Kuvertüre
130 g Butter
1 Pck. Dr. Oetker Bourbon-Vanille-Zucker

Zum Garnieren:
50 g weiße Kuvertüre

Zubereitungszeit: 30 Minuten, ohne Abtropf- und Kühlzeit

1. Für die Füllung Crème fraîche und Quark verrühren. Ein Sieb mit einem feuchten Mull- oder Geschirrtuch auslegen. Die Quarkmasse hineingeben und die Tuchenden darüberlegen. Das Sieb in eine Schüssel setzen, das Ganze kalt stellen (Kühlschrank). Die Quarkmasse mindestens 8 Stunden abtropfen lassen.

2. Für den Boden Amarettini in einen Gefrierbeutel füllen. Den Beutel verschließen. Amarettini mit einer Teigrolle sehr fein zerbröseln. Brösel in eine Rührschüssel geben. Butter zerlassen, zu den Gebäckbröseln geben und gut verrühren.

3. Einen Springformrand (Ø 26 cm) auf eine mit Tortenspitze oder Backpapier belegte Tortenplatte stellen. Die Bröselmasse darin gleichmäßig verteilen und mit einem Löffel gut zu einem Boden andrücken. Den Tortenboden mindestens 1 Stunde kalt stellen.

4. Die Kuvertüre in kleine Stücke hacken und mit der Butter in einem kleinen Topf im heißen Wasserbad bei schwacher Hitze unter Rühren schmelzen.

5. Die abgetropfte Quarkmasse (750 g) und Vanille-Zucker in einer Rührschüssel verrühren. Lauwarme Kuvertüre-Butter-Masse daraufgeben. Die Zutaten sofort mit Handrührgerät mit Rührbesen zu einer glatten Creme verrühren. Die Creme auf den Bröselboden geben und glatt streichen.

6. Zum Garnieren Kuvertüre mit einem Sparschäler oder Messer dünn hobeln und auf die Creme streuen. Die Torte mindestens 5 Stunden kalt stellen (Kühlschrank). Den Springformrand vorsichtig lösen und entfernen.

Crème-fraîche-Torte | Einfach

Insgesamt:
E: 48 g, F: 204 g, Kh: 300 g, kJ: 13476, kcal: 3216

Für den Crunch-Boden:
200 g Vitalis Knusper Flakes oder Löffelbiskuits
75 g Butter

Für den Belag:
2 Pck. Mousse à la Vanille (Dessertpulver)
400 ml kalte Milch
2 Becher Crème fraîche (je 150 g)
150 g vorbereitetes, frisches Obst, z. B. Himbeeren, Heidelbeeren und Johannisbeeren

Zubereitungszeit: 20 Minuten, ohne Kühlzeit

1. Für den Boden Knusper Flakes oder Löffelbiskuits in einen Gefrierbeutel geben. Den Beutel verschließen. Knusper Flakes oder Löffelbiskuits mit einer Teigrolle zerbröseln. Brösel in eine Rührschüssel geben. Butter zerlassen, zu den Bröseln geben und verrühren.

2. Einen Springformrand (Ø 26 cm) auf eine mit Tortenspitze oder Backpapier belegte Tortenplatte stellen. Die Bröselmasse darin gleichmäßig verteilen und mit einem Löffel gut zu einem Boden andrücken. Den Tortenboden kalt stellen.

3. Für den Belag beide Päckchen Mousse à la Vanille zusammen nach Packungsanleitung, aber nur mit 400 ml Milch zubereiten. Anschließend Crème fraîche unterrühren.

4. Die Creme auf dem Bröselboden verteilen. Mit der runden Seite eines Teelöffels Vertiefungen eindrücken. Die Torte mit dem vorbereiteten Obst garnieren. Die Torte mindestens 2 Stunden kalt stellen (Kühlschrank).

5. Den Springformrand vorsichtig lösen und entfernen.

Tipp: Statt frischem Obst können Sie auch Obst aus der Dose, z. B. Kirschen oder Mandarinen, verwenden.

Cremerosen | Für Gäste

Insgesamt:
E: 53 g, F: 240 g, Kh: 243 g, kJ: 14196, kcal: 3389

Für die Füllung:
4 Blatt weiße Gelatine
125 g Mascarpone (ital. Frischkäse)
250 g Ricotta (ital. Frischkäse)
70 g Zucker
1 Pck. Dr. Oetker Vanillin-Zucker
1 TL abgeriebene Schale von 1 Bio-Zitrone (unbehandelt, ungewachst)
75 ml Mulitvitaminsaft

Zum Bestreichen:
125 g Mascarpone (ital. Frischkäse)
200 g Schlagsahne
1 Pck. Dr. Oetker Sahnesteif
1 EL Zucker
1 EL Zitronensaft

Für den Boden:
mit Schokolade gefüllte Doppelkekse (Ø etwa 6 cm)

Zum Bestreuen:
violetter Zucker

Außerdem:
1 Muffinform (für 6 oder 12 Muffins)

Zubereitungszeit: 35 Minuten, ohne Kühlzeit

1. Für die Füllung Gelatine in kaltem Wasser nach Packungsanleitung einweichen. Den Mascarpone in eine Rührschüssel geben, mit Ricotta, Zucker, Vanillin-Zucker und Zitronenschale verrühren. Eingeweichte Gelatine leicht ausdrücken und in einem kleinen Topf unter Rühren bei schwacher Hitze auflösen (nicht kochen). Gelatine mit dem Saft verrühren und unter die Ricotta-Mascarpone-Masse rühren.

2. Die Ricotta-Mascarpone-Masse in 6 Vertiefungen der Muffinform (mit Speiseöl gefettet, mit Puderzucker bestäubt) verteilen. Die Form etwa 2 Stunden kalt stellen (Kühlschrank).

3. Die Mascarpone-Creme vorsichtig mit einem Messer vom Rand der Vertiefungen lösen, mit je 1 Doppelkeks belegen und vorsichtig auf eine Platte stürzen.

4. Zum Bestreichen Mascarpone und Sahne in einen Rührbecher geben und mit Handrührgerät mit Rührbesen aufschlagen. Sahnesteif mit Zucker mischen und unterschlagen. Zitronensaft unterrühren.

5. Etwa 3 Esslöffel der Mascarpone-Sahne in einen Spritzbeutel mit Lochtülle füllen. Die Törtchen mit der restlichen Mascarpone-Sahne bestreichen. Mit jeweils einem dicken Sahnetupfen aus dem Spritzbeutel verzieren. Die Törtchen bis zum Servieren kalt stellen (Kühlschrank).

6. Die Törtchen vor dem Servieren mit dem violetten Zucker bestreuen.

Tipp: Statt in einer Muffinform können die Törtchen auch in kleinen Porzellanförmchen (Ø etwa 8 cm) zubereitet werden.

Croissant-Torte | Raffiniert

Insgesamt:
E: 36 g, F: 144 g, Kh: 306 g, kJ: 11262, kcal: 2695

Für den Boden:
3 Buttercroissants (je 50 g)
60 g Zucker
30 g Butter

Für den Belag:
6 Blatt weiße Gelatine
200 g bittere Orangenmarmelade
450 g saure Sahne
125 g Schlagsahne

Zum Garnieren:
2–3 EL rotes Johannisbeergelee

Zubereitungszeit: 50 Minuten, ohne Abkühl- und Kühlzeit

1. Für den Boden die Enden der Croissants knapp abschneiden. Die Croissants jeweils quer in 5 Scheiben schneiden.

2. Scheiben in mehreren Portionen in einer großen beschichteten Pfanne ohne Fett bei schwacher Hitze von beiden Seiten goldbraun rösten und herausnehmen.

3. Einen Springformrand (Ø 26 cm) auf eine mit Tortenspitze oder Backpapier belegte Tortenplatte stellen.

4. Dann Croisantscheiben in den Springformrand legen, sodass ein möglichst bedeckter Boden entsteht. Die abgeschnittenen Enden der Croissants zerbröseln und auf den Boden streuen.

5. Den Zucker in einer Pfanne hellbraun karamellisieren lassen. Die Pfanne von der Kochstelle nehmen. Butter zum Karamell geben und unterrühren. Die Karamellmasse sofort mit einem Löffel in dünnen Streifen auf die Croissantscheiben träufeln. Karamellmasse erkalten lassen.

6. Für den Belag die Gelatine in kaltem Wasser nach Packungsanleitung einweichen.

7. Orangenmarmelade mit saurer Sahne verrühren. Eingeweichte Gelatine leicht ausdrücken und in einem kleinen Topf unter Rühren bei schwacher Hitze auflösen (nicht kochen).

8. Die Gelatine mit etwa 4 Esslöffeln der Sahne-Marmeladen-Masse verrühren und dann unter die restliche Sahnemasse rühren. Kalt stellen.

9. Sahne steif schlagen. Sobald die Masse anfängt dicklich zu werden, Sahne unterheben. Die Creme auf den Croissantboden geben und glatt streichen. Die Torte mindestens 2 Stunden kalt stellen (Kühlschrank).

10. Springformrand lösen und entfernen. Die Torte in Stücke schneiden.

11. Dann das Gelee durch ein Sieb streichen, in einen kleinen Gefrierbeutel füllen und eine kleine Ecke abschneiden. Auf jedes Tortenstück mit dem Gelee ein kleines Muster spritzen. Die Torte servieren.

Tipps: 20 g Kürbiskerne rösten und zum Schluss an den Tortenrand setzen oder auf die Torte streuen. Das Gelee auf der Torte wird flüssig, wenn es länger als etwa 3 Stunden auf der Torte ist.

Curaçao-Torte | Für Gäste – mit Alkohol

Insgesamt:
E: 83 g, F: 155 g, Kh: 333 g, kJ: 14260, kcal: 3404

Für den Boden:
175 g Löffelbiskuits
125 g Butter

Für die Creme:
9 Blatt weiße Gelatine
1 Grapefruit
150 g kernlose, blaue Weintrauben
500 g Sahne-Pudding Bourbon-Vanille (aus dem Kühlregal)
500 g Joghurt
25 g Zucker
75 ml Blue Curaçao

Zum Verzieren und Garnieren:
1 Blatt weiße Gelatine
3 EL Blue Curaçao
150 g kernlose, blaue Weintrauben

Zubereitungszeit: 50 Minuten, ohne Kühlzeit

1. Für den Boden Löffelbiskuits in einen Gefrierbeutel geben und den Beutel verschließen. Die Löffelbiskuits mit einer Teigrolle fein zerbröseln. Die Brösel in eine Rührschüssel geben. Butter zerlassen, zu den Biskuitbröseln geben und gut verrühren.

2. Einen Springformrand (Ø 26 cm) auf eine mit Tortenspitze oder Backpapier belegte Tortenplatte stellen. Die Bröselmasse darin gleichmäßig verteilen und mit einem Löffel gut zu einem Boden andrücken.

3. Für die Creme Gelatine in kaltem Wasser nach Packungsanleitung einweichen. Grapefruit so schälen, dass die weiße Haut mitentfernt wird. Grapefruit filetieren, dabei den Saft auffangen. Weintrauben waschen, trocken tupfen und halbieren. Die Grapefruitfilets und Weintraubenhälften auf dem Bröselboden verteilen.

4. Aufgefangenen Grapefruitsaft mit Sahne-Pudding, Joghurt und Zucker in einer Schüssel verrühren.

5. Eingeweichte Gelatine leicht ausdrücken und in einem kleinen Topf unter Rühren bei schwacher Hitze auflösen (nicht kochen).

6. Gelatine zuerst mit etwa 2 Esslöffeln der Puddingcreme verrühren, dann mit der restlichen Puddingcreme verrühren.

7. Etwa 6 gehäufte Esslöffel der Creme abnehmen und beiseitestellen. Restliche Puddingcreme auf den Grapefruitfilets und Weintraubenhälften verteilen.

8. Blue Curaçao unter die beiseitegestellte Puddingcreme rühren. Dann die Creme in einen Gefrierbeutel füllen und eine kleine Ecke abschneiden.

9. Die Gefrierbeutelecke mehrfach tief in die helle Creme tauchen und die blaue Creme in beliebigen Abständen in die Creme spritzen. Die Torte etwa 3 Stunden kalt stellen (Kühlschrank).

10. Zum Verzieren und Garnieren Gelatine in kaltem Wasser nach Packungsanleitung einweichen. Springformrand vorsichtig lösen und entfernen.

11. Eingeweichte Gelatine leicht ausdrücken und in einem kleinen Topf unter Rühren bei schwacher Hitze auflösen (nicht kochen). Curaçao unterrühren, kalt stellen.

12. Sobald die Curaçao-Flüssigkeit anfängt dicklich zu werden, sie in einen kleinen Gefrierbeutel füllen und eine kleine Ecke abschneiden. Die Tortenoberfläche damit besprenkeln.

13. Weintrauben waschen, trocken tupfen, entstielen und halbieren. Die Tortenoberfläche mit den Weintraubenhälften garnieren.

Tipps: Die Torte schmeckt frisch am besten. Für eine alkoholfreie Variante kann anstelle von Blue Curaçao auch dunkler Traubensaft verwendet werden. Und der Sahne-Pudding kann durch Vanille- oder Zitronenjoghurt ersetzt werden.

Dalmatinertorte | Für Kinder

Insgesamt:
E: 71 g, F: 207 g, Kh: 396 g, kJ: 16326, kcal: 3901

Für Boden und zum Garnieren:
100 g Vollmilch-Kuvertüre
200 g weiße Kuvertüre
150 g Knusper-Pops

Für den Belag:
2 Pck. Stracciatella-Eiscreme (je 750 ml)
1 Pck. Schokoladen-Eiscreme (750 ml)
75 g Vollmilch-Schokoladen-Flocken oder -Raspel

Zubereitungszeit: 30 Minuten, ohne Kühl- und Gefrierzeit

1. Für den Boden und zum Garnieren beide Kuvertüresorten grob zerhacken und getrennt in je einem kleinen Topf im heißen Wasserbad bei schwacher Hitze unter Rühren schmelzen.

2. Die Knusper-Pops in einen Gefrierbeutel geben. Den Beutel verschließen. Knusper-Pops mit einer Teigrolle grob zerbröseln. Zwei Drittel der Brösel mit der weißen Kuvertüre vermengen.

3. Einen Springformrand (Ø 26 cm) auf eine mit Tortenspitze oder Backpapier belegte Tortenplatte stellen. Zwei Drittel der Bröselmasse darin gleichmäßig verteilen und mit einem Löffel gut zu einem Boden andrücken. Tortenboden kalt stellen.

4. Restliche Knusper-Pops-Brösel mit der Hälfte der Vollmilch-Kuvertüre vermengen und als Häufchen auf ein Stück Backpapier setzen. Restliche weiße Kuvertüre-Knusper-Pops-Masse ebenfalls auf das Backpapier setzen und kalt stellen.

5. Die restliche Vollmilch-Kuvertüre mit einem Löffel auf den Bröselboden klecksen. Den Boden kalt stellen.

6. Für den Belag beide Eiscreme-Sorten antauen lassen. Die Stracciatella-Eiscreme mit den Schokoladen-Flocken vermengen und mithilfe von zwei Esslöffeln mit etwas Abstand Häufchen auf den Bröselboden setzen. Die Schokoladen-Eiscreme in die Zwischenräume setzen. Die Torte etwa 4 Stunden gefrieren lassen.

7. Springformrand lösen und entfernen. Die Tortenoberfläche mit den Knusper-Pops-Häufchen garnieren.

Hinweis: Aufgetaute und wieder eingefrorene Eiscreme können Sie nicht noch einmal einfrieren. Sie sollten diese möglichst innerhalb eines Tages verwenden.

Dominoschnitten I

Gut vorzubereiten – mit Alkohol

Insgesamt:
E: 95 g, F: 339 g, Kh: 451 g, kJ: 23512, kcal: 5620

Für den Boden:
250 g Dominosteine

Für die Creme:
100 g Zucker
100 g gehackte Haselnusskerne
4 ganz frische Eigelb (Größe M)
50 g Zucker
1 Pck. Dr. Oetker Vanillin-Zucker
2 EL heißes Wasser
9 Blatt weiße Gelatine
150 ml Kaffee
200 g Nuss-Nougat
etwa 8 EL Cognac
400 g Schlagsahne
4 ganz frische Eiweiß (Größe M)

Zum Verzieren und Garnieren:
125 g Schlagsahne
evtl. halbierte Dominosteine

Zubereitungszeit: 40 Minuten, ohne Abkühl- und Kühlzeit

1. Für den Boden die Dominosteine mit der oberen Seite nach unten eng nebeneinander in eine Kastenform (30 x 11 cm, mit Frischhaltefolie auslegen) legen.

2. Für die Creme Zucker in einer Pfanne schmelzen und goldbraun karamellisieren lassen. Haselnusskerne unterrühren. Die Masse auf ein Backblech (mit Speiseöl bestrichen) streichen und erkalten lassen. Dann Krokant fein hacken.

3. Eigelb mit Zucker, Vanillin-Zucker und Wasser in eine Rühr- oder Edelstahlschüssel geben und im heißen Wasserbad mit Handrührgerät mit Rührbesen bei mittlerer Hitze schaumig schlagen, bis eine dickflüssige Masse entstanden ist. Gelatine in kaltem Wasser nach Packungsanleitung einweichen.

4. Kaffee in einen kleinen Topf geben und erhitzen. Nuss-Nougat in Stücke schneiden, zu dem Kaffee geben und unter Rühren bei schwacher Hitze schmelzen. Eingeweichte Gelatine ausdrücken und in der Kaffee-Nougat-Masse unter Rühren auflösen (nicht kochen). Die noch heiße Masse unter die Eigelbcreme rühren. Mit Cognac abschmecken. Die Nougat-Eigelb-Masse kalt stellen.

5. Sobald die Masse anfängt dicklich zu werden, den Krokant unterheben. Sahne und Eiweiß getrennt steif schlagen und locker unter die Nougat-Eigelb-Masse heben. Die Creme in die Kastenform füllen und etwa 2 Stunden kalt stellen (Kühlschrank).

6. Vor dem Servieren die fest gewordene Masse mit der Frischhaltefolie aus der Form heben und auf eine Tortenplatte stürzen. Folie entfernen. Die Sahne steif schlagen, in einen Spritzbeutel mit Sterntülle füllen. Den Rand mit der Sahne verzieren. Nach Belieben mit halbierten Dominosteinen garnieren.

Tipps: Nach Belieben die Tortenplatte vorher mit aufgelöster Kuvertüre verzieren und die Dominoschnitten mit selbst gemachten Kuvertüresternen garnieren. Schneller geht es, wenn Sie fertigen Haselnusskrokant verwenden.

Hinweis: Nur ganz frische Eier verwenden, die nicht älter als 5 Tage sind (Legedatum beachten!).

Doppelkeks-Torte I

Für Kinder

Insgesamt:
E: 53 g, F: 249 g, Kh: 442 g, kJ: 17774, kcal: 4247

21 mit Schokolade gefüllte Doppelkekse (Ø etwa 6 cm)

Für die Creme:
150 g weiße Kuvertüre
50 g Schlagsahne
4 Blatt weiße Gelatine
200 g Schlagsahne

Zum Garnieren:
etwa 30 g weiße Kuvertüre

Zubereitungszeit: 30 Minuten, ohne Kühlzeit

1. Einen Springformrand (Ø 20 cm) auf eine mit Tortenspitze oder Backpapier belegte Tortenplatte stellen. Den Boden mit 7 Keksen auslegen.

2. Für die Creme Kuvertüre in kleine Stücke hacken, mit Sahne in einem kleinen Topf im heißen Wasserbad bei schwacher Hitze unter Rühren schmelzen.

3. Gelatine in kaltem Wasser nach Packungsanleitung einweichen, leicht ausdrücken und in der heißen Kuvertüre unter Rühren auflösen.

4. Sahne steif schlagen. Die Kuvertüre in 2 Portionen nach und nach unterrühren (Kuvertüre darf nicht zu kalt werden).

5. Die Hälfte der Creme auf den Keksboden geben und glatt streichen. 7 weitere Kekse so auf die Creme legen, dass sie versetzt zu den unteren Keksen liegen.

6. Dann restliche Creme darauf verteilen. Die restlichen Kekse wieder versetzt darauflegen und vorsichtig in die Creme drücken. Die Torte etwa 2 Stunden kalt stellen (Kühlschrank).

7. Den Springformrand mit einem Messer lösen und entfernen.

8. Zum Garnieren Kuvertüre mit einem Sparschäler zu Locken schaben und anschließend auf die Tortenoberfläche streuen.

Tipps: Wenn keine Kinder mitessen, können Sie auch etwa 4 Esslöffel Orangenlikör mit etwa 2 Esslöffeln Orangensaft verrühren und die Doppelkekse damit vor dem Einschichten bestreichen. Die bestrichene Keksseite dann jeweils auf die Kuvertürecreme legen.Oder Sie mischen unter die Sahne-Kuvertüre-Creme noch etwa 3 Esslöffel Orangenlikör, bevor Sie wie unter Punkt 5 beschrieben die erste Hälfte der Creme auf den Keksboden geben.

Abwandlung: Für eine Frischkäsecreme 4 Blatt Gelatine in kaltem Wasser nach Packungsanleitung einweichen. Dann 200 g Doppelrahm-Frischkäse mit 75 g Zucker und 50 ml Milch verrühren. Die eingeweichte Gelatine leicht ausdrücken und in einem kleinen Topf bei schwacher Hitze unter Rühren auflösen (nicht kochen). Die Gelatine mit etwa 4 Esslöffeln von der Frischkäsemasse verrühren, dann unter die restliche Frischkäsemasse rühren. 200 g Sahne steif schlagen und unter die Frischkäsemasse heben. Die Creme wie unter Punkt 5 beschrieben weiterverarbeiten.

Eierlikör-Trüffel-Torte | Mit Alkohol

Insgesamt:
E: 56 g, F: 252 g, Kh: 351 g, kJ: 17022, kcal: 4068

Für die Trüffelcreme:
200 g weiße Kuvertüre
250 g Schlagsahne
1 Pck. Dr. Oetker Sahnesteif

2 Lagen von 1 hellen Wiener Boden (Ø 24 cm)

Zum Verzieren:
250 g Schlagsahne
1 Pck. Dr. Oetker Sahnesteif
7 EL Eierlikör
30 g weiße Kuvertüre

Zubereitungszeit: 30 Minuten, ohne Kühlzeit

1. Für die Trüffelcreme Kuvertüre in Stücke hacken, mit Sahne in einem kleinen Topf im heißen Wasserbad bei schwacher Hitze unter Rühren schmelzen. Kuvertüre in eine Rührschüssel füllen und einige Stunden (am besten über Nacht) kalt stellen (Kühlschrank).

2. Einen Biskuitboden auf eine Tortenplatte legen und einen Tortenring darumstellen. Die Kuvertüre-Sahne mit Handrührgerät mit Rührbesen mit Sahnesteif steif schlagen. Gut die Hälfte der Schokoladensahne auf dem Boden verstreichen. Den 2. Bikuitboden darauflegen. Die Tortenoberfläche mit der restlichen Trüffelcreme bestreichen. Torte etwa 1 Stunde kalt stellen (Kühlschrankt). Tortenring lösen und entfernen.

3. Zum Verzieren Sahne mit Sahnesteif steif schlagen. Dann Tortenrand und -oberfläche damit bestreichen und mithilfe eines Teelöffels kleine Vertiefungen in die Oberfläche drücken. Den Eierlikör darin verteilen. Mit einer Gabel Muster in den Tortenrand ziehen. Die Torte etwa 1 Stunde kalt stellen (Kühlschrank).

4. Kuvertüre in einem kleinen Topf im heißen Wasserbad bei schwacher Hitze unter Rühren schmelzen. Die Kuvertüre auf eine Platte streichen und fest werden lassen. Kuvertüre mit einem Spachtel zu Locken schaben. Die Tortenoberfläche mit den Schokoladenlocken garnieren.

Tipp: Soll es schneller gehen, von der Kuvertüre mit einem Sparschäler Locken schaben und auf die Tortenoberfläche streuen.

Eisbergtorte „Titanic“ I

Für Gäste – für Kinder – raffiniert

Insgesamt:
E: 24 g, F: 75 g, Kh: 228 g, kJ: 7081, kcal: 1691

100 g feines Schaumgebäck (9 Baisertörtchen)
100 g Zartbitter-Schokolade
500 ml (1/2 l) Schokoladen-Eiscreme
250 ml (1/4 l) Venezia Vanille-Eiscreme mit Schokoladensplittern

Zubereitungszeit: 20 Minuten, ohne Gefrierzeit

1. Einen Springformrand (Ø 24 cm) auf eine mit Backpapier belegte Tortenplatte stellen.

2. Das Schaumgebäck grob zerbröseln und gut die Hälfte davon gleichmäßig in dem Springformrand verteilen.

3. Schokolade in Stücke brechen, in einem kleinen Topf im heißen Wasserbad bei schwacher Hitze unter Rühren schmelzen.

4. Einen Teil der Schokolade auf die Baiserbrösel im Springformrand sprenkeln, etwa 20 Minuten kalt stellen (Kühlschrank). Schokolade fest werden lassen.

5. Die Schokoladen-Eiscreme antauen lassen und etwas geschmeidig rühren. Knapp die Hälfte der Eiscreme auf den Baiserbröseln in dem Springformrand verteilen. Vanille-Eiscreme in Scheiben schneiden und auf die Schokoladen-Eisceme legen.

6. Die restlichen Baiserbrösel daraufstreuen und mit der restlichen Schokolade besprenkeln. Die Torte etwa 5 Stunden im Gefrierfach gefrieren lassen.

Tipp: Aufgetaute und wieder eingefrorene Eiscreme können Sie nicht noch einmal einfrieren und sollten Sie möglichst innerhalb eines Tages verwenden.

Eisgugelhupf mit Grand Marnier

Für Gäste – mit Alkohol

Insgesamt:
E: 41 g, F: 165 g, Kh: 295 g, kJ: 12694, kcal: 3034

750 ml (3/4 l) Vanilleeis-Creme
500 ml (1/2 l) Haselnuss-Eiscreme
6 Orangen
6 EL Grand Marnier (Orangenlikör)
200 g Schlagsahne
1 EL Zucker
50 g geröstete, gehobelte Haselnusskerne

Zum Bestäuben:
Kakaopulver

Zubereitungszeit: 40 Minuten, ohne Gefrierzeit

1. Beide Eiscremesorten etwas antauen lassen und getrennt voneinander etwas cremig rühren.

2. Das Vanilleeis in eine vorgekühlte Gugelhupfform (Ø 20 cm) füllen. Die Nusscreme daraufgeben. Mit einer Gabel marmorieren. Die Gugelhupfform in den Gefrierschrank stellen und das Eis etwa 5 Stunden gefrieren lassen.

3. Die Orangen so schälen, dass die weiße Haut mitentfernt wird. Die Orangen filetieren und in eine flache Schüssel geben. Orangenfilets mit Likör beträufeln. Sahne mit Zucker steif schlagen und in einen Spritzbeutel mit Sterntülle füllen.

4. Die Gugelhupfform kurz in heißes Wasser tauchen. Eisgugelhupf auf einen großen Teller stürzen. Die Eisgugelhupf-Oberfläche mit gehobelten Haselnusskernen belegen. Eisgugelhupf mit den beträufelten Orangenfilets umlegen. Die Sahne als Rosetten auf die Orangenfilets spritzen. Mit Kakao bestäuben.

Tipp: Aufgetaute und wieder eingefrorene Eiscreme können Sie nicht noch einmal einfrieren. Sie sollten diese möglichst innerhalb eines Tages verwenden.

Erdbeer-Baiser-Eistörtchen

Fruchtig

Insgesamt:
E: 35 g, F: 182 g, Kh: 335 g, kJ: 13370, kcal: 3191

Für das Erdbeereis:

250 g Erdbeeren
75 g Puderzucker
1 Pck. Dr. Oetker Vanillin-Zucker
1 TL Dr. Oetker Finesse Geriebene Zitronenschale
250 g Mascarpone (ital. Frischkäse)

Für die Füllung:

250 g Erdbeeren
etwa 9 feine Schaumgebäcktörtchen (Baisertörtchen)
200 g Schlagsahne
1 Pck. Dr. Oetker Vanillin-Zucker
1 Pck. Dr. Oetker Sahnesteif

Zum Bestreuen:

etwa 25 g gehackte Pistazienkerne
einige Pfefferminzblätter

Zubereitungszeit: 20 Minuten, ohne Gefrierzeit

1. Für das Erdbeereis Erdbeeren putzen, waschen, gut abtropfen lassen, entstielen und pürieren. Das Erdbeerpüree mit Puderzucker, Vanillin-Zucker und Zitronenschale verrühren. Mascarpone zuerst mit der Hälfte des Fruchtpürees mit Handrührgerät mit Rührbesen verrühren, dann das restliche Erdbeerpüree unterrühren. Die Mascarpone-Fruchtmasse in den Gefrierschrank stellen und etwa 5 Stunden gefrieren lassen. Zwischendurch mit einem Schneebesen die Masse umrühren (oder die Mascarpone-Fruchtmasse in einer Eismaschine gefrieren lassen).

2. Für die Füllung Erdbeeren putzen, waschen, gut abtropfen lassen, entstielen, halbieren, große Früchte vierteln.

3. Die Schaumgebäcktörtchen kalt stellen. Die Sahne mit Vanillin-Zucker und Sahnesteif steif schlagen. Die Sahne in einen Spritzbeutel mit gezackter Tülle füllen, kalt legen.

4. Die Törtchen mit den vorbereiteten Erdbeeren belegen. Das Eis mit einem Eisportionierer zu kleinen Halbkugeln (Ø etwa 4,5 cm) formen. Jeweils 1 Halbkugel Eis auf die Erdbeeren legen. An das Erdbeereis je 1 Sahnetuff spritzen.

5. Die Eistörtchen mit Pistazienkernen bestreuen und mit abgespülten, trocken getupften Minzblättern garnieren. Die Erdbeer-Baisertörtchen sofort servieren.

Tipps: Anstelle von Erdbeeren können auch Himbeeren verwendet werden. Den Boden der Schaumgebäcktörtchen mit etwa 40 g geschmolzener Edelbitter-Schokolade bestreichen und fest werden lassen.

Erdbeer-Charlotte-Torte I

Fruchtig

Insgesamt:
E: 77 g, F: 281 g, Kh: 299 g, kJ: 17036, kcal: 4081

Für den Boden und Rand:

200 g feine Eierbiskotten
50 g abgezogene, gemahlene Mandeln
100 g Butter

Für den Belag:

8 Blatt weiße Gelatine
200 ml Milch
3 Eier (Größe M)
75 g Zucker
3 EL Zitronensaft
250 g Crème fraîche
200 g Schlagsahne
1 Pck. Dr. Oetker Vanillin-Zucker
400 g Erdbeeren

Für den Guss:

1 Pck. Tortenguss, klar
250 ml (1/4 l) Apelsaft

Zubereitungszeit: 45 Minuten, ohne Kühlzeit

1. Für den Boden und Rand etwa 75 g Eierbiskotten mit einem Messer halbieren und beiseitelegen. Restliche Eierbiskotten in einen Gefrierbeutel geben, den Beutel verschließen. Eierbiskotten mit einer Teigrolle fein zerbröseln. Die Brösel mit den Mandeln in einer Rührschüssel vermischen. Butter zerlassen, zu der Brösel-Mandel-Mischung geben und gut verrühren.

2. Einen Springformrand (Ø 26 cm) auf eine mit Tortenspitze oder Backpapier belegte Tortenplatte stellen. Die Bröselmasse darin gleichmäßig verteilen und mit einem Löffel gut zu einem Boden andrücken.

3. Die beiseitegelegten Eierbiskottenhälften so an den Springformrand stellen, dass die runde Seite nach außen zeigt und die Schnittflächen auf dem Boden stehen. Biskottenhälften etwas in den Bröselboden drücken. Den Tortenboden kalt stellen (Kühlschrank).

4. Für den Belag Gelatine in kaltem Wasser nach Packungsanleitung einweichen.

5. Milch in einem Topf erhitzen. Eier und Zucker in eine Rühr- oder Edelstahlschüssel geben und im heißen Wasserbad bei mittlerer Hitze schaumig schlagen, bis eine dickflüssige Masse entstanden ist. Milch hinzugeben.

6. Die Gelatine leicht ausdrücken, zu der Eier-Milch-Flüssigkeit geben und unter Rühren auflösen (nicht kochen). Die Schüssel aus dem Wasserbad nehmen. Eier-Milch-Flüssigkeit unter Rühren erkalten lassen. Zitronensaft und Crème fraîche unterrühren.

7. Sahne mit Vanillin-Zucker steif schlagen. Wenn die Eier-Crème-fraîche-Masse anfängt dicklich zu werden, Sahne unterheben.

8. Erdbeeren putzen, waschen, abtropfen lassen und entstielen. Die Hälfte der Erdbeeren vierteln. Restliche Erdbeeren beiseitelegen.

9. Ein Drittel der Sahnecreme auf den Bröselboden geben und verstreichen. Die Erdbeerviertel darauf verteilen. Restliche Sahnecreme daraufgeben und glatt streichen. Die Torte etwa 2 Stunden kalt stellen (Kühlschrank).

10. Beiseitegelegte Erdbeeren in Scheiben schneiden und auf die Tortenoberfläche legen.

11. Für den Guss aus Tortengusspulver und Apfelsaft einen Guss nach Packungsanleitung zubereiten, etwas abkühlen lassen.

12. Den Guss vorsichtig auf den Erdbeerscheiben verteilen. Die Torte nochmals etwa 1 Stunde kalt stellen (Kühlschrank).

13. Den Springformrand lösen und entfernen.

Tipp: Statt Eierbiskotten können auch Löffelbiskuits verwendet werden.

Hinweis: Nur ganz frische Eier verwenden, die nicht älter als 5 Tage sind (Legedatum beachten!).

Erdbeer-Daiquiri-Torte | Mit Alkohol

Insgesamt:
E: 137 g, F: 150 g, Kh: 309 g, kJ: 13939, kcal: 3339

Für den Popcornboden:
100 g Zartbitter-Kuvertüre
100 g Vollmilch-Kuvertüre
50 g gesüßtes Popcorn

Für den Belag:
500 g Erdbeeren
100 g Zucker
1 Pck. Dr. Oetker Vanillin-Zucker
3–4 EL weißer Rum
10 Blatt weiße Gelatine
1 Bio-Zitrone (unbehandelt, ungewachst)
750 g Speisequark (Magerstufe)
250 g Schlagsahne

Zubereitungszeit: 50 Minuten, ohne Abkühl- und Kühlzeit

1. Für den Boden beide Kuvertüresorten in kleine Stücke hacken, in einem kleinen Topf im heißen Wasserbad bei schwacher Hitze unter Rühren schmelzen. Die Schüssel aus dem Wasserbad nehmen. Die Kuvertüre abkühlen lassen.

2. Das Popcorn zerkleinern und mit der Kuvertüre vermengen. Von der Masse mit zwei Teelöffeln 12 kleine Häufchen abstechen, auf ein Stück Backpapier setzen und kalt stellen.

3. Einen Springformrand (Ø 26 cm) auf eine mit Tortenspitze oder Backpapier belegte Tortenplatte stellen. Restliche Popkorn-Kuvertüre-Masse darin gleichmäßig verteilen und mit einem Löffel gut zu einem Boden andrücken. Tortenboden kalt stellen.

4. Für den Belag die Erdbeeren putzen, waschen, gut abtropfen lassen und entstielen. 4–5 Erdbeeren zum Garnieren beiseitelegen. Die restlichen Erdbeeren klein schneiden und pürieren. 2 Esslöffel von dem Zucker, Vanillin-Zucker und Rum unterrühren. Die Gelatine in kaltem Wasser nach Packungsanleitung einweichen.

5. Die Zitrone heiß abwaschen, abtrocknen und die Hälfte der Schale dünn abreiben. Die Zitrone halbieren und den Saft auspressen. Quark mit dem restlichen Zucker, 2–3 Esslöffeln Zitronensaft und geriebener Zitronenschale verrühren.

6. Die eingeweichte Gelatine leicht ausdrücken und in einem kleinen Topf bei schwacher Hitze unter Rühren auflösen (nicht kochen lassen). Die Gelatineflüssigkeit halbieren. Dann das Erdbeerpüree nach und nach unter eine Hälfte der Gelatine rühren. Die Quarkmasse nach und nach unter die andere Hälfte der Gelatine rühren und kalt stellen.

7. Sahne steif schlagen, 2 Esslöffel davon in einen Spritzbeutel mit großer Lochtülle (Ø etwa 12 mm) füllen und kalt stellen.

8. Sobald die Quarkmasse anfängt dicklich zu werden, restliche Sahne unterheben. Die Hälfte des Erdbeerpürees unter die Quarkcreme ziehen, so dass sich „Schlieren“ bilden. Die Creme auf dem Popcornboden verteilen und vorsichtig glatt streichen. Das restliche Erdbeerpüree darauf verteilen. Die Torte 2–3 Stunden kalt stellen (Kühlschrank).

9. Springformrand lösen und entfernen. Die Tortenoberfläche mit Sahnetuffs verzieren und mit den beiseitegelegten, geviertelten Erdbeeren und den Schoko-Popcorn-Häufchen garnieren.

Tipps: Die Torte schmeckt frisch am besten. Für eine alkoholfreie Variante kann der Rum einfach weggelassen werden.

Erdbeerkästchen | Fruchtig

Insgesamt:
E: 55 g, F: 297 g, Kh: 416 g, kJ: 19180, kcal: 4580

Für die Füllung:
500 ml (1/2 l) Milch
1 Pck. Dr. Oetker Pudding-Pulver Vanille-Geschmack
50 g Zucker
250 g Butter
100 g Erdbeeren

Für die Böden:
225 g Kokos-Zwieback
110 g Zwieback

Zum Belegen:
125 g Vollmilch-Schokoladen-Täfelchen

Zubereitungszeit: 50 Minuten, ohne Abkühl- und Kühlzeit

1. Für die Füllung aus Milch, Pudding-Pulver und Zucker nach Packungsanleitung einen Pudding zubereiten. Pudding erkalten lassen (nicht kalt stellen), dabei gelegentlich durchrühren.

2. Butter mit Handrührgerät mit Rührbesen geschmeidig rühren und erkalteten Pudding esslöffelweise unterrühren. Dabei darauf achten, dass Butter und Pudding Zimmertemperatur haben, da die Buttercreme sonst gerinnt.

3. Die Erdbeeren abspülen, gut abtropfen lassen, entstielen und in dünne Scheiben schneiden.

4. Für die Böden die Zwiebäcke so mit einem Sägemesser beschneiden, dass etwa 6 x 6 cm große Scheiben entstehen.

5. Die Zwiebackreste in einen Gefrierbeutel geben, diesen fest verschließen. Gebäck mit einer Teigrolle fein zerbröseln. Die Zwiebackbrösel unter die Butter -creme rühren. Etwa 6 Esslöffel von der Creme abnehmen und beiseitestellen.

6. Für den unteren Boden 4 zugeschnittene Kokoszwiebäcke, mit der Kokosseite nach unten, zu einem Quadrat von etwa 12 x 12 cm auf einer Platte zusammenlegen.

7. Etwa 2 Esslöffel von der Creme daraufgeben und vorsichtig verstreichen. Dann 4 von den normalen zugeschnittenen Zwiebäcken darauflegen und mit der Hälfte der Erdbeerscheiben belegen. Darauf vorsichtig wieder 2 Esslöffel von der Creme verstreichen. 4 zugeschnittene Kokoszwiebäcke darauflegen. Auf diese Weise die Zwiebäcke mit der Creme und den Erdbeerscheiben zusammensetzen, bis die Creme, die Erdbeerscheiben und die Zwiebäcke aufgebraucht sind (die letzte Schicht sollte aus Zwiebäcken bestehen). Die Torte sollte etwa 12 cm hoch sein.

8. Dann die Torte vorsichtig mit der beiseitegestellten Creme einstreichen und mit den Schokoladentäfelchen belegen, diese vorsichtig andrücken. Die Torte etwa 1 Stunde in den Kühlschrank stellen.

Tipps: Das Erdbeerkästchen nach Belieben mit frischen Erdbeeren garnieren. Oder für karamellisierte Erdbeeren **(siehe Foto)** etwa 100 g Erdbeeren abspülen und gut auf Küchenpapier abtropfen lassen. Die Erdbeeren auf Holzspieße stecken. 50 ml Wasser mit 200 g Zucker in einer Pfanne zu einem Karamell einkochen lassen, bis der Karamell eine hellbraune Farbe hat. Die Erdbeeren in den Karamell tauchen und auf geölte Alufolie setzen. Die Spieße aus den Erdbeeren ziehen und die Kästchentorte mit den Erdbeeren garnieren.

Erdbeer-Knuspertorte | Einfach

Insgesamt:
E: 63 g, F: 225 g, Kh: 294 g, kJ: 14926, kcal: 3563

Für den Boden:
250 g weiße Kuvertüre
100 g Cornflakes
100 g gehobelte Mandeln

Für den Belag:
750 g Erdbeeren
250 g Schlagsahne
1 Pck. Dr. Oetker Sahnesteif
1 Pck. Dr. Oetker Vanillin-Zucker

Zubereitungszeit: 30 Minuten, ohne Kühlzeit

1. Für den Boden die Kuvertüre in kleine Stücke hacken, in einem kleinen Topf im heißen Wasserbad bei schwacher Hitze unter Rühren schmelzen.

2. Cornflakes und Mandeln unterrühren. Einen Springformrand (Ø 26 cm) auf eine mit Tortenspitze oder Backpapier belegte Tortenplatte stellen. Drei Viertel der Cornflakes-Mandel-Masse darin gleichmäßig verteilen und mit einem Löffel gut zu einem Boden andrücken. Tortenboden kalt stellen.

3. Von der restlichen Cornflakes-Mandel-Masse mit zwei Teelöffeln 12 Häufchen abstechen, auf ein Stück Backpapier setzen und kalt stellen.

4. Für den Belag Erdbeeren putzen, waschen, trocken tupfen, entstielen, halbieren oder vierteln (einige Erdbeerhälften zum Garnieren beiseitelegen).

5. Springformrand lösen und entfernen. Die Erdbeerstücke auf dem Knusperboden verteilen.

6. Sahne mit Sahnesteif und Vanillin-Zucker steif schlagen, locker auf den Erdbeerstücken verstreichen.

7. Die Tortenoberfläche mit den beiseitegelegten Erdbeerhälften und den Cornflakes-Mandel-Häufchen garnieren. Die Torte etwa 30 Minuten kalt stellen (Kühlschrank).

Tipp: Statt der Erdbeeren können Sie auch Himbeeren oder Brombeeren verwenden.

Erdbeerkranz auf Bröselboden I

Für Kinder

Insgesamt:
E: 69 g, F: 59 g, Kh: 237 g, kJ: 7624, kcal: 1820

10 Blatt weiße Gelatine
500 ml (1/2 l) Kefir
500 ml (1/2 l) Maracuja-Trinkjoghurt
500 g Erdbeeren

Für den Boden:
100 g Zartbitter-Kuvertüre
200 g Pumpernickel

Zubereitungszeit: 30 Minuten, ohne Kühlzeit

1. Gelatine in kaltem Wasser nach Packungsanleitung einweichen. Eingeweichte Gelatine leicht ausdrücken und in einem kleinen Topf unter Rühren bei schwacher Hitze auflösen (nicht kochen). Gelatine in eine Rührschüssel geben. Kefir esslöffelweise unter die leicht abgekühlte Gelatine rühren, bis die Flüssigkeit ganz abgekühlt ist. Dann den Trinkjoghurt auf einmal hinzufügen und unterrühren.

2. Eine Kranzform (1 1/2-Liter-Inhalt) mit kaltem Wasser ausspülen, etwas von der Kefir-Joghurt-Masse hineingeben, kalt stellen (Kühlschrank) und erstarren lassen.

3. Erdbeeren putzen, waschen, gut abtropfen lassen, entstielen und vierteln. Die Erdbeerviertel auf der fest gewordenen Kefir-Joghurt-Masse verteilen. Restliche Kefir-Joghurt-Masse daraufgeben und so lange kalt stellen (Kühlschrank), bis die Masse anfängt dicklich zu werden.

4. In der Zwischenzeit die Kuvertüre in kleine Stücke hacken, in einem kleinen Topf im heißen Wasserbad bei schwacher Hitze unter Rühren schmelzen. Den Pumpernickel fein zerbröseln und mit der Kuvertüre vermengen.

5. Die Pumpernickel-Kuvertüre-Masse auf der etwas fest gewordenen Kefir-Joghurt-Masse verteilen und leicht andrücken. Dann den Erdbeerkranz mindestens 6 Stunden kalt stellen (Kühlschrank). Den Kranz aus der Form auf eine Tortenplatte stürzen.

Tipps: Den Kranz vor dem Servieren mit Puderzucker bestäuben. Einige frische Erdbeeren in die Mitte des Kranzes geben.

Abwandlung: Einen **Joghurt-Sahne-Kranz** aus 500 g Naturjoghurt, 100 g gesiebtem Puderzucker, 500 g steif geschlagener Schlagsahne und 10 Blatt weißer Gelatine zubereiten. Die Erdbeeren pürieren und als Sauce zu dem Kranz reichen.

Erdbeerkuppel-Torte I

Mit Alkohol

Insgesamt:
E: 95 g, F: 336 g, Kh: 317 g, kJ: 20101, kcal: 4803

Für den Boden:
150 g Löffelbiskuits
125 g Butter

Für den Belag:
250 g kleine Erdbeeren
50 g Löffelbiskuits
2 EL Orangenlikör
8 Blatt weiße Gelatine
400 g Doppelrahm-Frischkäse
300 g Joghurt
3 EL Zitronensaft
150 ml Orangensaft
70 g Zucker
250 g Schlagsahne
1 Pck. Dr. Oetker Sahnesteif

Zum Garnieren und Verzieren:
2 Bio-Orangen (unbehandelt, ungewachst)
1 EL Orangenmarmelade

Zubereitungszeit: 40 Minuten, ohne Kühlzeit

1. Für den Boden Löffelbiskuits in einen Gefrierbeutel geben. Den Beutel verschließen. Löffelbiskuits mit einer Teigrolle fein zerbröseln und in eine Rührschüssel geben. Butter zerlassen, zu den Bröseln geben und gut verrühren.

2. Einen Springformrand (Ø 26 cm) auf eine mit Tortenspitze oder Backpapier belegte Tortenplatte stellen.

3. Die Bröselmasse darin gleichmäßig verteilen und mit einem Löffel gut zu einem Boden andrücken. Den Tortenboden kalt stellen.

4. Für den Belag Erdbeeren waschen, gut abtropfen lassen, entstielen und vierteln. Die Löffelbiskuits mit Likör beträufeln. Die Gelatine in kaltem Wasser nach Packungsanleitung einweichen.

5. Frischkäse mit Joghurt, Zitronensaft, Orangensaft und Zucker verrühren. Eingeweichte Gelatine leicht ausdrücken und in einem kleinen Topf unter Rühren bei schwacher Hitze auflösen (nicht kochen). Gelatine mit etwa 4 Esslöffeln von der Frischkäse-Joghurt-Masse verrühren, dann unter die restliche Frischkäse-Joghurt-Masse rühren und kalt stellen.

6. Sahne mit Sahnesteif steif schlagen. Sobald die Frischkäse-Joghurt-Masse anfängt dicklich zu werden, Sahne unterheben.

7. Ein Drittel der Frischkäse-Sahne-Creme auf den Bröselboden geben und glatt streichen. Die getränkten Löffelbiskuits darauflegen. Etwa ein Drittel der Erdbeerviertel darauf verteilen.

8. Restliche Frischkäse-Joghurt-Creme kuppelartig daraufstreichen und mit den restlichen Erdbeervierteln belegen. Die Torte etwa 3 Stunden kalt stellen (Kühlschrank).

9. In der Zwischenzeit die Orangen heiß abwaschen, abtrocknen und die Schale mit einem Zestenreißer abziehen oder dünn schälen und in Streifen schneiden. Orangenschalenstreifen mit Marmelade in einem kleinen Topf aufkochen und erkalten lassen. Die Tortenoberfläche damit garnieren.

Tipps: Möglichst frisch gepressten Orangensaft verwenden. Statt Erdbeeren können auch Himbeeren, Heidelbeeren oder Nektarinen verwendet werden.

Erdbeer-Quark-Torte mit Honigpops | Für Kinder – schnell

Insgesamt:
E: 82 g, F: 161 g, Kh: 369 g, kJ: 14190, kcal: 3395

Für den Boden:
200 g Honigpops

Für den Belag:
6 Blatt weiße Gelatine
250 g Speisequark (Magerstufe)
500 g Joghurt
125 g Zucker
250 g Schlagsahne
500 g Erdbeeren

Zubereitungszeit: 35 Minuten, ohne Kühlzeit

1. Einen Springformrand (Ø 22 cm) auf eine mit Tortenspitze oder Backpapier belegte Tortenplatte stellen. Ein Drittel der Honigpops darin gleichmäßig verteilen.

2. Für den Belag die Gelatine in kaltem Wasser nach Packungsanleitung einweichen. Den Quark mit Joghurt und Zucker verrühren. Eingeweichte Gelatine leicht ausdrücken und in einem kleinen Topf unter Rühren bei schwacher Hitze auflösen (nicht kochen). Gelatine mit 2–3 Esslöffeln von der Quark-Joghurt-Masse verrühren, dann unter die restliche Quark-Joghurt-Masse rühren. Sahne steif schlagen und unterheben.

3. Erdbeeren putzen, waschen, abtropfen lassen und entstielen. Große Erdbeeren halbieren (8 Erdbeeren beiseitelegen, davon 2 Erdbeeren mit Grün).

4. Ein Drittel der Quark-Sahne-Creme auf die Honigpops geben, darauf die Hälfte der Erdbeeren geben, dann wieder Honigpops daraufgeben. Wieder ein Drittel der Quark-Sahne-Masse, dann die restlichen Erdbeeren und zuletzt die restliche Quark-Sahne-Creme daraufgeben und glatt streichen.

5. Sechs der beiseitegelegten Erdbeeren vierteln und auf der Tortenoberfläche verteilen. Restliche Honigpops daraufstreuen. Die Erdbeeren mit dem Grün halbieren. Die Torte damit garnieren. Die Torte etwa 2 Stunden kalt stellen (Kühlschrank). Springformrand vorsichtig lösen und entfernen.

Tipp: Wenn der Boden etwas fester werden soll, die Honigpops mit 100 g zerlassener Butter oder aufgelöster Schokolade verrühren. Die Böden einzeln auf Backpapier fest werden lassen und jeweils auf die Quark-Sahne-Creme legen, dabei das Backpapier entfernen.

Erdbeer-Tiramisu-Torte | Einfach

Insgesamt:
E: 73 g, F: 354 g, Kh: 256 g, kJ: 19266, kcal: 4597

Für den Boden:
150 g Cantuccini mit Schokolade (ital. Mandelgebäck)
100 g Butter

Für den Belag:
250 g Erdbeeren
250 g Mascarpone (ital. Frischkäse)
250 g Speisequark (Magerstufe)
50 g Zucker
1 Pck. Dr. Oetker Vanillin-Zucker
250 g Schlagsahne
1 Pck. Dr. Oetker Sahnesteif
50 g Cantuccini mit Schokolade

Zum Verzieren und Garnieren:
100 g Schlagsahne
einige Erdbeeren (mit Grün)
einige vorbereitete Zitronenmelisseblättchen

Zubereitungszeit: 35 Minuten, ohne Kühlzeit

1. Für den Boden Cantuccini in einen Gefrierbeutel geben. Den Beutel verschließen. Cantuccini mit einer Teigrolle fein zerbröseln. Brösel in eine Rührschüssel geben. Butter zerlassen, zu den Gebäckbröseln geben und gut verrühren.

2. Einen Springformrand (Ø 24 cm) auf eine mit Tortenspitze oder Backpapier belegte Tortenplatte stellen. Die Bröselmasse darin gleichmäßig verteilen und mit einem Löffel gut zu einem Boden andrücken. Tortenboden kalt stellen.

3. Für den Belag die Erdbeeren putzen, waschen, abtropfen lassen, entstielen, eventuell halbieren (etwa 4 große Erdbeeren beiseitelegen).

4. Mascarpone mit Quark, Zucker und Vanillin-Zucker verrühren. Sahne mit Sahnesteif steif schlagen und unterheben. Ein Viertel der Mascarpone-Sahne-Creme auf den Bröselboden geben und glatt streichen. Erdbeerhälften darauf verteilen.

5. Cantuccini wie unter Punkt 1 beschrieben zerbröseln und auf die Erdbeerhälften streuen. Restliche Mascarpone-Sahne-Creme daraufstreichen und mit einem Teelöffel Vertiefungen eindrücken.

6. Beiseitegelegte Erdbeeren mit einem Stabmixer pürieren, in einen Gefrierbeutel füllen und eine kleine Ecke abschneiden. Die Tortenoberfläche fein mit dem Püree besprenkeln.

7. Zum Verzieren und Garnieren Sahne steif schlagen, einen Sahnering aus Tuffs auf die Torte spritzen. Erdbeeren mit dem Grün halbieren. Die Tortenoberfläche mit den Erdbeerhälften und Zitronenmelisseblättchen garnieren. Die Torte 2–3 Stunden kalt stellen (Kühlschrank).

8. Springformrand lösen und entfernen.

Erdbeertorte mit Choco Crossies | Für Kinder

Insgesamt:
E: 72 g, F: 248 g, Kh: 473 g, kJ: 19155, kcal: 4581

2 Lagen von 1 hellen Wiener Boden (Ø 24 cm)

Für die Füllung:
500 g Erdbeeren
200 g Choco Crossies® Classic (Knusperpralinen)
600 g Schlagsahne
1 Pck. Dr. Oetker Sahnesteif

Für den Guss:
150 g Johannisbeergelee

Zubereitungszeit: 30 Minuten, ohne Kühlzeit

1. Für den Boden einen Springformrand (Ø 26 cm) auf eine mit Tortenspitze oder Backpapier belegte Tortenplatte stellen. Dann einen Biskuitboden hineinlegen.

2. Für die Füllung Erdbeeren putzen, waschen, gut abtropfen lassen, entstielen und in Scheiben schneiden. Knusperpralinen grob hacken.

3. Sahne mit Sahnesteif steif schlagen. Ein Drittel der Sahne abnehmen und in einen Spritzbeutel mit Lochtülle füllen.

4. Zwei Drittel der gehackten Knusperpralinen unter die restliche Sahne heben und auf dem Biskuitboden verteilen. Den zweiten Biskuitboden darauflegen und gut andrücken.

5. Die ganze Torte mit der Sahne aus dem Spritzbeutel bestreichen und verzieren.

6. Die Erdbeerscheiben dekorativ darauflegen.

7. Die Tortenmitte mit den restlichen, gehackten Knusperpralinen bestreuen. Die Torte etwa 30 Minuten kalt stellen (Kühlschrank).

8. Für den Guss Johannisbeergelee in einem kleinen Topf erwärmen. Die Erdbeerscheiben damit bestreichen. Die Torte nochmals etwa 30 Minuten kalt stellen (Kühlschrank).

Erna-Sack-Torte | Mit Alkohol

Insgesamt:
E: 22 g, F: 95 g, Kh: 231 g, kJ: 8247, kcal: 1969

Für den Boden:
100 g Feines Schaumgebäck Tropfen (Mini-Meringues Natural)

Für die Füllung:
3 Eigelb (Größe M)
75 g Zucker
abgeriebene Schale von
½ Bio-Zitrone (unbehandelt, ungewachst)
50 ml Zitronensaft
25 g Speisestärke
100 ml Weißwein

Für den Belag:
250 g Schlagsahne
1 Pck. Dr. Oetker Sahnesteif
1 Pck. Dr. Oetker Vanillin-Zucker
etwa 20 g gehobelte Mandeln
etwas Kirschgrütze (aus dem Kühlregal)

Zubereitungszeit: 30 Minuten, ohne Abkühl- und Kühlzeit

1. Für den Boden einen Springformrand (Ø 26 cm) auf eine mit Backpapier belegte Tortenplatte stellen. Etwa zwei Drittel der Schaumgebäcktropfen in den Springformrand legen, sodass ein Boden entsteht. Restliche Schaumgebäcktropfen zerbröseln und die Lücken des Bodens damit ausfüllen.

2. Für die Füllung Eigelb mit Zucker, Zitronenschale, -saft und Speisestärke in einem Topf verrühren. Wein hinzufügen, unter Rühren zum Kochen bringen. Den Topf von der Kochstelle nehmen. Die Creme erkalten lassen, dabei ab und zu umrühren. Die Creme esslöffelweise auf den Schaumgebäckboden geben und glatt streichen.

3. Für den Belag Sahne mit Sahnesteif und Vanillin-Zucker steif schlagen, in einen Spritzbeutel mit Sterntülle füllen. Mit der Sahne dicht aneinander Kreise auf die Oberfläche spritzen. Kirschgrütze in die Sahnekreise füllen. Tortenoberfläche mit Mandeln bestreuen. Die Torte etwa 30 Minuten kalt stellen (Kühlschrank). Torte bald verzehren.

Hinweis: Nur ganz frische Eigelb verwenden, die nicht älter als 5 Tage sind (Legedatum beachten!).

Espresso-Torte | Für Gäste

Insgesamt:
E: 120 g, F: 423 g, Kh: 336 g, kJ: 23850, kcal: 5770

Für den Tortenboden:
200 g einfache Karamellkekse (oder dünne belgische Butterwaffeln)
100 g Butter

Für die Espresso-Creme:
6 Blatt weiße Gelatine
100 ml Espresso-Kaffee oder starker Kaffee
500 g Ricotta (ital. Frischkäse)
250 g Speisequark (20 % Fett)
100 g Zucker
1 Pck. Dr. Oetker Bourbon-Vanille-Zucker
40 g schokolierte Vollmilch-Espresso-Bohnen
250 g Schlagsahne

Zum Garnieren:
75 g Zartbitter-Kuvertüre
200 g Schlagsahne
30 g schokolierte Zartbitter-Espresso-Bohnen
etwas Kakaopulver

Zubereitungszeit: 50 Minuten, ohne Kühlzeit

1. Für den Boden Kekse oder Waffeln in Stücke brechen und in einen Gefrierbeutel geben. Den Beutel verschließen. Die Kekse mit einer Teigrolle zerbröseln und in eine Rührschüssel geben. Butter zerlassen, zu den Keksbröseln geben und gut vermischen.

2. Einen Springformrand (Ø 26 cm) auf eine mit Tortenspitze oder Backpapier belegte Tortenplatte stellen. Die Bröselmasse darin gleichmäßig verteilen und mit einem Löffel gut zu einem Boden andrücken. Tortenboden kalt stellen.

3. Für die Creme Gelatine in kaltem Wasser nach Packungsanleitung einweichen. Espresso oder starken Kaffee mit Ricotta, Quark, Zucker und Vanille-Zucker verrühren. Eingeweichte Gelatine leicht ausdrücken und in einem kleinen Topf unter Rühren bei schwacher Hitze auflösen (nicht kochen). Gelatine mit etwa 4 Esslöffeln der Ricottamasse verrühren, dann unter die restliche Ricottamasse rühren. Kalt stellen.

4. Espresso-Bohnen hacken. Die Sahne steif schlagen. Sobald die Ricottamasse anfängt dicklich zu werden, Sahne mit den gehackten Espresso-Bohnen unterheben. Die Creme auf den Bröselboden geben und glatt streichen. Die Torte mindestens 2 Stunden kalt stellen (Kühlschrank).

5. Zum Garnieren Kuvertüre in kleine Stücke hacken, in einem kleinen Topf im heißen Wasserbad bei schwacher Hitze unter Rühren schmelzen. Die Schüssel aus dem Wasserbad nehmen. Kuvertüre auf eine Platte oder ein Backblech gießen, dünn verstreichen und wieder fest werden lassen. Mit einem Spachtel breite Schokoladenlocken abschaben und kühl aufbewahren.

6. Den Springformrand mit einem Messer lösen und entfernen.

7. Sahne steif schlagen, auf die Torte streichen und mit einer Gabel ein Muster in die Torte ziehen. Tortenstücke auf der Oberfläche markieren. Torte nochmals kurz kalt stellen.

8. Vor dem Servieren die markierten Stücke mit Espresso-Bohnen und den kühl gestellten Schokolocken garnieren. Mit Kakao bestäuben.

Tipps: Die Torte kann bereits am Vortag zubereitet werden. Soll die Torte fruchtig sein, kann auf dem Boden zuerst eine Schicht gut abgetropfter Sauerkirschen (aus dem Glas) verteilt werden. Dann die Oberfläche zusätzlich mit Sauerkirschen garnieren.

Espresso-Torte mit Ricotta

Für Gäste

Insgesamt:
E: 125 g, F: 297 g, Kh: 332 g, kJ: 19661, kcal: 4698

Für den Boden:
300 g Löffelbiskuits
125 g Butter

Für die Espresso-Creme:
6 Blatt weiße Gelatine
100 ml Espresso-Kaffee oder starker Kaffee
500 g Ricotta (ital. Frischkäse)
250 g Sahnequark (40 % Fett)
100 g Zucker
1 Pck. Dr. Oetker Bourbon Vanille-Zucker
250 g Schlagsahne

Zum Garnieren:
75 g Vollmilch-Kuvertüre
einige Schokostäbchen
etwas Kakaopulver

Zubereitungszeit: 35 Minuten, ohne Kühlzeit

1. Für den Boden von etwa 200 g der Löffelbiskuits mit einem Sägemesser etwa 5 cm lange Stücke abschneiden.

2. Die Reste und die restlichen ganzen Löffelbiskuits in einen Gefrierbeutel geben. Den Beutel verschließen. Löffelbiskuits mit einer Teigrolle zerbröseln. Brösel in eine Rührschüssel geben. Butter zerlassen, zu den Biskuitbröseln geben und gut verrühren.

3. Einen Springformrand (Ø 26 cm) auf eine mit Tortenspitze oder Backpapier belegte Tortenplatte stellen. Die Bröselmasse darin gleichmäßig verteilen und mit einem Löffel gut zu einem Boden andrücken.

4. Dann die Löffelbiskuitstücke mit der Rundung nach oben dicht an dicht an den Springformrand stellen und etwas in den Boden drücken.

5. Für die Espresso-Creme Gelatine in kaltem Wasser nach Packungsanleitung einweichen.

6. Den Espresso- oder den starken Kaffee mit Ricotta, Quark, Zucker und Vanille-Zucker verrühren. Eingeweichte Gelatine leicht ausdrücken und in einem kleinen Topf unter Rühren bei schwacher Hitze auflösen (nicht kochen).

7. Gelatine mit etwa 3 Esslöffeln der Ricottamasse verrühren, dann unter die restliche Ricottamasse rühren und kalt stellen.

8. Sahne steif schlagen. Sobald die Masse anfängt dicklich zu werden, Sahne unterheben.

9. Die Ricottacreme auf den Bröselboden geben, glatt streichen und nach Belieben verzieren. Dabei darauf achten, dass die Löffelbiskuits aufrecht stehen bleiben. Die Torte etwa 2 Stunden kalt stellen (Kühlschrank).

10. Zum Garnieren die Kuvertüre in Stücke hacken, in einem kleinen Topf im heißen Wasserbad bei schwacher Hitze unter Rühren schmelzen. Die Kuvertüre auf eine Platte gießen und wieder fest werden lassen. Mit einem Spachtel breite Schokoladenlocken abschaben.

11. Springformrand lösen und entfernen. Die Tortenoberfläche mit den Schokoladenlocken und Schokostäbchen garnieren und mit Kakao bestäuben.

Frischkäse-Melonen-Torte I

Für Gäste – etwas teurer

Insgesamt:
E: 58 g, F: 281 g, Kh: 307 g, kJ: 16122, kcal: 3852

Für den Boden:

150 g	*Löffelbiskuits*
100 g	*zerlassene Butter*

Für die Füllung:

1 Beutel	*aus 1 Pck. Götterspeise Waldmeister-Geschmack*
250 ml (1/4 l)	*Wasser*
50 g	*Zucker*
200 g	*Doppelrahm-Frischkäse*
75 g	*Zucker*
1 Pck.	*Dr. Oetker Vanillin-Zucker*
2 EL	*Zitronensaft*
400 g	*Schlagsahne*

Zum Garnieren:

Wassermelone (in Kugeln)
Zitronenmelisseblättchen

Zubereitungszeit: 45 Minuten, ohne Kühl- und Quellzeit

1. Für den Boden Löffelbiskuits in einen Gefrierbeutel geben. Den Beutel verschließen. Löffelbiskuits mit einer Teigrolle zerbröseln. Brösel in eine Rührschüssel geben. Butter zerlassen, zu den Biskuitbröseln geben und gut verrühren.

2. Einen Springformrand (Ø 24 cm) auf eine mit Tortenspitze oder Backpapier belegte Tortenplatte stellen. Die Bröselmasse darin gleichmäßig verteilen und mit einem Löffel gut zu einem Boden andrücken. Tortenboden kalt stellen.

3. Für die Füllung die Götterspeise mit der Hälfte des Wassers in einem Topf verrühren und etwa 10 Minuten quellen lassen.

4. Anschließend Zucker hinzufügen, unter Rühren erhitzen (nicht kochen), restliches Wasser unterrühren. Götterspeise kalt stellen.

5. Den Frischkäse mit Zucker, Vanillin-Zucker und Zitronensaft gut verrühren. Sahne steif schlagen.

6. Wenn die Götterspeise anfängt dicklich zu werden, zunächst die Frischkäsemasse und dann die Sahne (2 Esslöffel der Sahne beiseitestellen) unterheben.

7. Die Frischkäse-Sahne-Creme auf dem Bröselboden verteilen, glatt streichen und kalt stellen. Creme fest werden lassen. Die beiseitegestellte Sahne in Tuffs auf die Tortenoberfläche geben und mit einer Gabel locker durchziehen. Die Torte etwa 3 Stunden kalt stellen (Kühlschrank).

8. Springformrand lösen und entfernen. Die Torte mit Wassermelonenkugeln und abgespülten, trocken getupften Zitronenmelisseblättchen garnieren.

Tipps: Maximal einen Tag vor dem Verzehr zubereiten. Schmeckt auch gut mit Himbeer-Götterspeise und Himbeeren und Johannisbeeren.

Abwandlung: Statt der Löffelbiskuits 150 g Eiswaffeln zerbröseln und mit der Butter verrühren. Sie können als Dekoration auch kurz vor dem Verzehr Löffelbiskuits oder Eiswaffeln um die Torte stellen. Eventuell etwas Johannisbeergelee vorher an den Tortenrand streichen. Oder den zweiten Beutel Götterspeise aus der Packung mit 400 ml Wasser nach Packungsanleitung zubereiten und in ein flaches Gefäß geben. Die Götterspeise fest werden lassen, in Würfel schneiden und auf der Tortenoberfläche verteilen.

Frischkäse-Pflaumen-Torte | Schnell

Insgesamt:
E: 108 g, F: 310 g, Kh: 320 g, kJ: 18973, kcal: 4533

Für den Boden:
150 g Schoko-Biskuitzungen
100 g Butter

Für die Füllung:
etwa 350 g Pflaumenhälften (aus dem Glas)
6 Blatt weiße Gelatine
600 g Doppelrahm-Frischkäse
500 g Joghurt
3 EL Zitronensaft
150 ml Pflaumensaft aus dem Glas
75 g Zucker

Für den Belag:
2 Eierpflaumen oder Pflaumen aus dem Glas
1/2 Pck. Tortenguss, klar
125 ml (1/8 l) Pflaumensaft aus dem Glas

Zubereitungszeit: 30 Minuten, ohne Kühlzeit

1. Für den Boden die Schoko-Biskuitzungen in einen Gefrierbeutel geben und den Beutel verschließen. Die Biskuitzungen mit einer Teigrolle fein zerbröseln. Die Brösel in eine Rührschüssel geben. Butter zerlassen zu den Bröseln geben und gut verrühren.

2. Einen Springformrand (Ø 26 cm) auf eine mit Tortenspitze oder Backpapier belegte Tortenplatte stellen. Die Bröselmasse darin gleichmäßig verteilen und mit einem Löffel gut zu einem Boden andrücken. Tortenboden kalt stellen.

3. Für die Füllung Pflaumen in einem Sieb abtropfen lassen, dabei den Saft auffangen und 150 ml für die Füllung und 125 ml (1/8 l) für den Belag abmessen (eventuell mit Wasser auffüllen). Gelatine nach Packungsanleitung in kaltem Wasser einweichen.

4. Den Frischkäse mit Joghurt, Zitronensaft, 150 ml Pflaumensaft und Zucker verrühren. Gelatine leicht ausdrücken und in einem kleinen Topf bei schwacher Hitze unter Rühren auflösen (nicht kochen). Gelatine zunächst mit 4 Esslöffeln von der Frischkäse-Joghurt-Masse verrühren, dann unter die restliche Frischkäse-Joghurt-Masse rühren.

5. Die Hälfte der Masse auf den Boden geben und glatt streichen. Die abgetropften Pflaumen darauf verteilen, die restliche Frischkäse-Joghurt-Masse daraufgeben und glatt streichen. Die Torte etwa 3 Stunden kalt stellen (Kühlschrank). Dann Springformrand lösen und entfernen.

6. Für den Belag Pflaumen abspülen, abtrocknen, entsteinen und in Spalten schneiden. Die Torte mit den Pflaumenspalten garnieren. Aus Tortenguss und 125 ml (1/8 l) Pflaumensaft nach Packungsanleitung einen Guss zubereiten und auf die Pflaumenspalten geben. Die Torte etwa 30 Minuten kalt stellen (Kühlschrank).

Tipp: Nach Belieben die Tortenoberfläche mit zerbröselten Biskuitzungen bestreuen.

Frischkäsetorte | Beliebt

Insgesamt:
E: 43 g, F: 140 g, Kh: 127 g, kJ: 8392, kcal: 2004

Für den Boden:
100 g Löffelbiskuits
50 g Butter

Für die Frischkäsecreme:
1 Beutel aus 1 Pck. Götterspeise Zitronen-Geschmack
300 ml Wasser
65 g Zucker
100 g Doppelrahm-Frischkäse
1 EL Zitronensaft
200 g Schlagsahne

Zubereitungszeit: 40 Minuten, ohne Kühl- und Quellzeit

1. Für den Boden Löffelbiskuits in einen Gefrierbeutel geben. Den Beutel verschließen. Löffelbiskuits mit einer Teigrolle fein zerbröseln. Brösel in eine Rührschüssel geben. Die Butter zerlassen, zu den Biskuitbröseln geben und gut verrühren.

2. Einen Springformrand (Ø 18 cm) auf eine mit Tortenspitze oder Backpapier belegte Tortenplatte stellen. Die Bröselmasse (2–3 Esslöffel für den Tortenrand beiseitelegen) darin gleichmäßig verteilen und mit einem Löffel gut zu einem Boden andrücken. Den Tortenboden kalt stellen.

3. Für die Frischkäsecreme Götterspeise mit 300 ml Wasser und 65 g Zucker in einem Topf anrühren und 10 Minuten quellen lassen.

4. Die gequollene Götterspeise unter Rühren erhitzen, bis sie völlig gelöst ist (nicht kochen lassen!). Dann ein Drittel der Götterspeise in einen tiefen Teller gießen und kalt stellen (Kühlschrank).

5. Den Frischkäse mit dem Zitronensaft verrühren, die restliche Götterspeise unterrühren und kalt stellen (Kühlschrank).

6. Sahne steif schlagen. Sobald die Masse anfängt dicklich zu werden, Sahne unterheben. Die Frischkäsecreme auf den Bröselboden geben und glatt streichen. Die Torte etwa 3 Stunden kalt stellen (Kühlschrank).

7. Den Springformrand lösen und entfernen. Die Götterspeise auf dem Teller in Würfel schneiden. Die Tortenoberfläche mit den Götterspeisewürfeln garnieren. Den Tortenrand mithilfe eines Messers mit den beiseitegelegten Biskuitbröseln garnieren.

Früchte-Joghurt-Torte | Erfrischend

Insgesamt:
E: 61 g, F: 124 g, Kh: 185 g, kJ: 9081, kcal: 2172

Für den Boden:

100 g Löffelbiskuits
50 g Butter

Für die Füllung:

5 Blatt weiße Gelatine
300 g Joghurt
50 g Zucker
1 Pck. Dr. Oetker Vanillin-Zucker
1–2 EL Zitronensaft
200 g Schlagsahne

Für den Belag:

400 g vorbereitetes, frisches Obst der Saison, z. B. Erdbeeren, Nektarinen, Heidelbeeren, Johannisbeeren
½ Pck. gezuckerter Tortenguss, klar
125 ml (⅛ l) Apfelsaft

Zubereitungszeit: 40 Minuten, ohne Kühlzeit

1. Für den Boden Löffelbiskuits in einen Gefrierbeutel geben. Den Beutel verschließen. Löffelbiskuits mit einer Teigrolle fein zerbröseln. Brösel in eine Rührschüssel geben. Butter zerlassen, zu den Biskuitbröseln geben und gut verrühren.

2. Einen Springformrand (Ø 20 cm) auf eine mit Tortenspitze oder Backpapier belegte, kleine Tortenplatte stellen. Die Bröselmasse darin gleichmäßig verteilen und mit einem Löffel gut zu einem Boden andrücken. Tortenboden kalt stellen.

3. Für die Füllung die Gelatine in kaltem Wasser nach Packungsanleitung einweichen. Joghurt mit Zucker, Vanillin-Zucker und Zitronensaft verrühren. Die eingeweichte Gelatine leicht ausdrücken und in einem kleinen Topf unter Rühren bei schwacher Hitze auflösen (nicht kochen). Gelatine mit etwa 3 Esslöffeln von der Joghurtmasse verrühren, dann unter die restliche Joghurtmasse rühren und kalt stellen.

4. Die Sahne steif schlagen. Wenn die Masse anfängt dicklich zu werden, Sahne unterheben. Die Creme auf den Bröselboden geben und glatt streichen. Die Torte 2–3 Stunden kalt stellen (Kühlschrank).

5. Für den Belag die Torte mit dem vorbereiteten Obst belegen. Aus Tortengusspulver und Apfelsaft nach Packungsanleitung einen Guss zubereiten. Den Guss auf dem Obst verteilen. Die Torte kalt stellen (Kühlschrank) und den Guss fest werden lassen.

6. Den Springformrand lösen und entfernen.

Tipp: Für eine große Torte benötigen Sie einen Springformrand (Ø 26 cm) und die doppelte Menge der Zutaten.

Früchtestreifen | Mit Alkohol

Insgesamt:
E: 34 g, F: 115 g, Kh: 258 g, kJ: 9555, kcal: 2281

100 g getrocknete Mango (erhältlich im Reformhaus)
50 g getrocknete Papaya (erhältlich im Reformhaus)
50 g Marzipan-Rohmasse
2–3 EL Rum
je 100 g Zartbitter-Schokolade, weiße Schokolade und Vollmilch-Schokolade

Zubereitungszeit: 40 Minuten, ohne Durchzieh- und Kühlzeit
Haltbarkeit: etwa 14 Tage

1. Mango, Papaya und Marzipan in sehr kleine Würfel schneiden und in einer Rührschüssel gut mischen. Mit Rum tränken und zugedeckt etwa 30 Minuten durchziehen lassen.

2. Zartbitter-Schokolade in Stücke brechen, in einem kleinen Topf im heißen Wasserbad bei schwacher Hitze schmelzen. Die flüssige Schokolade in eine Kastenform (25 x 11 cm, mit Backpapier glatt ausgelegen) geben und verstreichen. Die Form leicht aufklopfen, bis die Schokolade glatt wird. Die Hälfte der Fruchtmischung vorsichtig mit einer Gabel auf der Schokolade verteilen.

3. Weiße Schokolade ebenfalls schmelzen und vorsichtig mit einem Esslöffel in Streifen auf die Fruchtmischung geben. Dabei die Form wieder leicht aufklopfen. Die restliche Fruchtmischung vorsichtig auf die Schokolade geben. Zuletzt Vollmilch-Schokolade schmelzen und vorsichtig mithilfe eines Esslöffels gleichmäßig auf der Fruchtmischung verteilen.

4. Die Kastenform etwa 10 Minuten kalt stellen (Kühlschrank), bis die Schokolade fest geworden ist. Die Schokoladenplatte mit dem Backpapier aus der Form heben und das Backpapier entfernen. Dann die Platte einmal der Länge nach senkrecht durchschneiden, sodass 2 lange Streifen (25 x 5,5 cm) entstehen. Die Streifen in etwa 1 cm dicke Scheiben schneiden. Das Konfekt gut verpackt kühl aufbewahren.

Tipps: Statt dem Rum kann auch Orangenlikör oder Cognac verwendet werden. Statt Backpapier können Sie auch Frischhaltefolie verwenden, um die Backform auszulegen.

Früchtetorte mit Orangenlikör

Mit Alkohol

Insgesamt:
E: 81 g, F: 289 g, Kh: 317 g, kJ: 18465, kcal: 4412

Für die Füllung:
200 g Erdbeeren
3 Nektarinen
5 EL Orangenlikör
50 g Puderzucker
1 EL Zitronensaft
2 geh. EL Zitronenmelisseblättchen

Für den Boden und Rand:
100 g Hafergebäck (Taler)
125 g Schokomüsli
80 g Butter

Für den Belag:
6 Blatt weiße Gelatine
250 g Mascarpone (ital. Frischkäse)
250 g Speisequark (20 % Fett)
25 g Zucker
150 g Joghurt
100 ml Fruchtsaft von den vorbereiteten Früchten

Zum Verzieren und Garnieren:
200 g Schlagsahne
1 Pck. Dr. Oetker Sahnesteif
einige Zitronenmelisseblättchen

Zubereitungszeit: 45 Minuten, ohne Durchzieh- und Kühlzeit

1. Für die Füllung die Erdbeeren putzen, waschen, gut abtropfen lassen und entstielen. Je nach Größe 2–3 Erdbeeren beiseitelegen. Nektarinen waschen und abtrocknen. Nektarinen halbieren und jeweils den Stein herauslösen. 1 Nektarinenhälfte beiseitelegen und die Schnittfläche mit Zitronensaft beträufeln. Danach Erdbeeren und Nektarinenhälften in kleine Stücke schneiden.

2. Orangenlikör mit Puderzucker verrühren. Zitronensaft und Zitronenmelisse unterrühren. Die Fruchtstücke hinzugeben und gut vermischen. Die Fruchtstücke etwa 30 Minuten durchziehen lassen.

3. Für den Boden und Rand 50 g des Hafergebäcks halbieren und beiseitelegen. Restliches Hafergebäck in einen Gefrierbeutel geben, den Beutel verschließen. Hafergebäck mit einer Teigrolle fein zerbröseln. Die Gebäckbrösel mit dem Müsli in einer Schüssel vermischen. Butter zerlassen, zu der Brösel-Müsli-Mischung geben und gut verrühren.

4. Einen Springformrand (Ø 26 cm) auf eine mit Tortenspitze oder Backpapier belegte Tortenplatte stellen. Die Bröselmasse darin gleichmäßig verteilen und mit einem Löffel gut zu einem Boden andrücken. Das beiseitegelegte, halbierte Hafergebäck so an den Springformrand stellen, dass die runde Seite nach außen zeigt und die Schnittflächen auf dem Boden stehen. Die Hafergebäckhälften etwas in den Bröselboden drücken. Tortenboden kalt stellen.

5. Für den Belag die Gelatine in kaltem Wasser nach Packungsanleitung einweichen. Die Fruchtstücke in ein Sieb geben, dabei den Saft auffangen und 100 ml abmessen. Zuerst den Mascarpone in einer Schüssel verrühren, dann Quark, Zucker, Joghurt und den aufgefangenen Saft unterrühren.

6. Eingeweichte Gelatine leicht ausdrücken und in einem kleinen Topf unter Rühren bei schwacher Hitze auflösen (nicht kochen). Etwa 2 Esslöffel der Mascarpone-Quark-Masse mit der Gelatine verrühren, dann mit der restlichen Mascarpone-Quark-Masse verrühren. Kalt stellen.

7. Wenn die Mascarpone-Quark-Masse anfängt dicklich zu werden, die abgetropften Fruchtstücke unterheben. Masse auf den Bröselboden geben und glatt streichen. Torte 2–3 Stunden kalt stellen (Kühlschrank).

8. Sahne mit Sahnesteif steif schlagen und in einen Spritzbeutel mit Sterntülle füllen. Zitronenmelisse abspülen und trocken tupfen. Beiseitegelegte Erdbeeren halbieren oder achteln. Nektarinenhälfte in schmale Spalten schneiden. Tortenoberfläche mit der Sahne verzieren. Mit Erdbeerstücken und Nektarinenspalten garnieren. Springformrand lösen und entfernen.

Fruchtiger Orangenkranz

Beliebt – mit Alkohol

Insgesamt:
E: 56 g, F: 227 g, Kh: 630 g, kJ: 20407, kcal: 4855

Für die Creme:

2	Orangen
etwa 200 ml	Orangensaft
150 g	weiße Schokolade
6 Blatt	weiße Gelatine
1 Pck.	Dr. Oetker Pudding-Pulver Sahne-Geschmack
1 Pck.	Dr. Oetker Finesse Natürliches Orangenschalen-Aroma
3 EL	Orangenlikör
400 g	Schlagsahne
1 Pck.	Dr. Oetker Vanillin-Zucker
2 Pck.	Griesson Soft Cake Orange, (Eigebäck mit Fruchtfüllung, je 300 g)

Zubereitungszeit: 45 Minuten, ohne Abkühl- und Kühlzeit

1. Für die Creme Orangen mit einem scharfen Messer so schälen, dass die weiße Haut mitentfernt wird. Die Fruchtfilets herausschneiden, dabei den Saft auffangen. Fruchtfilets in einem Sieb abtropfen lassen, den Saft ebenfalls auffangen. Den gesammelten Saft mit Orangensaft auf 375 ml (3/8 l) auffüllen. Schokolade grob zerkleinern. Gelatine in kaltem Wasser nach Packungsanleitung einweichen.

2. Aus Pudding-Pulver und 375 ml (3/8 l) Orangensaft einen Pudding nach Packungsanleitung (aber mit der angegebenen Saftmenge) zubereiten. Die Schokolade hinzugeben und unter Rühren schmelzen. Die eingeweichte Gelatine leicht ausdrücken und in der heißen Puddingmasse unter Rühren auflösen. Orangenschalen-Aroma und Likör unterrühren. Die Puddingmasse erkalten lassen, dabei gelegentlich umrühren.

3. Die Sahne mit Vanillin-Zucker steif schlagen. Den erkalteten Pudding mit Handrührgerät mit Rührbesen cremig rühren, dann die Sahne vorsichtig unterheben. So viel Puddingcreme in eine Frankfurter-Kranz-Form (Ø 26 cm, gefettet, mit Frischhaltefolie ausgelegt) füllen, dass der Boden bedeckt ist.

4. Eine Reihe Soft Cakes mit der Schokoladenseite nach unten auf die Creme legen. Die Orangenfilets unter die restliche Puddingcreme heben. Wieder so viel Puddingcreme in die Form geben, dass die Soft Cakes bedeckt sind. Wieder eine Reihe Soft Cakes darauflegen und mit den Zutaten weiter einschichten, sodass die Soft Cakes die letzte Schicht bilden (insgesamt 6 Schichten). Die obere Schicht mit überstehender Folie belegen. Den Orangenkranz mindestens 3 Stunden (am besten über Nacht) kalt stellen (Kühlschrank).

5. Den Orangenkranz auf eine Tortenplatte stürzen, vorsichtig Form und Folie entfernen. Den Orangenkranz mit den restlichen Soft Cakes dekorativ belegen.

Tipps: Nach Belieben den Kranz mit Orangenschale und -filets garnieren. Der Orangenlikör kann durch Orangensaft ersetzt werden.

Frühlingstorte | Mit Alkohol

Insgesamt:
E: 136 g, F: 231 g, Kh: 459 g, kJ: 19688, kcal: 4705

Für den Tortenboden:
100 g bunte Schaumkrönchen (Mini-Baiser-Tupfen)
200 g weiße Schokolade
50 g Butter
30 g Zartbitter-Schokolade (50 % Kakao)
1 Pck. Dr. Oetker Finesse Geriebene Zitronenschale

Für die Eierlikörcreme:
8 Blatt weiße Gelatine
150 ml Eierlikör
120 g Zucker
750 g Speisequark (20 % Fett)
200 g Himbeeren
200 g Schlagsahne

Zum Garnieren:
20 g Zartbitter-Schokolade (50 % Kakao)
40 g bunte Schaumkrönchen (Mini-Baiser-Tupfen)
14 vorbereitete Himbeeren
evtl. Eierlikör

Zubereitungszeit: 45 Minuten, ohne Kühlzeit

1. Für den Tortenboden die bunten Schaumkrönchen mit den Fingern zerbröseln und in eine Rührschüssel geben. Weiße Schokolade in Stücke brechen, mit der Butter in einem kleinen Topf im heißen Wasserbad bei schwacher Hitze unter Rühren schmelzen. Schokolade etwas abkühlen lassen.

2. Zartbitter-Schokolade in kleine Stücke hacken und mit der Zitronenschale zu den Bröseln geben. Weiße Schokolade unterrühren.

3. Einen Springformrand (Ø 26 cm) auf eine mit Tortenspitze oder Backpapier belegte Tortenplatte stellen. Die Bröselmasse darin gleichmäßig verteilen und mit einem Löffel gut zu einem Boden andrücken. Den Tortenboden kalt stellen.

4. Für die Eierlikörcreme Gelatine in kaltem Wasser nach Packungsanleitung einweichen. Eierlikör, Zucker und Quark verrühren. Himbeeren verlesen.

5. Eingeweichte Gelatine leicht ausdrücken und in einem kleinen Topf unter Rühren bei schwacher Hitze auflösen (nicht kochen). Gelatine mit etwa 4 Esslöffeln der Quarkmasse verrühren, dann unter die restliche Quarkmasse rühren und kalt stellen.

6. Himbeeren auf dem Bröselboden verteilen. Sahne steif schlagen. Sobald die Quarkmasse anfängt dicklich zu werden, Sahne unterheben. Die Quark-Sahne-Creme kuppelartig auf die Himbeeren geben. Dann mit einem Teelöffel von außen nach innen breite Streifen ziehen, sodass 14 Tortenstücke entstehen. Die Torte mindestens 2 Stunden kalt stellen (Kühlschrank). Den Springformrand lösen und entfernen.

7. Zum Garnieren Schokolade in Stücke hacken. Die Torte mit Schaumkrönchen, Himbeeren und gehackter Schokolade garnieren. Eventuell etwas Eierlikör auf die Torte träufeln.

Tipp: Anstelle von gehackter Schokolade können Sie für den Tortenboden und zum Garnieren Schokoblättchen verwenden.

Frühlingstraum I

Fruchtig

Insgesamt:
E: 57 g, F: 204 g, Kh: 343 g, kJ: 15020, kcal: 3587

Für den Boden:

200 g Löffelbiskuits
100 g Butter

Für die Füllung:

750 g Rhabarber
100 g Zucker
250 g Erdbeeren
60 g Speisestärke
2 EL Wasser
Zucker

Für den Belag:

250 g Schlagsahne
1 Pck. Dr. Oetker Sahnesteif
250 g Speisequark (40 % Fett)
2 Pck. Dr. Oetker Vanillin-Zucker
Saft von 1 Zitrone

Zum Garnieren:

1 EL gesiebter Puderzucker
1 TL gehackte Minzeblättchen
1–2 EL geröstete, gehobelte Mandeln

Zubereitungszeit: 60 Minuten, ohne Kühl- und Durchziehzeit

1. Für den Boden Löffelbiskuits in einen Gefrierbeutel geben. Beutel verschließen. Löffelbiskuits mit einer Teigrolle fein zerbröseln. Brösel in eine Rührschüssel geben. Butter zerlassen, zu den Biskuitbröseln geben und gut verrühren.

2. Einen Springformrand (Ø 26 cm) auf eine mit Tortenspitze oder Backpapier belegte Tortenplatte stellen. Die Bröselmasse darin gleichmäßig verteilen und mit einem Löffel gut zu einem Boden andrücken. Tortenboden kalt stellen.

3. Für die Füllung Rhabarber abziehen, waschen, abtropfen lassen, Stielenden und Blattansätze entfernen. Die Stangen in Stücke schneiden, in einen Topf geben, mit Zucker mischen und etwa 15 Minuten durchziehen lassen.

4. Erdbeeren putzen, waschen, gut abtropfen lassen, entstielen und vierteln (einige Erdbeeren zum Garnieren beiseitelegen).

5. Rhabarber mit dem entstandenen Saft zum Kochen bringen und einige Minuten dünsten.

6. Speisestärke mit Wasser anrühren, zum Rhabarber geben und unter Rühren kurz aufkochen lassen. Erdbeerviertel hinzufügen und mit Zucker abschmecken. Die Fruchtmasse auf dem Bröselboden verteilen. Die Torte etwa 3 Stunden kalt stellen (Kühlschrank).

7. Den Springformrand lösen und entfernen.

8. Für den Belag Sahne mit Sahnesteif steif schlagen. Den Quark mit Vanillin-Zucker und Zitronensaft verrühren, die Sahne unterheben. Die Quark-Sahne-Creme auf die Fruchtmasse geben und mit einem Löffel wellenartig verteilen.

9. Beiseitegelegte Erdbeeren in Scheiben schneiden, mit Puderzucker und gehackten Minzeblättchen vermengen. Die Tortenoberfläche damit garnieren. Den Tortenrand mit Mandeln bestreuen.

Frutti-di-mare-Kuppel | Raffiniert

Insgesamt:
E: 82 g, F: 437 g, Kh: 518 g, kJ: 28754, kcal: 68621

Für den Belag:
250 g Vollmilch-Schokolade
250 g Schlagsahne
150 g gemahlene Haselnusskerne
150 g Eiswaffeln ohne Füllung, z. B. Eiswaffelherzen
50 g weiche Butter
80 g Zucker
1 Pck. Dr. Oetker Vanillin-Zucker

Für den Boden:
50 g Butter
100 g Zucker
100 g gehobelte Mandeln
100 g Schlagsahne

Zum Verzieren und Garnieren:
1 Pck. Kuchenglasur (100 g)
einige Schokoladen-Meeresfrüchte (Belgisches Konfekt)

Zubereitungszeit: 45 Minuten, ohne Kühl- und Abkühlzeit

1. Für den Belag die Schokolade in Stücke brechen, mit Sahne in einen Topf geben und unter ständigem Rühren so lange erhitzen, bis die Schokolade geschmolzen ist. Den Topf von der Kochstelle nehmen. Schokoladensahne etwa 2 Stunden im Kühlschrank erkalten lassen.

2. Die Haselnusskerne in einer Pfanne ohne Fett anrösten, herausnehmen und auf einem Teller erkalten lassen. Eiswaffeln in einen Gefrierbeutel geben. Den Beutel verschließen. Die Eiswaffeln mit einer Teigrolle zerbröseln.

3. Die Butter in einer Rührschüssel schaumig rühren. Nach und nach Zucker und Vanillin-Zucker unterrühren. Schokoladensahne mit Handrührgerät mit Rührbesen aufschlagen und unter die Buttermasse rühren. Haselnusskerne und Waffelbrösel unterrühren. Die Masse in eine Porzellanschale (etwa 1 1/2-Liter-Inhalt, mit Frischhaltefolie ausgelegt) geben und glatt streichen. Die Schale über Nacht kalt stellen (Kühlschrank).

4. Für den Boden die Butter in einem Topf zerlassen. Zucker darin unter Rühren auflösen. Wenn die Masse anfängt zu bräunen, Mandeln unterrühren. Den Topf von der Kochstelle nehmen. Die Sahne langsam unter Rühren hinzugießen.

5. Die Sahne-Karamell-Masse wieder zum Kochen bringen und unter Rühren dicklich einkochen, aber nicht braun werden lassen.

6. Auf einem mit Speiseöl bestrichenen Stück Backpapier einen Kreis (Ø 22 cm) aufzeichnen. Die Mandelmasse mithilfe eines feuchten Löffels in dem Kreis verteilen und flach drücken. Den Boden erkalten und die Mandelmasse fest werden lassen.

7. Den Mandelboden von dem Backpapier lösen und auf eine Tortenplatte legen. Die Füllung aus der Schale auf den Mandelboden stürzen und die Frischhaltefolie abziehen.

8. Zum Verzieren und Garnieren die Kuchenglasur nach Packungsanleitung auflösen. Die Kuppel damit überziehen und mit den Meeresfrüchten garnieren. Kuchenglasur fest werden lassen.

Tipp: Nach Belieben etwas von der aufgelösten Kuchenglasur in ein Pergamentpapiertütchen füllen und eine kleine Ecke abschneiden. Die Kuppel mit der Kuchenglasur verzieren.

Abwandlung: Nach Belieben 50 g der Mandeln für den Boden durch Cornflakes austauschen.

Fruttina-Sekt-Torte | Mit Alkohol

Insgesamt:
E: 43 g, F: 261 g, Kh: 414 g, kJ: 18279, kcal: 4366

Für den Boden:
150 g weiße Kuvertüre oder Schokolade
200 g Knuspermüsli (ohne Rosinen)

Für die Füllung:
1 Dose Aprikosenhälften (Abtropfgewicht 480 g)
200 ml Sekt
1 Pck. Dr. Oetker Pudding-Pulver Sahne- oder Vanille-Geschmack
50 g Zucker

Für den Belag:
400 g Schlagsahne
1 Pck. Dr. Oetker Vanillin-Zucker
2 Pck. Dr. Oetker Sahnesteif
125 g Crème double
evtl. einige Zitronenmelisseblättchen

Zubereitungszeit: 40 Minuten, ohne Kühl- und Abkühlzeit

1. Für den Boden Kuvertüre oder Schokolade in kleine Stücke hacken oder brechen, in einem kleinen Topf im heißen Wasserbad bei schwacher Hitze unter Rühren schmelzen. Das Knuspermüsli in einen Gefrierbeutel geben. Den Beutel verschließen. Müsli mit einer Teigrolle grob zerbröseln. Müslibrösel mit einem Esslöffel unter die Kuvertüre oder Schokolade rühren.

2. Einen Springformrand (Ø 26 cm) auf eine mit Tortenspitze oder Backpapier belegte Tortenplatte stellen. Die Bröselmasse darin gleichmäßig verteilen und mit einem Löffel gut zu einem Boden andrücken. Tortenboden etwa 1 Stunde kalt stellen (Kühlschrank).

3. Für die Füllung Aprikosenhälften in einem Sieb gut abtropfen lassen. 6 Aprikosenhälften beiseitelegen. Die Hälfte der restlichen Aprikosenhälften in kleine Würfel schneiden. Die restlichen Aprikosenhälften mit einem Stabmixer pürieren. Aprikosenpüree mit Sekt auf 400 ml ergänzen, eventuell mit Wasser auffüllen.

4. Pudding-Pulver mit Zucker mischen. Nach und nach mit etwa 6 Esslöffeln der Püree-Sekt-Mischung glatt rühren. Restliche Püree-Sekt-Mischung in einem Topf zum Kochen bringen. Angerührtes Pudding-Pulver in die von der Kochstelle genommene Püree-Sekt-Mischung rühren und unter Rühren kurz aufkochen lassen. Die Aprikosenwürfel unter den Pudding heben. Den Pudding in eine Rührschüssel geben und erkalten lassen, dabei ab und zu umrühren.

5. Für den Belag die Sahne mit Vanillin-Zucker und Sahnesteif steif schlagen. Crème double kurz unterrühren.

6. Den Pudding kurz durchrühren, auf den Bröselboden geben und glatt streichen. Anschließend die Sahne darauf verteilen und mit einem Löffel wellenartig verstreichen.

7. Beiseitegelegte Aprikosenhälften fächerartig einschneiden und dekorativ auf die Torteoberfläche legen. Die Torte etwa 1 Stunde kalt stellen (Kühlschrank).

8. Nach Belieben Zitronenmelisseblättchen abspülen und trocken tupfen. Die Torte damit garnieren.

Tipps: Statt mit Sekt kann die Füllung auch mit Wasser zubereitet werden. Crème double kann auch durch Crème fraîche ersetzt werden.

Hinweis: Im Originalrezept wurde die Füllung mit Fruttina hergestellt. Da sich die Rezeptur von Fruttina geändert hat, wurde das Rezept entsprechend umgearbeitet, der Name ist geblieben.

Fruttinatorte | Für Kinder

Insgesamt:
E: 127 g, F: 392 g, Kh: 376 g, kJ: 23947, kcal: 5720

Für den Boden:
150 g Eiswaffeln mit Füllung
100 g Butter

Für den Belag:
400 g Doppelrahm-Frischkäse
75 g Zucker
1 Pck. Dr. Oetker Vanillin-Zucker
3 EL Zitronensaft
1 ½ Pck. Dr. Oetker Pudding-Pulver Sahne- oder Vanille-Geschmack
250 ml (¼ l) Orangensaft
3 EL Zitronensaft
375 g Schlagsahne

Für den Guss:
½ Pck. Dr. Oetker Pudding-Pulver Sahne- oder Vanille-Geschmack
50 g Zucker
200 ml Orangensaft
50 ml Zitronensaft
125 g Schlagsahne
18 Gelee-Zitronenscheibenhälften

Zubereitungszeit: 30 Minuten, ohne Kühlzeit

1. Für den Boden Eiswaffeln in einen Gefrierbeutel geben. Den Beutel verschließen. Eiswaffeln mit einer Teigrolle fein zerbröseln. Brösel in eine Rührschüssel geben. Butter zerlassen, zu den Gebäckbröseln geben und gut verrühren.

2. Einen Springformrand (Ø 26 cm) auf eine mit Tortenspitze oder Backpapier belegte Tortenplatte stellen. Die Bröselmasse darin gleichmäßig verteilen und mit einem Löffel gut zu einem Boden andrücken. Tortenboden kalt stellen.

3. Für den Belag den Frischkäse mit Zucker, Vanillin-Zucker und Zitronensaft verrühren. Einen Pudding aus dem Pudding-Pulver, aber nur mit 250 ml (¼ l) Orangensaft und 3 Esslöffeln Zitronensaft nach Packungsanleitung zubereiten. Die noch heiße Puddingmasse mit Handrührgerät mit Rührbesen unter die Frischkäsemasse rühren. Sahne steif schlagen und unterheben. Die Pudding-Sahne-Creme auf den Bröselboden geben und glatt streichen. Die Torte etwa 2 Stunden kalt stellen (Kühlschrank).

4. Für den Guss aus Pudding-Pulver, Zucker, aber mit 200 ml Orangensaft und 50 ml Zitronensaft einen Guss nach Packungsanleitung zubereiten. Den Guss vorsichtig, aber schnell auf dem Belag verteilen. Torte kalt stellen (Kühlschrank) und den Guss fest werden lassen.

5. Den Springformrand lösen und entfernen. Sahne steif schlagen, in einen Spritzbeutel mit mittelgroßer Sterntülle füllen. 16 Tupfen auf die Tortenoberfläche spritzen. Je 1 Geleefrucht an jeden Sahnetupfen lehnen. Die beiden restlichen Geleefrüchte in kleine Würfel schneiden und auf der Tortenmitte verteilen.

Abwandlung: Wenn Sie lieber ungefüllte Eiswaffeln, z. B. Eiswaffelherzen, verwenden, Brösel mit 125 g Butter verrühren.

Hinweis: Im Originalrezept wurde der Belag mit Fruttina hergestellt. Da sich die Rezeptur von Fruttina geändert hat, wurde das Rezept entsprechend umgearbeitet, der Name ist geblieben.

Fürst-Pückler-Eisgugelhupf I

Mit Alkohol

Insgesamt:
E: 21 g, F: 33 g, Kh: 214 g, kJ: 5961, kcal: 1425

Für die Füllung:

200 ml Schokoladen-Eiscreme
250 ml (1/4 l) Erdbeer-Fruchteis
350 ml Vanille-Eiscreme

Für die Erdbeeren:

500 g frische Erdbeeren
1 EL Zucker
30 ml Schwarzwälder-Kirschwasser
2 EL Vollmilch-Raspelschokolade

Außerdem:

1 Gugelhupfform (Ø 18 cm)

Zubereitungszeit: 40 Minuten, ohne Antau-, Marinier- und Gefrierzeit

1. Eine Gugelhupfform (Ø 18 cm) in den Gefrierschrank stellen.

2. Für die Füllung alle Eiscremesorten 10–15 Minuten antauen lassen und getrennt in jeweils einer Schüssel cremig rühren.

3. Zuerst die Schokoladen-Eiscreme in die gekühlte Gugelhupfform füllen und glatt streichen. Anschließend das Erdbeer-Fruchteis daraufgeben und ebenfalls glatt streichen. Zuletzt die Vanille-Eiscreme darauf verteilen.

4. Das Eis mit Pergamentpapier belegen. Die Gugelhupfform mit Alufolie fest verschließen und in den Gefrierschrank stellen. Das Eis 3–4 Stunden gefrieren lassen.

5. Die Erdbeeren putzen, waschen, gut abtropfen lassen und entstielen. Die Erdbeeren vierteln und in eine Schüssel geben. Zucker und Kirschwasser unterrühren. Die Erdbeeren etwa 1 Stunde marinieren. Erdbeeren in ein Sieb geben und abtropfen lassen, dabei den Saft auffangen.

6. Die Hälfte der Erdbeerviertel mit dem aufgefangenen Saft pürieren. Das Püree mit den restlichen Erdbeervierteln vermengen.

7. Die Gugelhupfform aus dem Gefrierschrank nehmen und kurz in warmes Wasser tauchen. Den Eisgugelhupf auf einen flachen Teller (Teller vorher eine Zeit lang in den Gefrierschrank stellen) stürzen.

8. Den Eisgugelhupf mit Raspelschokolade bestreuen. Mit den Erdbeeren servieren.

Hinweis: Aufgetaute und wieder eingefrorene Eiscreme können sie nicht noch einmal einfrieren, Sie sollten sie möglichst innerhalb eines Tages verwenden.

Fürst-Pückler-Eistorte | Klassisch

Insgesamt:
E: 75 g, F: 216 g, Kh: 621 g, kJ: 20760, kcal: 4961

Für den Boden:
1 Pck. Blätterteig-Brezeln (100 g)
50 g Zartbitter-Schokolade

Für die Füllung:
1 Pck. Vanille-Eiscreme (750 ml)
1 Pck. Schokoladen-Eiscreme (750 ml)
1 Pck. Erdbeer-Eiscreme (750 ml)

Zum Garnieren und Verzieren:
250 g Erdbeeren
50 g weiße Kuvertüre
20 g Kokosfett
250 g Schlagsahne

Zubereitungszeit: 30 Minuten, ohne Gefrier- und Antauzeit

1. Einen Springformrand (Ø 26 cm) auf eine mit Backpapier belegte Tortenplatte stellen. Den Boden dicht an dicht mit Blätterteig-Brezeln auslegen. Schokolade in Stücke brechen, in einem kleinen Topf im heißen Wasserbad bei schwacher Hitze unter Rühren schmelzen. Die Brezeln mit der Schokolade besprenkeln. Den Brezelboden in den Gefrierschrank stellen und gefrieren lassen.

2. Für die Füllung alle Eiscremesorten etwas antauen lassen und getrennt in je einer Schüssel cremig rühren. Die einzelnen Sorten in je einen Spritzbeutel mit großer Sterntülle füllen und abwechselnd von außen nach innen je einen Ring pro Sorte auf den Brezelboden spritzen. Vorgang bis zur Tortenmitte wiederholen.

3. Bei der zweiten Lage mit einer anderen Eiscremesorte außen anfangen. Den Vorgang so lange wiederholen, bis die einzelnen Eiscremesorten verbraucht sind. Die Torte etwa 5 Stunden in den Gefrierschrank stellen und die Eiscreme gefrieren lassen.

4. Zum Garnieren und Verzieren Erdbeeren putzen, waschen und abtropfen lassen. Kuvertüre in Stücke hacken, mit Kokosfett in einem kleinen Topf im heißen Wasserbad bei schwacher Hitze unter Rühren schmelzen. Die Erdbeeren etwa zur Hälfte in die Kuvertüre tauchen, auf Backpapier legen und die Kuvertüre fest werden lassen.

5. Den Springformrand lösen und entfernen. Sahne steif schlagen, in einen Spritzbeutel mit großer Sterntülle füllen. Die Sahne in Ringen auf die Tortenoberfläche spritzen. Eistorte mit den Erdbeeren garnieren.

Tipps: Um die Eiscreme-Ringe möglichst zügig zu spritzen, können auch Einmal-Spritztüten für jede Eiscreme-Sorte verwendet werden. Aufgetaute und wieder eingefrorene Eiscreme können sie nicht noch einmal einfrieren, Sie sollten diese möglichst innerhalb eines Tages verwenden.

Abwandlung: Nach Belieben anstelle der Blätterteig-Brezeln Löffelbiskuits (nicht zerbröselt) für den Boden verwenden.

Gelati-Torte | Mit Alkohol

Insgesamt:
E: 54 g, F: 318 g, Kh: 631 g, kJ: 24632, kcal: 5886

Für die Füllung:
1 Pck. Schokoladen-Eiscreme mit Schokostückchen (750 ml)
100 g Amarenakirschen (aus dem Glas)
500 g Schlagsahne
1 Pck. Dr. Oetker Sahnesteif
125 g Zucker
100 g Nuss-Krokant
2 EL Amarenaflüssigkeit aus dem Glas

Für den Boden:
250 g Waffeltaler

Zum Verzieren:
125 g Schlagsahne
50 g Vollmilch-Schokolade

Zubereitungszeit: 30 Minuten, ohne Antau- und Gefrierzeit

1. Einen Springformrand (Ø 26 cm) auf eine mit Backpapier belegte Tortenplatte stellen. Tortenplatte kurz kalt stellen (Kühlschrank).

2. Für die Füllung die Schokoladen-Eiscreme antauen lassen und cremig rühren. Den Boden und Springformrand gleichmäßig mit der Eiscreme ausstreichen, wieder in den Gefrierschrank stellen, gefrieren lassen.

3. Die Amarenakirschen in einem Sieb abtropfen lassen, dabei den Saft auffangen. Amarenakirschen grob hacken. Sahne mit Sahnesteif und Zucker steif schlagen. Kirschstücke, Krokant und aufgefangene Amarenaflüssigkeit unterheben. Die Sahnemasse in die Form füllen und glatt streichen.

4. Für den Boden die Waffeltaler auf die Sahnemasse drücken. Die Torte etwa 5 Stunden gefrieren lassen. Springformrand lösen und entfernen. Die Torte auf eine Tortenplatte stürzen.

5. Zum Verzieren die Sahne steif schlagen, in einen Spritzbeutel mit Lochtülle füllen und Tupfen auf die Tortenoberfläche spritzen.

6. Schokolade in Stücke brechen, in einem kleinen Topf im heißen Wasserbad bei schwacher Hitze unter Rühren schmelzen. Schokolade in ein Pergamentpapiertütchen füllen und eine kleine Spitze abschneiden. Die Sahnetupfen mit der Schokolade verzieren.

Tipps: Nach Belieben noch 2 Esslöffel gehackte Belegkirschen unter die Füllung heben. Aufgetaute und wieder eingefrorene Eiscreme können sie nicht noch einmal einfrieren, Sie sollten diese möglichst innerhalb eines Tages verwenden.

Geschichtete Fruchtkuppel | Fruchtig

Insgesamt:
E: 154 g, F: 223 g, Kh: 492 g, kJ: 19663, kcal: 4691

Für die Füllung:
1 Papaya (etwa 400 g)
1 große Mango (etwa 400 g)
2 Sharonfrüchte (Kakis)
2 Karambolen (Sternfrüchte)
1 Dose Ananasscheiben (Abtropfgewicht 245 g)
8 Blatt weiße Gelatine
500 g Ricotta (ital. Frischkäse)
50 ml Zitronensaft
75 g Zucker
400 g Schlagsahne

Für den Boden und zum Belegen:
etwa 250 g Löffelbiskuits

Für den Guss:
1 Pck. Tortenguss, klar
250 ml (1/4 l) Ananassaft aus der Dose
30 g Zucker

Zubereitungszeit: 50 Minuten, ohne Kühlzeit

1. Für die Füllung Papaya und Mango halbieren und jeweils den Stein herauslösen. Papaya- und Mangohälften schälen und in Spalten schneiden. Sharonfrüchte schälen und in Scheiben schneiden. Karambolen abspülen, trocken tupfen und in Scheiben schneiden. Ananasscheiben in einem Sieb abtropfen lassen, dabei den Saft auffangen und 250 ml (1/4 l) abmessen (eventuell mit Wasser auffüllen).

2. Die Wand einer runden Schüssel (Ø etwa 26 cm, etwa 3-Liter-Inhalt, mit Frischhaltefolie ausgelegt) mit einem Teil der vorbereiteten Früchte vollständig auslegen. Die restlichen Früchte würfeln.

3. Gelatine in kaltem Wasser nach Packungsanleitung einweichen. Ricotta, Zitronensaft und Zucker in einer Schüssel verrühren. Eingeweichte Gelatine leicht ausdrücken und in einem kleinen Topf unter Rühren bei schwacher Hitze auflösen (nicht kochen). Gelatine mit etwa 3 Esslöffeln der Ricottamasse verrühren, dann unter die restliche Ricottamasse rühren. Kalt stellen.

4. Sahne steif schlagen. Sobald die Masse anfängt dicklich zu werden, Sahne unterheben. Die Creme vierteln. Eine Cremeportion auf die Früchte in der Schüssel geben. Die Fruchtfläche vorsichtig damit bestreichen. So viel Löffelbiskuits darauflegen, dass die Creme ganz bedeckt ist.

5. Die zweite Cremeportion daraufgeben und glatt streichen. Die restlichen Fruchtwürfel in 2 Portionen teilen. Eine Fruchtwürfelportion auf der Creme verteilen. Die dritte Cremeportion darauf verstreichen und mit den restlichen Fruchtwürfeln belegen. Restliche Creme darauf verteilen und mit den restlichen Löffelbiskuits dicht belegen und gut andrücken. Dann die Fruchtkuppel etwa 3 Stunden kalt stellen (Kühlschrank).

6. Die Fruchtkuppel auf eine Tortenplatte stürzen und die Frischhaltefolie abziehen.

7. Für den Guss aus Tortengusspulver, Saft und Zucker einen Guss nach Packungsanleitung zubereiten. Die Fruchtkuppel mithilfe eines Pinsels mit dem Guss bestreichen. Die Fruchtkuppel nochmals etwa 30 Minuten kalt stellen.

Glückskuchen | Zum Geburtstag

Insgesamt:
E: 76 g, F: 318 g, Kh: 312 g, kJ: 18820, kcal: 4500

Für den Boden und Belag:
250 g Doppelkekse mit Kakaocremefüllung
50 g Butter

Für die Füllung:
5 Blatt weiße Gelatine
1 Dose Mandarinen (Abtropfgewicht 175 g)
250 g Speisequark (Magerstufe)
400 g Schlagsahne
2 EL Mandarinensaft aus der Dose

Zum Garnieren:
100 g Edelbitter-Schokolade (mindestens 50 % Kakao)
1–2 EL bunte Zuckerstreusel

Zum Bestreichen:
200 g Schlagsahne
1 Pck. Dr. Oetker Sahnesteif
1 EL Zucker

Zubereitungszeit: 40 Minuten, ohne Kühlzeit

1. Für den Boden und Belag von den Doppelkeksen 4 Kekse beiseitelegen. Restliche Doppelkekse in einen Gefrierbeutel geben. Beutel verschließen. Doppelkekse mit einer Teigrolle vorsichtig zerbröseln. 125 g von den Bröseln abwiegen und in eine Rührschüssel geben. Butter zerlassen, zu den Bröseln in die Rührschüssel geben und gut verrühren.

2. Einen Springformrand (Ø 18 cm) auf eine mit Tortenspitze oder Backpapier belegte Tortenplatte stellen. Die Bröselmasse darin gleichmäßig verteilen und mit einem Löffel gut zu einem Boden andrücken. Tortenboden kalt stellen.

3. Für die Füllung die Gelatine in kaltem Wasser nach Packungsanleitung einweichen. Mandarinen in einem Sieb abtropfen lassen, den Saft dabei auffangen und 2 Esslöffel abmessen. Quark in einer Schüssel verrühren. Sahne steif schlagen.

4. Eingeweichte Gelatine leicht ausdrücken und mit 2 Esslöffeln Mandarinensaft in einem kleinen Topf unter Rühren bei schwacher Hitze auflösen (nicht kochen). Die Gelatine zu dem Quark geben und gut unterrühren.

5. Mandarinen, die Sahne und restlichen Brösel unter den Quark heben. Etwa 3 Esslöffel von der Quark-Sahne-Creme auf den Bröselboden geben und glatt streichen. Beiseitegelegte Kekse darauflegen. Restliche Quark-Sahne-Creme daraufgeben und kuppelartig verstreichen. Die Torte etwa 3 Stunden kalt stellen (Kühlschrank).

6. Zum Garnieren Schokolade in Stücke brechen, in einem kleinen Topf im heißen Wasserbad bei schwacher Hitze unter Rühren schmelzen. Die Schokoladenmasse auf eine mit Backpapier belegte Platte geben und zu einem Quadrat (etwa 15 x 15 cm) ausstreichen. Mit Zuckerstreuseln bestreuen. Schokolade fest werden lassen.

7. Den Springformrand lösen und entfernen. Zum Bestreichen Sahne mit Sahnesteif und Zucker steif schlagen. Die Sahne kuppelartig auf den Kuchen streichen.

8. Nach Belieben aus der fest gewordenen Schokolade Buchstaben ausstechen. Restliche Schokolade in beliebig große Stücke brechen. Die Torte mit den Schokoladenbuchstaben und -stücken garnieren.

HAPPY

Göttliche Himbeer-Wölkchen-Torte | Fruchtig

Insgesamt:
E: 72 g, F: 249 g, Kh: 351 g, kJ: 16841, kcal: 4023

Für den Boden:

200 g Butterkekse
100 g weiche Butter
50 g Zucker

Für den Belag:

2 Beutel aus 1 Pck. Götterspeise Himbeer-Geschmack
250 ml (1/4 l) Wasser
100 g Zucker
300 g Himbeerjoghurt
200 g Schmand (Sauerrahm)
200 ml Wasser
100 g Schlagsahne

Zum Verzieren und Garnieren:

150 g Schlagsahne
einige Geleehimbeeren oder frische, verlesene Himbeeren

Zubereitungszeit: 50 Minuten, ohne Quell-, Abkühl- und Kühlzeit

1. Für den Boden Butterkekse in einen Gefrierbeutel geben. Den Beutel verschließen. Kekse mit einer Teigrolle fein zerbröseln. Butter und Zucker mit Handrührgerät mit Rührbesen schaumig rühren, Keksbrösel unterrühren.

2. Einen Springformrand (Ø 26 cm) auf eine mit Tortenspitze oder Backpapier belegte Tortenplatte stellen. Die Bröselmasse darin gleichmäßig verteilen und mit einem Löffel gut zu einem Boden andrücken. Tortenboden kalt stellen.

3. Für den Belag beide Beutel Götterspeise nach Packungsanleitung, aber mit nur 250 ml (1/4 l) Wasser zum Quellen anrühren. Zucker zur gequollenen Götterspeise geben. Götterspeise nach Packungsanleitung auflösen und etwas abkühlen lassen.

4. Joghurt mit Schmand verrühren. Die Hälfte der Flüssigkeit unter die Joghurt-Schmand-Masse rühren und kalt stellen.

5. Unter die restliche Flüssigkeit knapp 200 ml kaltes Wasser rühren und die Flüssigkeit bei Zimmertemperatur stehen lassen.

6. Die Sahne steif schlagen. Sobald die Joghurt-Schmand-Masse anfängt dicklich zu werden, Sahne unterheben. Die Creme auf den Bröselboden geben und glatt streichen. Die Torte 1–2 Stunden kalt stellen (Kühlschrank).

7. Dann die beiseitegestellte Götterspeiseflüssigkeit vorsichtig auf die Torte gießen. Die Torte nochmals gut 1 Stunde kalt stellen (Kühlschrank), bis der Götterspeisespiegel fest geworden ist. Den Springformrand lösen und entfernen.

8. Zum Verzieren und Garnieren Sahne steif schlagen und mit einem Teelöffel kleine Wölkchen auf die Tortenoberfläche setzen. Die Torte mit Himbeeren garnieren.

Tipps: Der Boden schmeckt statt mit Butterkeksen auch mit 1 Päckchen (200 g) Kokoszwieback. Nach Belieben können unter die Joghurt-Schmand-Masse zusätzlich 150 g verlesene Himbeeren gehoben werden. Die Torte kann auch mit Zitronen-Götterspeise und Zitronenjoghurt zubereitet werden.

Grand-Marnier-Torte

Mit Alkohol – für Gäste

Insgesamt:
E: 148 g, F: 189 g, Kh: 471 g, kJ: 19439, kcal: 4646

Für den Boden:

10 Zwiebäcke (100 g)
200 g Nuss-Nougat
etwa
10 Tropfen Bittermandel-Aroma

Für die Füllung:

12 Blatt weiße Gelatine
750 g Speisequark (Magerstufe)
150 g Zucker
250 ml (1/4 l) Orangensaft (nach Belieben frisch gepresst)
Saft von
1 Zitrone
125 ml (1/8 l) Grand Marnier (Orangenlikör)
5 EL Weißwein
400 g Schlagsahne

Zum Garnieren und Bestreuen:

etwa 2 Orangen
8 Maraschino-Kirschen
2 Zwiebäcke

Zubereitungszeit: 30 Minuten, ohne Kühlzeit

1. Für den Boden Zwiebäcke in einen Gefrierbeutel geben. Den Beutel verschließen. Zwiebäcke mit einer Teigrolle fein zerbröseln und in eine Rührschüssel geben. Nuss-Nougat nach Packungsanleitung schmelzen, mit dem Bittermandel-Aroma zu den Zwiebackbröseln geben und gut verrühren.

2. Einen Springformrand (Ø 26 cm) auf eine mit Tortenspitze oder Backpapier belegte Tortenplatte stellen. Die Bröselmasse darin gleichmäßig verteilen und mit einem Löffel gut zu einem Boden andrücken. Tortenboden kalt stellen.

3. Für die Füllung Gelatine in kaltem Wasser nach Packungsanleitung einweichen. Quark mit Zucker, Orangensaft, Zitronensaft und Likör verrühren.

4. Wein in einem kleinen Topf erhitzen. Topf von der Kochstelle nehmen. Die eingeweichte Gelatine leicht ausdrücken und in dem Wein unter Rühren auflösen (nicht kochen). Die Gelatine mit etwa 3 Esslöffeln der Quark-Orangen-Masse verrühren, dann unter die restliche Quark-Orangen-Masse rühren. Kalt stellen.

5. Sahne steif schlagen. Wenn die Masse anfängt dicklich zu werden, Sahne unterheben. Die Quark-Sahne-Creme auf den Bröselboden geben und glatt streichen. Die Torte etwa 2 Stunden kalt stellen (Kühlschrank). Springformrand lösen und entfernen.

6. Zum Garnieren Orangen so schälen, dass die weiße Haut vollständig entfernt wird. Orangen in dünne Scheiben schneiden. Die Torte mit Orangenscheiben und Maraschino-Kirschen garnieren.

7. Zwiebäcke wie unter Punkt 1 beschrieben fein zerbröseln. Den Tortenrand damit bestreuen.

Tipp: Unter die Quark-Orangen-Masse 1 Päckchen Dr. Oetker Bourbon-Vanille-Zucker rühren.

Grasshopper-Eistorte | Mit Alkohol

Insgesamt:
E: 38 g, F: 254 g, Kh: 549 g, kJ: 20799, kcal: 4967

24 Nippon (Schoko-Puffreis-Quadrate)
500 g Schlagsahne
2 Gläser Marshmallow fluff (je 213 g, Marshmallowcreme)
150 ml Pfefferminzlikör
etwas grüne Speisefarbe

Zubereitungszeit: 45 Minuten, ohne Kühl- und Gefrierzeit

1. Sechs der Schoko-Puffreis-Quadrate diagonal durchschneiden und beiseitelegen.

2. Die restlichen Schoko-Puffreis-Quadrate in einen Gefrierbeutel geben. Den Beutel verschließen. Schoko-Puffreis-Quadrate mit einer Teigrolle zerbröseln. Brösel in eine Schüssel geben.

3. Schoko-Puffreis-Brösel in der Schüssel im heißen Wasserbad bei mittlerer Hitze unter Rühren erwärmen, bis die Schokolade vollständig geschmolzen ist. Die Masse in einer Springform (Ø 26 cm, Boden mit Backpapier belegt, Rand etwa 1 cm hoch mit Speiseöl bestrichen) gleichmäßig verteilen. Den Boden etwa 45 Minuten kalt stellen.

4. Sahne steif schlagen. Etwa 3 Esslöffel der Sahne in einen Spritzbeutel mit Sterntülle füllen und kalt legen. Marshmallow fluff in eine Rührschüssel geben. Likör hinzugießen und mit Handrührgerät mit Rührbesen auf niedrigster Stufe zu einer glatten Masse verrühren, bis die Marshmallow fluffs sich gelöst haben. Restliche Sahne vorsichtig unterheben. Die Creme mit einigen Tropfen Speisefarbe „pastell-mintgrün" färben.

5. Die Creme auf den Schoko-Puffreis-Boden geben und glatt streichen. Die Form etwa 5 Stunden in den Gefrierschrank stellen.

6. Die Torte aus der Form lösen und auf eine Tortenplatte setzen. Tortenoberfläche mit Sahnetuffs aus dem Spritzbeutel verzieren und mit den beiseitegelegten Schoko-Puffreis-Hälften garnieren. Die Torte mit einem scharfen Messer in etwa 12 Stücke schneiden und sofort servieren.

Hinweis: Aufgetaute und wieder eingefrorene Eiscreme können sie nicht noch einmal einfrieren, Sie sollten diese möglichst innerhalb eines Tages verwenden.

Haferfleks-Honig-Torte | Beliebt

Insgesamt:
E: 49 g, F: 247 g, Kh: 402 g, kJ: 17345, kcal: 4136

Für den Boden:
150 g knusprige Haferfleks Honig (von Kölln)
100 g Butter

Für den Belag:
8 Blatt weiße Gelatine
200 g saure Sahne
300 g Joghurt
75 g Zucker
250 g Schlagsahne
50 g knusprige Haferfleks Honig (von Kölln)
1 Glas Wild-Preiselbeeren (Einwaage 212 g)

Zum Verzieren und Garnieren:
150 g Schlagsahne
50 g knusprige Haferfleks Honig (von Kölln)

Zubereitungszeit: 40 Minuten, ohne Kühlzeit

1. Für den Boden die Haferfleks in eine Rührschüssel geben. Butter zerlassen, zu den Haferfleks geben und gut verrühren.

2. Einen Springformrand (Ø 26 cm) auf eine mit Tortenspitze oder Backpapier belegte Tortenplatte stellen. Die Haferfleksmasse darin gleichmäßig verteilen und mit einem Löffel gut zu einem Boden andrücken. Den Tortenboden kalt stellen.

3. Für den Belag die Gelatine in kaltem Wasser nach Packungsanleitung einweichen. Dann saure Sahne mit Joghurt und Zucker in einer Schüssel gut verrühren. Eingeweichte Gelatine leicht ausdrücken und in einem kleinen Topf unter Rühren bei schwacher Hitze auflösen (nicht kochen). Gelatine mit etwa 3 Esslöffeln von der Joghurtmasse verrühren, dann unter die restliche Joghurtmasse rühren. Die Sahne steif schlagen und unterheben.

4. Die Hälfte der Joghurt-Sahne-Creme auf dem Haferfleksboden verteilen und die Haferfleks auf die Creme streuen. Von den Preiselbeeren 150 g abwiegen und unter die restliche Creme rühren. Danach die Preiselbeercreme glatt auf den Haferfleks verstreichen (restliche Preiselbeeren zum Garnieren beiseitelegen). Die Torte 2–3 Stunden kalt stellen (Kühlschrank). Springformrand lösen und entfernen.

5. Zum Verzieren und Garnieren Sahne steif schlagen und in einen Spritzbeutel mit Lochtülle füllen. Dann drei große Ringe mit je etwa 2 cm Abstand zueinander auf die Tortenoberfläche spritzen. Den äußeren Rand mit Haferfleks füllen, den zweiten Rand mit den restlichen glatt gerührten Preiselbeeren füllen.

Tipps: Die Creme kann zusätzlich mit etwas Honig abgeschmeckt werden, dann aber eventuell den Zucker reduzieren. Im Haferfleksboden und in der mittleren Schicht können jeweils 25 g gehobelte oder gehackte Mandeln untergemischt werden.

Haselnuss-Birnen-Torte | Mit Alkohol

Insgesamt:
E: 86 g, F: 369 g, Kh: 390 g, kJ: 23380, kcal: 5589

Zum Tränken:
100 ml Milch
100 ml Birnenlikör

250 g Löffelbiskuits

Für die Füllung:
1 Dose Birnenhälften (Abtropfgewicht 460 g)
100 g gehackte Haselnusskerne
6 Blatt weiße Gelatine
200 g Doppelrahm-Frischkäse
100 g Zucker
Saft von 1–2 Zitronen
400 g Schlagsahne

Zum Verzieren und Garnieren:
200 g Schlagsahne
12 Haselnusskerne

Zubereitungszeit: 50 Minuten, ohne Abkühl- und Kühlzeit

1. Zum Tränken Milch mit Birnenlikör verrühren. Einen Springformrand (Ø 26 cm) auf eine mit Tortenspitze oder Backpapier belegte Tortenplatte stellen. Dann gut die Hälfte der Löffelbiskuits darauflegen und mit der Hälfte der Milch-Birnenlikör-Mischung bestreichen.

2. Für die Füllung Birnenhälften in einem Sieb abtropfen lassen. 1 Birnenhälfte beiseitelegen. Birnenhälften in kleine Würfel schneiden. Haselnusskerne in einer Pfanne ohne Fett anrösten, herausnehmen und auf einem Teller erkalten lassen. 75 g abwiegen.

3. Gelatine in kaltem Wasser nach Packungsanleitung einweichen. Frischkäse mit Zucker und Zitronensaft verrühren. Die eingeweichte Gelatine leicht ausdrücken und in einem kleinen Topf unter Rühren bei schwacher Hitze auflösen (nicht kochen). Gelatine mit etwa 2 Esslöffeln der Frischkäsemasse verrühren, dann unter die restliche Frischkäsemasse rühren. 75 g Haselnusskerne hinzufügen.

4. Sahne steif schlagen, mit den Birnenwürfeln unter die Frischkäsemasse heben. Die Hälfte der Frischkäse-Birnen-Creme auf die getränkten Löffelbiskuits geben und glatt streichen. Die restlichen Löffelbiskuits darauflegen und mit der restlichen Milch-Birnenlikör-Mischung bestreichen. Restliche Frischkäse-Birnen-Creme daraufgeben und glatt streichen. Die Torte mindestens 2 Stunden kalt stellen (Kühlschrank). Den Springformrand lösen und entfernen.

5. Zum Verzieren und Garnieren Sahne steif schlagen, in einen Spritzbeutel mit glatter Tülle füllen. Tortenoberfläche mit großen Sahnetuffs verzieren und mit je 1 Haselnusskern belegen.

6. Die restliche Birnenhälfte in dünne Spalten schneiden. Die Torte mit den Birnenspalten belegen und mit den restlichen gehackten Haselnüssen bestreuen.

Tipps: Wenn die Torte ohne Alkohol zubereitet werden soll, den Birnenlikör durch Birnensaft ersetzen oder 200 ml Milch zum Tränken der Löffelbiskuits verwenden. Statt Birnen können auch die gleiche Menge gedünstete Apfelwürfel verwendet werden.

Haselnuss-Knusperschnitten

Für Gäste

Insgesamt:
E: 44 g, F: 306 g, Kh: 220 g, kJ: 15899, kcal: 3816

Zum Vorbereiten:
50 g gehackte Haselnusskerne
10 g Zucker

Für die Creme:
80 g Zartbitter-Schokolade
4 Blatt weiße Gelatine
250 g Crème double
200 g Schlagsahne

Außerdem:
1 Pck. Java-Waffeln Vanille-Geschmack (250 g)
evtl. 20 g Zartbitter-Schokolade

Zubereitungszeit: 30 Minuten, ohne Abkühl- und Kühlzeit

1. Zum Vorbereiten die Haselnusskerne mit Zucker in einer Pfanne unter Rühren leicht bräunen, herausnehmen und auf einem Teller erkalten lassen.

2. Für die Creme die Schokolade in Stücke brechen und in einem kleinen Topf im heißen Wasserbad bei schwacher Hitze unter Rühren schmelzen. Gelatine in kaltem Wasser nach Packungsanleitung einweichen. Geschmolzene Schokolade mit Crème double in einer Rührschüssel verrühren.

3. Eingeweichte Gelatine leicht ausdrücken und in einem kleinen Topf unter Rühren bei schwacher Hitze auflösen (nicht kochen). Gelatine mit 2–3 Esslöffeln von der Schokomasse verrühren, dann unter die restliche Schokomasse rühren. Sahne steif schlagen und unterheben.

4. Eine Kastenform (25 x 11 cm) mit Frischhaltefolie auslegen. Die Folie soll über den Rand hängen. Den Boden mit Waffeln auslegen (eventuell etwas zurechtschneiden). Zunächst ein Viertel der Creme daraufstreichen, mit der Hälfte der Nussmischung bestreuen und diese dann mit einem Drittel der restlichen Creme bestreichen.

5. Die Creme mit einer Schicht Waffeln belegen. Die Hälfte der restlichen Creme daraufstreichen und mit den restlichen Haselnusskernen bestreuen. Die restliche Creme darauf verteilen und mit Waffeln belegen. Waffeln leicht andrücken. Die Schnitte etwa 1 Stunde kalt stellen (Kühlschrank).

6. Nach Belieben vor dem Servieren Schokolade in einem kleinen Topf im heißen Wasserbad bei schwacher Hitze unter Rühren schmelzen. Die Knusperschnitte auf eine Platte stürzen und mit Schokolade besprenkeln.

Tipps: 200 g Schlagsahne steif schlagen und auf die Oberfläche spritzen. Danach Waffeln diagonal teilen und anlegen. Nach Belieben etwas von den Haselnusskernen zurückbehalten und aufstreuen **(Foto).**

Heidelbeer-Ricotta-Torte | Fruchtig

Insgesamt:
E: 53 g, F: 282 g, Kh: 228 g, kJ: 15929, kcal: 3808

Für den Boden:
100 g Zwieback
100 g Butter
1 Pck. Dr. Oetker Finesse Geriebene Zitronenschale

Für die Füllung:
250 g Heidelbeeren
75 g Zucker
6 Blatt weiße Gelatine
250 g Ricotta (ital. Frischkäse)
1 Msp. geriebene Muskatnuss
200 g Schlagsahne

Zum Bestreichen:
300 g Schlagsahne
1 Pck. Dr. Oetker Sahnesteif
1 TL Zucker

etwas geriebene Muskatnuss

Zubereitungszeit: 35 Minuten, ohne Kühlzeit

1. Für den Boden Zwiebäcke in einen Gefrierbeutel geben. Den Beutel verschließen. Zwiebäcke mit einer Teigrolle fein zerbröseln. Brösel in eine Rührschüssel geben. Butter zerlassen, mit der Zitronenschale zu den Zwiebackbröseln geben und gut verrühren.

2. Einen Springformrand (Ø 26 cm) auf eine mit Tortenspitze oder Backpapier belegte Tortenplatte stellen. Die Bröselmasse darin gleichmäßig verteilen und mit einem Löffel gut zu einem Boden andrücken. Tortenboden kalt stellen.

3. Für die Füllung Heidelbeeren verlesen, vorsichtig waschen und gut abtropfen lassen. Heidelbeeren mit Zucker pürieren.

4. Gelatine in kaltem Wasser nach Packungsanleitung einweichen. Heidelbeerpüree mit Ricotta verrühren. Muskat hinzufügen. Eingeweichte Gelatine leicht ausdrücken und in einem kleinen Topf unter Rühren bei schwacher Hitze auflösen (nicht kochen). Gelatine mit etwa 2 Esslöffeln von der Ricotta-Heidelbeer-Masse verrühren, dann unter die restliche Ricotta-Heidelbeer-Masse rühren. Masse kalt stellen.

5. Sahne steif schlagen. Wenn die Masse anfängt dicklich zu werden, Sahne unterheben. Die Ricotta-Heidelbeer-Creme auf den Bröselboden geben und glatt streichen. Die Torte etwa 3 Stunden kalt stellen (Kühlschrank). Springformrand lösen und entfernen.

6. Zum Bestreichen Sahne mit Sahnesteif und Zucker steif schlagen (2 Esslöffel Sahne zum Verzieren beiseitestellen). Dann Tortenoberfläche und -rand mit der Sahne bestreichen.

7. Beiseitegestellte Sahne mit der runden Seite eines Teelöffels wellenartig auf der Tortenoberfläche verteilen. Mit Muskat bestäubt servieren.

Tipp: Nach Belieben die Oberfläche mit etwa 75 g geputzten Heidelbeeren belegen.

Himbeer-Sommertorte | Fruchtig

Insgesamt:
E: 106 g, F: 185 g, Kh: 555 g, kJ: 18374, kcal: 4384

Zum Vorbereiten:
1 Beutel aus 1 Pck. Götterspeise Himbeer-Geschmack
375 ml (3/8 l) Wasser oder roter Fruchtsaft
75 g Zucker

Für den Boden:
200 g Cornflakes
150 g weiße Kuvertüre

Für den Belag:
250 g Himbeeren
1 Beutel aus 1 Pck. Götterspeise Himbeer-Geschmack
375 ml (1/8 l) Wasser
180 g Zucker
400 g Schlagsahne
250 g Speisequark (Magerstufe)

Zum Garnieren:
100 g vorbereitete Himbeeren

Zubereitungszeit: 45 Minuten, ohne Kühlzeit

1. Zum Vorbereiten Götterspeise mit Wasser oder Fruchtsaft und Zucker nach Packungsanleitung, aber nur mit 375 ml (3/8 l) Flüssigkeit zubereiten. Götterspeiseflüssigkeit in eine flache Schale geben. Die Form kalt stellen (Kühlschrank). Götterspeiseflüssigkeit fest werden lassen.

2. Für den Boden Cornflakes in einen Gefrierbeutel geben. Den Beutel verschließen. Cornflakes mit einer Teigrolle fein zerbröseln und in eine Rührschüssel geben.

3. Kuvertüre in kleine Stücke hacken, in einem kleinen Topf im heißen Wasserbad bei schwacher Hitze unter Rühren schmelzen. Kuvertüre zu den Cornflakesbröseln geben und gut verrühren.

4. Einen Springformrand (Ø 26 cm) auf eine mit Tortenspitze oder Backpapier belegte Tortenplatte stellen. Die Bröselmasse darin gleichmäßig verteilen und mit einem Löffel gut zu einem Boden andrücken. Tortenboden kalt stellen.

5. Für den Belag Himbeeren verlesen (eventuell abspülen und gut trocken tupfen). Himbeeren beiseitestellen.

6. Götterspeise mit Wasser und Zucker nach Packungsanleitung, aber nur mit 375 ml (3/8 l) Wasser zubereiten. Die Götterspeiseflüssigkeit kalt stellen (Kühlschrank).

7. Die Sahne steif schlagen. Sobald die Götterspeise anfängt dicklich zu werden, Quark und Sahne unterheben. Ein Drittel der Quark-Sahne-Creme auf den Cornflakesboden geben und glatt streichen. Die beiseitegestellten Himbeeren darauf verteilen. Restliche Quark-Sahne-Creme daraufgeben und glatt streichen. Die Torte 2–3 Stunden kalt stellen (Kühlschrank). Springformrand lösen und entfernen.

8. Zum Garnieren die vorbereitete Götterspeise aus der Schale stürzen, in Würfel schneiden oder verschiedene Motive ausstechen oder -schneiden.

9. Die Tortenoberfläche mit den Götterspeisewürfeln oder Motiven und Himbeeren garnieren.

Himbeer-Tiramisu-Torte

Mit Alkohol

Insgesamt:
E: 117 g, F: 187 g, Kh: 329 g, kJ: 15240, kcal: 3637

Zum Vorbereiten:
300 g TK-Himbeeren

Zum Bestreichen:
1 gestr. TL Instant-Espresso-Pulver
1 EL heißes Wasser
2 EL Mandellikör (etwa 30 ml)

Für den Boden:
100 g Löffelbiskuits

Für die Füllung:
5 Blatt weiße Gelatine
500 g Speisequark (Magerstufe)
250 g Mascarpone (ital. Frischkäse)
100 g Zucker
1 Pck. Dr. Oetker Bourbon-Vanille-Zucker
200 g Schlagsahne

Für den Belag:
2 Pck. Dr. Oetker Sahnesteif
1 Pck. Dr. Oetker Vanillin-Zucker
100 g Löffelbiskuits

Zum Bestäuben:
Kakaopulver

Zubereitungszeit: 40 Minuten, ohne Auftau-, Abkühl- und Kühlzeit

1. Zum Vorbereiten Himbeeren nach Packungsanleitung auftauen lassen.

2. Zum Bestreichen Espresso-Pulver in heißem Wasser auflösen, Mandellikör unterrühren und erkalten lassen.

3. Für den Boden die Löffelbiskuits in grobe Stücke schneiden. Einen Springformrand (Ø 24 cm) auf eine mit Tortenspitze oder Backpapier belegte Tortenplatte stellen. Die Löffelbiskuitstücke darin gleichmäßig verteilen, sodass ein Boden entsteht.

4. Für die Füllung die Gelatine in kaltem Wasser nach Packungsanleitung einweichen. Quark mit Mascarpone, Zucker und Vanille-Zucker verrühren. Eingeweichte Gelatine leicht ausdrücken und in einem kleinen Topf unter Rühren bei schwacher Hitze auflösen (nicht kochen).

5. Zwei bis drei Esslöffel von der Quarkmasse unter die Gelatine rühren, dann mit der restlichen Quarkmasse verrühren. Die Sahne steif schlagen und unterheben. Knapp die Hälfte der Quark-Sahne-Creme vorsichtig esslöffelweise auf dem Löffelbiskuitboden verteilen.

6. Für den Belag Sahnesteif mit Vanillin-Zucker mischen und vorsichtig unter die aufgetauten Himbeeren rühren. Die Himbeeren auf der Quark-Sahne-Creme verteilen. Die ganzen Löffelbiskuits auf die Himbeeren legen und mit der Espresso-Likör-Mischung bestreichen. Restliche Quark-Sahne-Creme daraufgeben und wellenartig verstreichen. Die Torte etwa 3 Stunden kalt stellen (Kühlschrank).

7. Den Springformrand lösen und entfernen. Die Tortenoberfläche mit Kakao bestäuben und servieren.

Himbeertorte mit Joghurtcreme

Mit Alkohol

Insgesamt:
E: 109 g, F: 164 g, Kh: 585 g, kJ: 18984, kcal: 4539

Für den Boden:

12 Zwiebäcke
200 g Nuss-Nougat

Für die Creme:

1 Pck. und
1 TL gemahlene Gelatine, weiß
6 EL kaltes Wasser
1 Bio-Zitrone (unbehandelt, ungewachst)
2 Eigelb (Größe M)
75 g Zucker
1 Pck. Dr. Oetker Vanillin-Zucker
300 g Joghurt
1 Becher Crème fraîche (150 g)
2 Eiweiß (Größe M)

Für den Belag:

500 g Himbeeren
2 EL Zucker
4 EL Himbeersaft von den Himbeeren
200 ml Rotwein
30 g Zucker
1 Pck. Tortenguss, rot

2 EL gehobelte Mandeln

Zubereitungszeit: 40 Minuten, ohne Kühl-, Saftzieh- und Abkühlzeit

1. Für den Boden Zwiebäcke in einen Gefrierbeutel geben. Den Beutel verschließen. Zwiebäcke mit einer Teigrolle fein zerbröseln. Brösel in eine Rührschüssel geben.

2. Nuss-Nougat nach Packungsanleitung schmelzen, zu den Zwiebackbröseln geben und gut verrühren.

3. Einen Springformrand (Ø 28 cm) auf eine mit Tortenspitze oder Backpapier belegte Tortenplatte stellen. Die Bröselmasse darin gleichmäßig verteilen und mit einem Löffel gut zu einem Boden andrücken. Den Tortenboden kalt stellen.

4. Für die Creme Gelatine mit Wasser in einem kleinen Topf anrühren und etwa 10 Minuten zum Quellen stehen lassen. Zitrone heiß abwaschen, abtrocknen und die Schale abreiben. Zitrone halbieren, den Saft auspressen, etwa 4 Esslöffel Zitronensaft abmessen.

5. Eigelb, Zucker und Vanillin-Zucker in eine Edelstahlschüssel geben und im heißen Wasserbad mit Handrührgerät mit Rührbesen bei mittlerer Hitze schaumig schlagen, bis eine dickflüssige Masse entstanden ist. Zitronenschale, -saft, Joghurt und Crème fraîche unterschlagen.

6. Gequollene Gelatine unter Rühren erwärmen (nicht kochen), bis sie völlig gelöst ist. Gelatine mit etwa 3 Esslöffeln der Joghurtmasse verrühren, dann unter die restliche Joghurtmasse rühren. Kalt stellen.

7. Eiweiß steif schlagen. Sobald die Masse anfängt dicklich zu werden, Eischnee unterheben. Die Joghurtcreme auf dem Bröselboden verteilen, glatt streichen. Die Torte etwa 2 Stunden kalt stellen (Kühlschrank).

8. Für den Belag Himbeeren verlesen (nicht waschen), mit Zucker bestreuen und kurze Zeit zum Saftziehen stehen lassen. Die Himbeeren in einem Sieb abtropfen lassen, dabei den Saft auffangen. Den Himbeersaft mit Rotwein auf 250 ml (1/4 l) Flüssigkeit auffüllen. Die Himbeeren auf der Joghurtcreme verteilen und mit Zucker bestreuen.

9. Aus Tortengusspulver und der Rotwein-Himbeer-Flüssigkeit nach Packungsanleitung (aber ohne Zucker) einen Guss zubereiten. Den Guss auf den Himbeeren verteilen. Die Torte etwa 1 Stunde kalt stellen (Kühlschrank).

10. Mandeln in einer Pfanne ohne Fett anrösten, herausnehmen und auf einem Teller erkalten lassen. Den Springformrand lösen und entfernen. Den Tortenrand mit Mandeln bestreuen.

Hinweis: Nur ganz frische Eier verwenden, die nicht älter als 5 Tage sind (Legedatum beachten!).

Himmlische Himbeer-Charlotte I

Fruchtig

Insgesamt:
E: 49 g, F: 274 g, Kh: 270 g, kJ: 16230, kcal: 3883

300 g TK-Himbeeren

2 helle Biskuitrollen mit Himbeercremefüllung (je etwa 400 g, Fertigprodukt)

Für die Füllung:
8 Blatt weiße Gelatine
300 g Joghurt
75 g gesiebter Puderzucker
50 ml Zitronensaft
500 g Schlagsahne

Zum Verzieren:
200 g Schlagsahne
1 TL Zucker
2–3 EL Himbeerkonfitüre

Zubereitungszeit: 30 Minuten, ohne Auftau- und Kühlzeit

1. Die Himbeeren nach Packungsanleitung auftauen lassen.

2. Biskuitrollen in etwa 1 cm dicke Scheiben schneiden. Eine runde, kuppelförmige Schüssel (etwa 3-Liter-Inhalt, mit Frischhaltefolie ausgelegt) mit etwa zwei Drittel der Biskuitrollenscheiben auslegen.

3. Für die Füllung aufgetaute Himbeeren in einem Sieb gut abtropfen lassen. Gelatine in kaltem Wasser nach Packungsanleitung einweichen. Den Joghurt mit Puderzucker und Zitronensaft in einer Schüssel verrühren. Eingeweichte Gelatine leicht ausdrücken, in einem kleinen Topf bei schwacher Hitze unter Rühren auflösen (nicht kochen). Gelatine mit 3–4 Esslöffeln von der Joghurtmasse verrühren, dann unter die restliche Joghurtmasse rühren.

4. Sahne steif schlagen und unterheben. Zuletzt die gut abgetropften Himbeeren unterheben. Die Creme in die mit Biskuitrollenscheiben ausgelegte Schüssel füllen und glatt streichen. Mit den restlichen Biskuitrollenscheiben belegen und leicht andrücken. Die Torte etwa 3 Stunden kalt stellen (Kühlschrank).

5. Die Torte vorsichtig auf eine Tortenplatte stürzen und die Folie abziehen. Die Sahne mit Zucker steif schlagen, in einen Spritzbeutel mit Lochtülle füllen und Spiralen an den unteren Tortenrand spritzen. Die Himbeerkonfitüre durch ein Sieb streichen, in einen Gefrierbeutel füllen und eine kleine Spitze abschneiden. Die Sahnespiralen mit der Konfitüre besprenkeln.

Hobbits-Milchreis-Torte

Beliebt

Insgesamt:
E: 51 g, F: 197 g, Kh: 354 g, kJ: 14396, kcal: 3428

Für den Boden:

150 g Hobbits kernig (Hafer-Mürbekekse)
100 g Butter

Für die Füllung:

1 Glas Sauerkirschen (Abtropfgewicht 370 g)
4 Blatt weiße Gelatine
1 Pck. Milchreis nach klassischer Art
500 ml (1/2 l) Milch
200 g Schlagsahne

Für den Guss:

1 Pck. Tortenguss, rot
250 ml (1/4 l) Kirschsaft aus dem Glas
20 g Zucker

Zubereitungszeit: 30 Minuten, ohne Abkühl- und Kühlzeit

1. Für den Boden die Hobbits in einen Gefrierbeutel geben. Beutel verschließen. Kekse mit einer Teigrolle fein zerbröseln. Brösel in eine Rührschüssel geben. Butter zerlassen, zu den Keksbröseln geben und gut verrühren. Einen Springformrand (Ø 26 cm) auf eine mit Tortenspitze oder Backpapier belegte Tortenplatte stellen. Die Keksmasse darin gleichmäßig verteilen und mit einem Löffel gut zu einem Boden andrücken. Masse kalt stellen.

2. Für die Füllung Kirschen in einem Sieb abtropfen lassen, dabei den Saft auffangen und 250 ml (1/4 l) abmessen. Gelatine in kaltem Wasser nach Packungsanleitung einweichen.

3. Milchreis mit Milch nach Packungsanleitung zubereiten. Gelatine leicht ausdrücken und in dem heißen Milchreis unter Rühren auflösen. Den Milchreis erkalten lassen, dabei ab und zu umrühren.

4. Die Sahne steif schlagen und unter den erkalteten Milchreis heben. Die Hälfte der Milchreiscreme auf dem Bröselboden verteilen. Sauerkirschen darauflegen. Restliche Creme daraufgeben und glatt streichen. Die Torte etwa 1 Stunde kalt stellen (Kühlschrank).

5. Für den Guss aus Tortengusspulver, Kirschsaft und Zucker einen Guss nach Packungsanleitung zubereiten. Den Guss vorsichtig auf die Tortenoberfläche geben. Die Torte nochmals 1–2 Stunden kalt stellen (Kühlschrank). Den Springformrand lösen und entfernen.

Tipp: Die Torte nach Belieben mit einigen Hobbits-Bröseln garnieren.

Iglu-Eistorte | Schnell

Insgesamt:
E: 39 g, F: 140 g, Kh: 338 g, kJ: 12736, kcal: 3036

150 g Eiskonfekt
2 Karlsbader Oblaten (Ø etwa 18 cm)
2 Pck. Vanille-Eiscreme (je 750 ml)

Zum Verzieren:
50 g Eiskonfekt

Zubereitungszeit: 20 Minuten, ohne Kühl- und Antauzeit

1. 50 g des Eiskonfekts in einem kleinen Topf im heißen Wasserbad bei schwacher Hitze schmelzen. Eine Oblate mit der Hälfte der Eiskonfektmasse bestreichen. Die zweite Oblate darauflegen, andrücken und mit der restlichen Eiskonfektmasse bestreichen, kalt stellen und fest werden lassen.

2. Restliches Eiskonfekt in kleine Stücke hacken. Eiscreme cremig antauen lassen. Eiskonfektstücke unter die Eiscreme rühren. In eine kleine Glasschale (Ø etwa 18 cm, etwa 1 ½-Liter-Inhalt, mit Frischhaltefolie ausgelegt) füllen und fest andrücken.

3. Oblaten mit der bestrichenen Seite nach innen auf die Eiscreme legen und leicht andrücken. Die Eistorte mindestens 2 Stunden in den Gefrierschrank stellen.

4. Die Eistorte aus der Schale auf eine Tortenplatte stürzen. Mithilfe eines Teelöffelstiels „Iglu-Bausteine“ und die „Tür“ auf der Oberfläche einzeichnen.

5. Zum Verzieren Eiskonfekt wie unter Punkt 1 beschrieben schmelzen und in einen kleinen Gefrierbeutel füllen. Eine kleine Ecke abschneiden. Die Tür und Bausteine des Iglus damit nachzeichnen.

Tipp: Aufgetaute und wieder eingefrorene Eiscreme können sie nicht noch einmal einfrieren, Sie sollten diese möglichst innerhalb eines Tages verwenden.

Italienisches Cremeherz I

Mit Alkohol

Insgesamt:
E: 55 g, F: 161 g, Kh: 199 g, kJ: 10908, kcal: 2605

Zum Tränken:

125 ml (1/8 l) starker, gezuckerter Kaffee
3 EL Kaffeelikör oder Weinbrand
etwa 18 Löffelbiskuits

Für die Creme:

1 Pck. gemahlene Gelatine, weiß
Saft von
1 Orange
3 Eigelb (Größe M)
100 g Zucker
1 Pck. Dr. Oetker Vanillin-Zucker
250 g Crème fraîche
3 Eiweiß (Größe M)

Zum Garnieren und Verzieren:

50 g gehobelte Mandeln
1 Bio-Orange (unbehandelt, ungewachst)
125 g Schlagsahne
Puderzucker

Zubereitungszeit: 30 Minuten, ohne Kühlzeit

1. Zum Tränken Kaffee mit Kaffeelikör oder Weinbrand verrühren. Die Löffelbiskuits damit tränken.

2. Für die Creme Gelatine mit Orangensaft in einem kleinen Topf anrühren und 10 Minuten quellen lassen. Eigelb in einer Rührschüssel mit Handrührgerät mit Rührbesen schaumig schlagen. Nach und nach die Hälfte des Zuckers, Vanillin-Zucker und Crème fraîche unterrühren.

3. Die gequollene Gelatine unter Rühren erwärmen (nicht kochen), bis sie vollständig gelöst ist. Gelatine unter die Eigelbcreme rühren. Eiweiß mit Handrührgerät mit Rührbesen steif schlagen, restlichen Zucker unterschlagen, sodass ein Messerschnitt sichtbar bleibt. Den Eischnee vorsichtig unter die Eigelbcreme heben.

4. Ein Drittel der getränkten Löffelbiskuits in eine Herzform (Ø 24 cm, etwa 1-Liter-Inhalt) legen. Die Hälfte der Creme darauf verteilen. Wieder ein Drittel der Löffelbiskuits darauflegen und mit der restlichen Creme bestreichen. Restliche Löffelbiskuits daraufgeben. Das Cremeherz etwa 2 Stunden kalt stellen (Kühlschrank).

5. Zum Garnieren und Verzieren Mandeln in einer Pfanne ohne Fett anrösten, herausnehmen und auf einem Teller erkalten lassen. Orange heiß abwaschen, abtrocknen und die Schale mit einem Zestenreißer abziehen oder mit einem Messer dünn schälen. Die Sahne steif schlagen.

6. Das Cremeherz vorsichtig auf eine Tortenplatte stürzen. Herzrand und -oberfläche mit der Sahne bestreichen. Den Herzrand mit Mandeln bestreuen. Die Herzoberfläche mit Puderzucker bestäuben und mit Orangenschalenstreifen garnieren.

Tipp: Nach Belieben etwas Aprikosenkonfitüre oder Orangenmarmelade durch ein Sieb streichen, in ein Pergamentpapiertütchen füllen und Herzen auf die Tortenoberfläche spritzen.

Hinweis: Nur ganz frische Eier verwenden, die nicht älter als 5 Tage sind (Legedatum beachten!).

Jamaika-Reistorte | Mit Alkohol

Insgesamt:
E: 49 g, F: 148 g, Kh: 315 g, kJ: 12386, kcal: 2950

Für die Füllung:
4 Blatt weiße Gelatine
500 ml (1/2 l) Milch
1 Pck. Milchreis nach klassischer Art
40 ml Jamaika-Rum
200 g Schlagsahne

Für den Boden:
100 g Löffelbiskuits
70 g Butter

Für den Belag:
1 Glas Sauerkirschen (Abtropfgewicht 370 g)

Für den Guss:
1 Pck. Tortenguss, klar
250 ml (1/4 l) Sauerkirschsaft aus dem Glas

Zubereitungszeit: 30 Minuten, ohne Abkühl- und Kühlzeit

1. Für die Füllung Gelatine in kaltem Wasser nach Packungsanleitung einweichen.

2. Aus Milch und Milchreis nach Packungsanleitung einen Milchreis zubereiten. Die eingeweichte Gelatine leicht ausdrücken, zu dem heißen Milchreis geben und unter Rühren auflösen. Milchreis erkalten lassen. Rum unterrühren.

3. Für den Boden Löffelbiskuits in einen Gefrierbeutel geben, den Beutel verschließen. Die Löffelbiskuits mit einer Teigrolle fein zerbröseln. Dann die Brösel in eine Rührschüssel geben. Butter zerlassen, zu den Bröseln geben und gut verrühren.

4. Einen Springformrand (Ø 24 cm) auf eine mit Tortenspitze oder Backpapier belegte Tortenplatte stellen. Die Bröselmasse darin gleichmäßig verteilen und mit einem Löffel gut zu einem Boden andrücken. Tortenboden kalt stellen.

5. Die Sahne steif schlagen und unter den erkalteten Milchreis heben. Die Reismasse auf dem Bröselboden verteilen und glatt streichen. Die Torte etwa 2 Stunden kalt stellen (Kühlschrank).

6. Für den Belag Sauerkirschen in einem Sieb abtropfen lassen, den Saft auffangen und 250 ml (1/4 l) abmessen. Die Sauerkirschen auf der Tortenoberfläche verteilen.

7. Für den Guss aus Tortengusspulver und Sauerkirschsaft einen Guss nach Packungsanleitung (aber ohne Zucker) zubereiten. Den Guss von der Mitte aus auf den Sauerkirschen verteilen. Die Torte nochmals etwa 30 Minuten kalt stellen (Kühlschrank).

8. Den Springformrand lösen und entfernen.

Tipp: Statt Schlagsahne können Sie auch 250 g Speisequark (40 % Fett) unter den erkalteten Milchreis rühren.

Joghurt-Frucht-Torte | Fruchtig

Insgesamt:
E: 90 g, F: 212 g, Kh: 365 g, kJ: 15962, kcal: 3812

Für den Boden:

150 g Löffelbiskuits
1/2 Bio-Zitrone (unbehandelt, ungewachst)
100 g Butter

Für die Füllung:

6 Blatt weiße Gelatine
500 g Sahnejoghurt
100 g Zucker
Saft von 1 Zitrone
250 g Schlagsahne

Für den Belag:

750 g vorbereitetes, frisches Obst der Saison, z. B. Erdbeeren, Pfirsiche oder Nektarinen

Für den Guss:

1 Pck. Tortenguss, klar
250 ml (1/4 l) Apfelsaft

Zubereitungszeit: 40 Minuten, ohne Kühlzeit

1. Für den Boden Löffelbiskuits in einen Gefrierbeutel geben. Den Beutel verschließen. Löffelbiskuits mit einer Teigrolle fein zerbröseln. Zitrone heiß abwaschen, abtrocknen und die Schale abreiben. Die Brösel mit der Zitronenschale in einer Rührschüssel mischen. Die Butter zerlassen, zu den Biskuitbröseln geben und gut verrühren.

2. Einen Springformrand (Ø 26 cm) auf eine mit Tortenspitze oder Backpapier belegte Tortenplatte stellen. Die Bröselmasse darin gleichmäßig verteilen und mit einem Löffel gut zu einem Boden andrücken. Tortenboden kalt stellen.

3. Für die Füllung Gelatine in kaltem Wasser nach Packungsanleitung einweichen. Joghurt mit Zucker und Zitronensaft verrühren.

4. Eingeweichte Gelatine leicht ausdrücken und in einem kleinen Topf unter Rühren bei schwacher Hitze auflösen (nicht kochen). Gelatine mit etwa 3 Esslöffeln des Joghurts verrühren, dann unter den restlichen Joghurt rühren. Kalt stellen.

5. Sahne steif schlagen. Wenn die Masse anfängt dicklich zu werden, Sahne unterheben. Die Joghurtcreme auf den Bröselboden geben und glatt streichen. Die Torte mindestens 2 Stunden kalt stellen (Kühlschrank).

6. Für den Belag Erdbeeren halbieren, Pfirsiche oder Nektarinen in schmale Spalten schneiden. Die Früchte dekorativ auf die Joghurtcreme legen.

7. Für den Guss aus Tortengusspulver und Apfelsaft einen Guss nach Packungsanleitung zubereiten. Den Guss auf den Früchten verteilen. Die Torte nochmals etwa 1 Stunde kalt stellen (Kühlschrank). Springformrand lösen und entfernen.

Tipp: Nach Belieben die Tortenoberfläche mit gehackten Pistazienkernen bestreuen. Statt Sahnejoghurt 500 g Fruchtjoghurt, z. B. Pfirsichjoghurt, verwenden.

Joghurt-Knusper-Torte | Fruchtig

Insgesamt:
E: 69 g, F: 219 g, Kh: 260 g, kJ: 13911, kcal: 3317

Für den Boden:
200 g Schoko-Knuspermüsli
80 g Butter

Für den Belag:
8 Blatt weiße Gelatine
750 g Joghurt
2–3 EL gesiebter Puderzucker
200 g Schlagsahne
1 Pck. Dr. Oetker Vanillin-Zucker

Zum Verzieren und Garnieren:
75 g Erdbeersauce (Fertigprodukt)
etwa 30 g Schoko-Knuspermüsli

Zubereitungszeit: 30 Minuten, ohne Kühlzeit

1. Für den Boden Knuspermüsli in einen Gefrierbeutel geben und den Beutel verschließen. Knuspermüsli mit einer Teigrolle grob zerbröseln. Brösel in eine Rührschüssel geben. Die Butter zerlassen, zu den Bröseln geben und gut verrühren.

2. Einen Springformrand (Ø 26 cm) auf eine mit Tortenspitze oder Backpapier belegte Tortenplatte stellen. Die Bröselmasse darin gleichmäßig verteilen und mit einem Löffel gut zu einem Boden andrücken. Tortenboden kalt stellen.

3. Für den Belag Gelatine in kaltem Wasser nach Packungsanleitung einweichen. Joghurt in eine Schüssel geben und mit Puderzucker verrühren. Eingeweichte Gelatine leicht ausdrücken und in einem kleinen Topf unter Rühren bei schwacher Hitze auflösen (nicht kochen). Gelatine mit etwa 4 Esslöffeln der Joghurtmasse verrühren, dann unter die restliche Joghurtmasse rühren. Joghurtmasse kalt stellen (Kühlschrank).

4. Sahne mit Vanillin-Zucker steif schlagen. Sobald die Joghurtmasse anfängt dicklich zu werden, Sahne unterheben. Die Joghurtcreme auf dem Bröselboden verteilen.

5. Zum Verzieren Erdbeersauce in einen kleinen Gefrierbeutel geben und eine kleine Ecke abschneiden. Die Sauce spiralförmig in die Joghurtcreme spritzen.

6. Zum Garnieren Knuspermüsli spiralförmig auf die Tortenoberfläche streuen. Die Torte 2–3 Stunden kalt stellen (Kühlschrank).

7. Den Springformrand lösen und entfernen.

Johannisbeer-Cassis-Torte

Mit Alkohol

Insgesamt:
E: 68 g, F: 294 g, Kh: 467 g, kJ: 21576, kcal: 5154

Für den Boden:
200 g Spritzgebäck
125 g Butter

Für die Cassiscreme:
8 Blatt weiße Gelatine
500 g Kefir
75 ml Cassislikör
75 g Zucker
1 Pck. Dr. Oetker Vanillin-Zucker
300 g Johannisbeeren (rot und/oder schwarz)
200 g Schlagsahne

Für den Guss:
200 ml Johannisbeersaft
75 ml Cassislikör
1 Beutel aus 1 Pck. Götterspeise Himbeer-Geschmack
50 g Zucker

Für den Schokorand:
150 g weiße Kuvertüre

Zubereitungszeit: 50 Minuten, ohne Kühl-, Quell- und Abkühlzeit

1. Für den Boden Spritzgebäck in einen Gefrierbeutel geben. Den Beutel verschließen. Das Spritzgebäck mit einer Teigrolle fein zerbröseln. Die Brösel in eine Rührschüssel geben. Die Butter zerlassen, zu den Gebäckbröseln geben und gut verrühren.

2. Einen Springformrand (Ø 26 cm) auf eine mit Tortenspitze oder Backpapier belegte Tortenplatte stellen. Die Bröselmasse darin gleichmäßig verteilen und mit einem Löffel gut zu einem Boden andrücken. Tortenboden kalt stellen.

3. Für die Cassiscreme Gelatine in kaltem Wasser nach Packungsanleitung einweichen. Kefir mit Likör, Zucker und Vanillin-Zucker in einer Schüssel verrühren. Eingeweichte Gelatine leicht ausdrücken und in einem kleinen Topf unter Rühren bei schwacher Hitze auflösen (nicht kochen).

4. Gelatine mit 3–4 Esslöffeln der Kefirmasse verrühren, unter die restliche Kefirmasse rühren. Kalt stellen.

5. Johannisbeeren putzen, waschen, gut abtropfen lassen und entstielen. Sahne steif schlagen.

6. Sobald die Kefirmasse anfängt dicklich zu werden, Johannisbeeren und Sahne unterheben. Die Johannisbeer-Kefir-Creme auf den Bröselboden geben und glatt streichen. Die Torte etwa 2 Stunden kalt stellen (Kühlschrank).

7. Für den Guss Johannisbeersaft mit Likör und Götterspeisepulver in einem Topf verrühren und nach Packungsanleitung quellen lassen.

8. Zucker hinzufügen und alles unter Rühren erwärmen (nicht kochen), bis sich der Zucker gelöst hat. Den Topf von der Kochstelle nehmen. Die Flüssigkeit erkalten lassen und vorsichtig auf die Johannisbeer-Kefir-Creme gießen.

9. Die Torte etwa 1 Stunde kalt stellen (Kühlschrank). Den Guss fest werden lassen.

10. Für den Schokorand Kuvertüre in kleine Stücke hacken, in einem kleinen Topf im heißen Wasserbad bei schwacher Hitze unter Rühren schmelzen.

11. Kuvertüre auf eine mit Backpapier belegte Platte geben und zu einem Quadrat (etwa 30 x 30 cm) ausstreichen. Kuvertüre fest werden lassen.

12. Kuvertüre in Platten in Höhe des Tortenrandes schneiden oder brechen. Springformrand lösen und entfernen. Den Tortenrand mit den Schokoplatten belegen.

13. Kuvertürereste wieder schmelzen, in ein Pergamentpapiertütchen geben und eine kleine Ecke abschneiden. Die Tortenoberfläche damit verzieren. Kuvertüre fest werden lassen.

Johannisbeer-Crossie-Torte I

Fruchtig – einfach

Insgesamt:
E: 63 g, F: 270 g, Kh: 330 g, kJ: 17021, kcal: 4065

Für den Boden:
150 g weiße Kuvertüre
150 g Knusperflakes oder Cornflakes
50 g gehackte Mandeln

Für den Belag:
250 g rote Johannisbeeren
400 g Schlagsahne
1 Pck. Dr. Oetker Vanillin-Zucker
1 Pck. Dr. Oetker Sahnesteif
200 g Doppelrahm-Frischkäse
75 g Zucker

Zum Garnieren:
50 g rote Johannisbeeren

Zubereitungszeit: 35 Minuten, ohne Kühlzeit

1. Für den Boden Kuvertüre in einem kleinen Topf im heißen Wasserbad bei schwacher Hitze unter Rühren schmelzen. Dann Knusperflakes oder Cornflakes und Mandeln in einer Rührschüssel mischen, Kuvertüre gut unterrühren. Zum Garnieren mithilfe eines kleinen Löffels einige kleine Flakes-Häufchen auf ein Stück Backpapier geben, kalt stellen und fest werden lassen.

2. Einen Springformrand (Ø 26 cm) auf eine mit Tortenspitze oder Backpapier belegte Tortenplatte stellen. Die Flakes-Schokoladen-Masse darin gleichmäßig verteilen und mit einem Löffel gut zu einem Boden andrücken. Tortenboden kalt stellen.

3. Für den Belag Johannisbeeren waschen, abtropfen lassen und entstielen. Sahne mit Vanillin-Zucker und Sahnesteif steif schlagen.

4. Den Frischkäse mit Zucker glatt rühren. Die Sahne und Johannisbeeren unterheben. Die Creme auf den Flakes-Schokoladen-Boden geben und leicht wellenartig verstreichen. Die Torte etwa 2 Stunden kalt stellen (Kühlschrank). Den Springformrand lösen und entfernen.

5. Zum Garnieren Johannisbeeren waschen und gut abtropfen lassen. Johannisbeeren (einige Rispen zum Garnieren beiseitelegen) von den Rispen streifen. Knapp die Hälfte der Johannisbeeren mithilfe einer Gabel zerdrücken oder grob pürieren und mit zwei Teelöffeln in Häufchen auf die Tortenoberfläche setzen. Die Torte mit den restlichen Johannisbeeren, -rispen und den Flakes-Häufchen garnieren.

Kalter Hund | Klassisch – für Kinder

Insgesamt:
E: 80 g, F: 380 g, Kh: 460 g, kJ: 23340, kcal: 5580

Für die Schokoladencreme:
150 g Zartbitter-Kuvertüre
450 g Vollmilch-Kuvertüre
150 g Kokosfett
200 g Schlagsahne
2 Pck. Dr. Oetker Vanillin-Zucker

etwa 250 g Butterkekse

Außerdem:
1 großer Gefrierbeutel

Zubereitungszeit: 60 Minuten, ohne Kühlzeit

1. Für die Schokoladencreme beide Kuvertüren grob hacken, Kokosfett klein schneiden. Sahne in einem Topf erwärmen. Kuvertüre- und Kokosfettstücke darin unter Rühren schmelzen. Vanillin-Zucker unterrühren.

2. Eine Kastenform (25 x 11 cm, mit einem aufgeschnittenen Gefrierbeutel ausgelegt) mit einer Schicht Butterkeksen auslegen. Kekse mit einem Sägemesser eventuell zurechtschneiden oder zerbrechen. Nun so viel Schokoladencreme auf der Keksschicht verteilen, dass die Keksschicht ganz bedeckt ist. Abwechselnd Schokoladencreme und Kekse in die Kastenform einschichten (7–8 Schichten).

3. Die Kastenform etwa 5 Stunden kalt stellen (am besten über Nacht), damit die Creme fest wird.

4. Das Gebäck vorsichtig auf eine Platte stürzen. Gefrierbeutel vorsichtig abziehen. Den kalten Hund bis zum Servieren kalt stellen (Kühlschrank).

Tipps: Rühren Sie unter die Schokoladencreme 1 Päckchen Dr. Oetker Finesse Natürliches Orangenschalen-Aroma. Oder verfeinern Sie die Schokoladencreme mit 2 Portionspäckchen (je 2 g) Instant-Espresso-Pulver. Damit der Gefrierbeutel nicht wegrutschen kann, die Form etwas einfetten und dann erst die Form mit dem Gefrierbeutel auslegen.

Käse-Beeren-Torte I

Einfach

Insgesamt:
E: 125 g, F: 88 g, Kh: 330 g, kJ: 11120, kcal: 2656

Für den Boden:
125 g Löffelbiskuits
80 g Butter

Für den Belag:
10 Blatt weiße Gelatine
600 g fettarmer Frischkäse
300 g fettarmer Joghurt
125 g Zucker
200 ml roter Traubensaft
300 g gemischte Beeren, z. B. rote Johannisbeeren, Heidelbeeren und Himbeeren oder TK-Beeren

Zubereitungszeit: 40 Minuten, ohne Kühlzeit

1. Für den Boden Löffelbiskuits in einen Gefrierbeutel geben. Den Beutel verschließen. Löffelbiskuits mit einer Teigrolle fein zerbröseln und in eine Rührschüssel geben. Butter zerlassen, zu den Biskuitbröseln geben und gut verrühren.

2. Einen Springformrand (Ø 26 cm) auf eine mit Tortenspitze oder Backpapier belegte Tortenplatte stellen. Die Bröselmasse darin gleichmäßig verteilen und mit einem Löffel gut zu einem Boden andrücken. Tortenboden kalt stellen.

3. Für den Belag Gelatine in kaltem Wasser nach Packungsanleitung einweichen. Frischkäse, Joghurt und Zucker mit Handrührgerät mit Rührbesen geschmeidig rühren. Eingeweichte Gelatine leicht ausdrücken, mit dem Traubensaft in einem Topf unter Rühren erwärmen (nicht kochen), bis sie völlig gelöst ist. Etwas abkühlen lassen. Gelatine mit 2–3 Esslöffeln der Frischkäse-Joghurt-Masse verrühren. Dann unter die restliche Frischkäse-Joghurt-Masse rühren, kalt stellen.

4. Beeren waschen, abtropfen lassen und entstielen (einige Beeren zum Garnieren beiseitelegen). Wenn die Frischkäse-Joghurt-Masse anfängt dicklich zu werden, Beeren unterheben.

5. Die Beeren-Frischkäse-Creme auf den Bröselboden geben und glatt streichen. Die Torte etwa 4 Stunden kalt stellen (Kühlschrank). Springformrand lösen und entfernen. Die Tortenoberfläche mit den beiseitegelegten Beeren garnieren.

Käsekuchen-Parfait

Mit Alkohol

Insgesamt:
E: 48 g, F: 40 g, Kh: 132 g, kJ: 4732, kcal: 1128

50 g Sultaninen
2 EL brauner Rum
2 Lagen von 1 dunklen Wiener Boden (Ø 26 cm)
6 Eigelb (Größe M)
150 g Zucker
750 g Speisequark (Magerstufe)
2 Pck. Dr. Oetker Finesse Geriebene Zitronenschale
250 g Schlagsahne

Zubereitungszeit: 35 Minuten, ohne Gefrierzeit

1. Sultaninen mit Rum beträufeln und bis zur weiteren Verwendung durchziehen lassen.

2. Aus den beiden Biskuitböden ein Rechteck von etwa 30 x 11 cm ausschneiden. Etwa 50 g der Biskuitreste zerbröseln.

3. Eigelb und Zucker in eine Rühr- oder Edelstahlschüssel geben und im heißen Wasserbad bei mittlerer Hitze etwa 6 Minuten weiß-cremig schlagen. Quark und Zitronenschale nach und nach unterrühren. Sahne steif schlagen. Die Rum-Sultaninen und Schokobiskuitbrösel unter die Quarkmasse rühren. Sahne unterheben.

4. Die Masse in eine Kastenform (30 x 11 cm, mit Frischhaltefolie ausgelegt) geben und glatt streichen. Das Biskuitrechteck darauflegen und leicht andrücken. Das Parfait mindestens 6 Stunden (am besten über Nacht) in den Gefrierschrank stellen und gefrieren lassen.

5. Das Parfait etwa 1 Stunde vor dem Verzehr mit der Folie aus der Kastenform heben und auf eine Servierplatte stürzen. Folie entfernen. Das Parfait bei Zimmertemperatur stehen lassen, damit es etwas weicher wird. Zum Servieren in Scheiben schneiden.

Beilage: Kirschkompott mit Himbeeren oder Rote Grütze.

Tipp: Aus den Biskuitresten können Sie Schokoladenkugeln zubereiten. Das Parfait damit garnieren. Dazu die Biskuitreste zerbröseln, mit 3 Esslöffeln Rum und 40 g zerlassener, abgekühlter Butter vermischen und zu Kugeln formen. In etwas geriebener Zartbitter-Schokolade wenden und zu dem Parfait servieren.

Hinweis: Nur ganz frische Eigelb verwenden, die nicht älter als 5 Tage sind (Legedatum beachten!). Aufgetautes Parfait können sie nicht noch einmal einfrieren, Sie sollten dieses möglichst innerhalb eines Tages verzehren.

Käse-Orangen-Torte I

Für Kinder – einfach

Insgesamt:
E: 121 g, F: 404 g, Kh: 298 g, kJ: 23004, kcal: 5497

Für den Boden:

125 g Löffelbiskuits
100 g sehr weiche Butter

Für den Belag:

200 g Doppelrahm-Frischkäse
50–75 g Zucker
1 Pck. Dr. Oetker Vanillin-Zucker
3 EL Zitronensaft
250 g Schlagsahne
1 Pck. Dr. Oetker Sahnesteif
1 Orange

Zum Garnieren und Verzieren:

2–3 Orangen
200 g Schlagsahne
1 Pck. Dr. Oetker Sahnesteif
etwas Zucker

geröstete, gehobelte Mandeln

Zubereitungszeit: 35 Minuten, ohne Kühlzeit

1. Für den Boden Löffelbiskuits in einen Gefrierbeutel geben und den Beutel verschließen. Löffelbiskuits mit einer Teigrolle fein zerbröseln. Brösel in eine Rührschüssel geben. Butter hinzugeben und unterkneten.

2. Einen Springformrand (Ø 24 cm) auf eine mit Tortenspitze oder Backpapier belegte Tortenplatte stellen. Die Bröselmasse darin gleichmäßig verteilen und mit einem Löffel gut zu einem Boden andrücken. Tortenboden kalt stellen.

3. Für den Belag den Frischkäse mit Zucker, Vanillin-Zucker und Zitronensaft verrühren. Sahne mit Sahnesteif steif schlagen und unter die Käsemasse heben.

4. Orange so schälen, dass die weiße Haut vollständig entfernt wird. Orangenfilets klein schneiden und unter die Käse-Sahne-Creme heben.

5. Die Käse-Sahne-Creme auf dem Bröselboden verteilen, glatt streichen und zugedeckt 1–2 Stunden kalt stellen (Kühlschrank). Den Springformrand lösen und entfernen.

6. Zum Garnieren und Verzieren Orangen so schälen, dass die weiße Haut vollständig entfernt wird. Orangen filetieren. Sahne mit Sahnesteif und Zucker steif schlagen, in einen Spritzbeutel mit Sterntülle füllen. Die Tortenoberfläche mit Sahnetuffs verzieren und den Rand mit etwas von der Sahne bestreichen. Die Tortenoberfläche mit den Orangenfilets garnieren.

7. Mandeln an den Tortenrand drücken und in die Sahnetuffs stecken.

Tipps: Die Käse-Orangen-Torte gut gekühlt servieren. Maximal 1 Tag vor dem Verzehr zubereiten. Schmeckt auch gut mit Mandarinen.

Käsesahnetorte mit Zuckerfrüchten | Raffiniert

Insgesamt:
E: 119 g, F: 235 g, Kh: 465 g, kJ: 19031, kcal: 4548

Für die Füllung:
8 Blatt weiße Gelatine
500 g Speisequark (Magerstufe)
100 g Zucker
1 Pck. Dr. Oetker Vanillin-Zucker
Schale und Saft von
1 Bio-Zitrone (unbehandelt, ungewachst)
500 g Schlagsahne

1 heller Wiener Boden (Ø 26 cm, 3 Lagen)

Zum Verzieren:
200 g Schlagsahne
1 Pck. Dr. Oetker Sahnesteif

Für die Zuckerfrüchte und -blüten:
etwa 250 g gemischte Früchte, z. B. Erd-, Johannis-, Heidel-, Brom- und Himbeeren, Weintrauben, Kumquats
verschlagenes Eiweiß
Zucker
Blüten mit Blättern z. B. Rosen, Kapuziner-Kresse, ungespritzt

Zubereitungszeit: 40 Minuten, ohne Kühlzeit

1. Für die Füllung die Gelatine in kaltem Wasser nach Packungsanleitung einweichen. Den Quark mit Zucker, Vanillin-Zucker, Zitronenschale und -saft verrühren. Eingeweichte Gelatine leicht ausdrücken und in einem kleinen Topf unter Rühren bei schwacher Hitze auflösen (nicht kochen).

2. Gelatine mit 2–3 Esslöffeln von dem Quark verrühren, dann unter den restlichen Quark rühren. Sahne steif schlagen und vorsichtig unterheben.

3. Den unteren Biskuitboden auf eine Tortenplatte legen. Einen Tortenring darumstellen.

4. Ein Drittel der Quark-Sahne-Creme auf den unteren Biskuitboden geben und glatt streichen. Den mittleren Biskuitboden darauflegen, wieder ein Drittel der Quark-Sahne-Creme darauf verteilen, glatt streichen und mit dem oberen Biskuitboden belegen. Restliche Quark-Sahne-Creme daraufstreichen. Dann die Torte 2–3 Stunden kalt stellen (Kühlschrank).

5. Den Tortenring lösen und entfernen. Sahne mit Sahnesteif steif schlagen, in einen Spritzbeutel mit Sterntülle füllen. Den Tortenrand damit verzieren.

6. Für die Zuckerfrüchte und -blüten die Früchte waschen (Himbeeren nicht waschen), trocken tupfen, in Eiweiß wenden und in Zucker wälzen.

7. Blüten und Blätter vorsichtig abspülen und trocken tupfen. Eiweiß mit einem Pinsel auf die Blüten streichen und mit Zucker bestreuen. Die Blätter in Eiweiß tauchen und in Zucker wenden.

8. Die Torte mit den gezuckerten Früchten, Blüten und Blättern garnieren.

Tipp: Anstelle von Quark kann auch Mascarpone (italienischer Frischkäse) verwendet werden.

Hinweis: Nur ganz frisches Eiweiß nehmen, das nicht älter als 5 Tage ist (Legedatum beachten!).

Kastanien-Charlotte-Torte | Raffiniert

Insgesamt:
E: 60 g, F: 218 g, Kh: 419 g, kJ: 16546, kcal: 3940

Zum Vorbereiten für die Füllung:
100 g getrocknete Mangostreifen
25 g rote Belegkirschen
50 g Orangeat
375 ml (3/8 l) Milch
200 g gekochte Kastanien (Maronen)

Für den Boden und Rand:
250 g feine Knusperwaffeln (Ø 6 ½–7 cm, Galetten)
25 g Semmelbrösel
80 g Butter

Für die Füllung:
5 Blatt weiße Gelatine
400 g Schlagsahne
1 Pck. Dr. Oetker Bourbon-Vanille-Zucker
1 Pck. Dr. Oetker Sahnesteif
1 EL Zitronensaft

Zubereitungszeit: 40 Minuten, ohne Durchzieh-, Abkühl- und Kühlzeit

1. Zum Vorbereiten die Mangostreifen und Belegkirschen (2 Belegkirschen beiseitelegen) in kleine Würfel schneiden. Milch in einem Topf zum Kochen bringen. 75 ml von der Milch in eine kleine Schüssel geben. Mango-, Belegkirschenwürfel und Orangeat hinzugeben, durchziehen und erkalten lassen.

2. Kastanien (Maronen) zu der restlichen Milch geben und mit einem Stabmixer pürieren. Die Masse erkalten lassen.

3. Für den Boden und Rand etwa 100 g der Knusperwaffeln halbieren. 3 Knusperwaffeln beiseitelegen. Die restliche Waffeln in einen Gefrierbeutel geben. Den Beutel verschließen. Waffeln mit einer Teigrolle fein zerbröseln. Waffelbrösel mit den Semmelbröseln in einer Schüssel vermischen. Butter zerlassen, zu der Bröselmischung geben und gut verrühren.

4. Einen Springformrand (Ø 24 cm) auf eine mit Tortenspitze oder Backpapier belegte Tortenplatte stellen. Die Waffelhälften mit der Schnittfläche nach unten an den Springformrand stellen. Die Bröselmasse in die Form geben, gleichmäßig verteilen und mit einem Löffel gut zu einem Boden andrücken. Tortenboden kalt stellen.

5. Für die Füllung Gelatine in kaltem Wasser nach Packungsanleitung einweichen. Sahne mit Vanille-Zucker und Sahnesteif steif schlagen. Etwa 2 Esslöffel der Sahne in einen Spritzbeutel mit Lochtülle füllen und kalt legen (Kühlschrank). Kastanienpüree mit Zitronensaft verrühren. Gelatine leicht ausdrücken, in einem kleinen Topf unter Rühren bei schwacher Hitze auflösen (nicht kochen).

6. Zwei Esslöffel des Kastanienpürees mit der Gelatine verrühren. Dann mit dem restlichen Kastanienpüree verrühren. Die eingeweichten Früchte (mit der Milch) und die Sahne unterheben. Die Kastanien-Frucht-Creme auf den Bröselboden geben und glatt streichen.

7. Die Tortenoberfläche mit der Sahne aus dem Spritzbeutel verzieren. Die Torte etwa 3 Stunden kalt stellen (Kühlschrank).

8. Den Springformrand lösen und entfernen. Die beiseitegelegten Knusperwaffeln vierten, Beiseitegelegte Belegkirschen in dünne Streifen schneiden. Die Torte mit den Waffelstücken und Kirschenstreifen garnieren.

Tipp: Die Tortenoberfläche nach Belieben mit klein gehacktem Orangeat garnieren.

Kastaniencreme-Pyramide I

Raffiniert – mit Alkohol

Insgesamt:
E: 32 g, F: 177 g, Kh: 327 g, kJ: 12968, kcal: 3099

Für die Füllung:
100 ml Rotwein
25 g Zucker
1 Stück Zimtstange
2 Gewürznelken
200 g gekochte Kastanien (Maronen, aus dem Kühlregal, vakuumverpackt)

Für die Schokoladen-Kastanien-Creme:
100 g Zartbitter-Schokokade (50 % Kakao)
150 g Butter
70 g gesiebter Puderzucker
1 Pck. Dr. Oetker Bourbon-Vanille-Zucker

Für den Belag:
20 Löffellbiskuits

Nach Belieben zum Garnieren:
1 EL Zartbitter-Raspelschokolade

Zubereitungszeit: 40 Minuten, ohne Abkühl- und Kühlzeit

1. Für die Füllung Rotwein mit Zucker, Zimtstange und Gewürznelken in einem kleinen Topf zum Kochen bringen. Gewürze entfernen. Kastanien hinzugeben und mit einem Stabmixer pürieren. Kastanienpüree erkalten lassen.

2. Für die Creme Schokolade in Stücke brechen, in einem kleinen Topf im heißen Wasserbad bei schwacher Hitze unter Rühren schmelzen. Schokolade etwas abkühlen lassen.

3. Butter, Puderzucker und Vanille-Zucker in einer Rührschüssel geschmeidig rühren. Zuerst die Schokolade, dann das Kastanienpüree unterrühren.

4. Zweimal je 4 Löffelbiskuits als Boden auf eine mit Backpapier belegte Tortenplatte legen und gleichmäßig mit etwa 4 Esslöffeln der Schokoladen-Kastanien-Creme bestreichen. Als nächste Schicht zweimal 3 Löffelbiskuits darauflegen und mit etwa 3 Esslöffeln Schokoladen-Kastanien-Creme bestreichen. Als dritte Schicht zweimal 2 Löffelbiskuits auf die Schokoladen-Kastanien-Creme legen und mit etwa 2 Esslöffeln der Schokoladen-Kastanien-Creme bestreichen. Als letzte Schicht zweimal 1 Löffelbiskuit darauflegen.

5. Das ganze Gebäck mit der restlichen Schokoladen-Kastanien-Creme (etwa 2 Esslöffel Creme zum Garnieren in einen Spritzbeutel mit kleiner Lochtülle füllen) bestreichen, dabei an der oberen Kante eine Spitze formen, sodass eine Pyramide entsteht.

6. Die Pyramide mit der Creme aus dem Spritzbeutel verzieren. Nach Belieben mit Raspelschokolade bestreuen. Pyramide etwa 3 Stunden kalt stellen.

Keksschnitten mit Mango | Raffiniert

Insgesamt:
E: 36 g, F: 212 g, Kh: 412 g, kJ: 15572, kcal: 3719

Für die Creme:

150 g weiße Schokolade
100 g getrocknete Mangostücke (erhältlich im Reformhaus oder Bio-Laden)
150 ml Wasser
100 g Butter
50 g gesiebter Puderzucker
350 g Choco-Cookies (Schokoladenkekse mit Schokostücken)

Zum Garnieren:

50 g Vollmilch-Schokolade

Zubereitungszeit: 30 Minuten, ohne Abkühl- und Kühlzeit

1. Für die Creme die Schokolade in Stücke brechen und in einem kleinen Topf im heißen Wasserbad bei schwacher Hitze unter Rühren schmelzen. Die Schüssel aus dem Wasserbad nehmen. Schokolade etwas abkühlen lassen.

2. Mangostücke mit einer Küchenschere in Streifen schneiden. Mangostreifen mit dem Wasser in einem kleinen Topf zum Kochen bringen und zugedeckt etwa 10 Minuten bei schwacher Hitze dünsten. Den Topf von der Kochstelle nehmen. Mangomasse in einem Zerkleinerer zu einer Paste verarbeiten. Mangopaste abkühlen lassen.

3. Butter und Puderzucker in eine Rührschüssel geben und leicht aufschlagen. Mangopaste und Schokolade nach und nach unterrühren.

4. Eine Kastenform (25 x 11 cm, mit Backpapier ausgelegt) mit Cookies auslegen, dabei die runde Seite nach unten legen und eventuell einige Cookies mit einem Sägemesser passend schneiden. Die restlichen Cookies in Stücke brechen und unter die Mangopaste heben. Die Mango-Cookie-Masse in die Form füllen und glatt streichen. Die Form mindestens 4 Stunden kalt stellen (Kühlschrank).

5. Zum Garnieren die Schokolade in Stücke brechen, wie unter Punkt 2 beschrieben im heißen Wasserbad schmelzen und etwas abkühlen lassen.

6. Den Kuchen aus der Form auf eine Platte stürzen. Das Backpapier entfernen. Die Schokolade in einen Gefrierbeutel füllen und eine kleine Ecke abschneiden. Den Kuchen mit der Schokolade besprenkeln. Die Schokolade fest werden lassen.

Tipps: Getrocknete Mangostücke gibt es in unterschiedlichen Arten. Die hier verwendeten Stücke sind ungezuckert. Wenn Sie gezuckerte Mangostücke verarbeiten möchten, nehmen Sie nur 25 g gesiebten Puderzucker für die Creme und geben etwas geriebene Zitronenschale hinzu. Die Kastenform an einigen Punkten einfetten und dann mit Backpapier auslegen, damit das Backpapier beim Einfüllen nicht verrutscht.

Kipferl-Schnitten | Für Gäste

Insgesamt:
E: 147 g, F: 663 g, Kh: 621 g, kJ: 38145, kcal: 9137

Für den Kipferlboden:
100 g gehobelte Haselnusskerne
2 Pck. Vanille-Kipferl (250 g)
150 g Vollmilch-Kuvertüre
50 g Zartbitter-Kuvertüre

Für die Creme:
10 Blatt weiße Gelatine
300 g Marzipan-Rohmasse
500 ml (1/2 l) Milch
50 g brauner Rohrzucker
600 g Schlagsahne

150 g Zartbitter-Kuvertüre
50 g Schlagsahne
1 EL Milch
30 g gehobelte Haselnusskerne

Zubereitungszeit: 50 Minuten, ohne Abkühl- und Kühlzeit

1. Für den Kipferlboden die Haselnusskerne in einer Pfanne ohne Fett goldbraun rösten, herausnehmen und auf einem Teller erkalten lassen. Die Kipferl in einen Gefrierbeutel füllen. Den Beutel verschließen. Die Kipferl mit einer Teigrolle fein zerbröseln. Brösel in eine Rührschüssel geben.

2. Vollmilch- und Zartbitter-Kuvertüre grob hacken und in einem kleinen Topf im heißen Wasserbad bei schwacher Hitze unter Rühren schmelzen. Die Schüssel aus dem Wasserbad nehmen.

3. Haselnusskerne und Kuvertüre zu den Keksbröseln geben und gut verrühren. Dann einen Backrahmen auf ein Backblech (30 x 40 cm, gefettet, mit Backpapier belegt) stellen. Die Bröselmasse in dem Backrahmen verteilen und mit einem Löffel gut zu einem Boden andrücken. Den Boden kalt stellen.

4. Für die Creme Gelatine in kaltem Wasser nach Packungsanleitung einweichen. Marzipan in kleine Stücke schneiden, mit der Hälfte der Milch in einen hohen Rührbecher geben und pürieren. Restliche Milch und braunen Zucker in einem Topf aufkochen. Den Topf von der Kochstelle nehmen. Eingeweichte Gelatine leicht ausdrücken, in die heiße Milch geben und unter Rühren auflösen. Marzipanmilch unterrühren. Marzipanmasse kalt stellen.

5. Sahne steif schlagen. Sobald die Marzipanmasse anfängt dicklich zu werden, Sahne unterheben. Die Marzipancreme auf dem Kipferlboden verteilen und glatt streichen. Den Kuchen mindestens 2 Stunden kalt stellen (Kühlschrank).

6. Zum Garnieren die Kuvertüre grob hacken. Dann Sahne und Milch in einem kleinen Topf erhitzen (nicht kochen). Den Topf von der Kochstelle nehmen. Die Kuvertürestücke unter die heiße Sahnemilch rühren und schmelzen lassen. Die Kuvertüremasse abkühlen lassen und kalt stellen, bis sie dickflüssig ist.

7. Den Backrahmen mit einem Messer lösen und entfernen. Den Kuchen in Stücke schneiden. Auf jede Kipferl-Schnitte mit einem Esslöffel etwas Kuvertüremasse geben und mit gehobelten Haselnusskernen garnieren. Kuvertüremasse fest werden lassen.

Kirsch-Bananen-Knuspertorte

Fruchtig

Insgesamt:
E: 55 g, F: 197 g, Kh: 348 g, kJ: 14428, kcal: 3442

Für den Boden:

175 g Vitalis Knusper Banane (Müsli)
100 g Butter

Für den Belag:

8 Blatt weiße Gelatine
1 Glas Sauerkirschen (Abtropfgewicht 370 g)
500 g Bananenjoghurt
50 g Zucker
200 g Schlagsahne

Zum Garnieren:

50 g Vitalis Knusper Banane (Müsli)

Zubereitungszeit: 35 Minuten, ohne Kühlzeit

1. Für den Boden Müsli in einen Gefrierbeutel geben. Den Beutel verschließen. Müsli mit einer Teigrolle fein zerbröseln und in eine Rührschüssel geben. Butter zerlassen, zu den Müslibröseln geben und gut vermischen.

2. Einen Springformrand (Ø 26 cm) auf eine mit Tortenspitze oder Backpapier belegte Tortenplatte stellen. Die Bröselmasse darin gleichmäßig verteilen und mit einem Löffel gut zu einem Boden andrücken. Tortenboden kalt stellen.

3. Für den Belag Gelatine in kaltem Wasser nach Packungsanleitung einweichen. Sauerkirschen in einem Sieb gut abtropfen lassen. Joghurt mit Zucker in einer Rührschüssel verrühren. Eingeweichte Gelatine leicht ausdrücken und in einem kleinen Topf unter Rühren bei schwacher Hitze auflösen (nicht kochen).

4. Gelatine mit 3–4 Esslöffeln des Joghurts verrühren, dann unter den restlichen Joghurt rühren. Sahne steif schlagen und unterheben.

5. Sauerkirschen auf dem Bröselboden verteilen. Die Joghurt-Sahne-Creme daraufgeben und glatt streichen. Torte etwa 3 Stunden kalt stellen (Kühlschrank). Springformrand lösen und entfernen.

6. Zum Garnieren die Tortenoberfläche mit einem langen Messer in 12 Stücke einteilen (nicht schneiden). Jedes zweite Tortenstück mit Müsli (eventuell etwas zerbröseln) bestreuen. Zum Servieren die Tortenstücke so aufschneiden, dass eine Hälfte jedes Tortenstücks mit Müsli bestreut ist.

Tipp: Die Torte kann gut schon am Vortag zubereitet werden.

Kirsch-Eistorte I

Gut vorzubereiten – mit Alkohol

Insgesamt:
E: 47 g, F: 316 g, Kh: 287 g, kJ: 17934, kcal: 4284

Für den Boden:
175 g Waffelröllchen mit Schokolade
100 g Butter

Für den Belag:
3 Eier (Größe M)
100 g Zucker
3 EL Kirschwasser oder Cognac
500 g Schlagsahne
1 Pck. Dr. Oetker Bourbon-Vanille-Zucker
300 g Süßkirschen

Zum Verzieren und Garnieren:
3 EL Kirschkonfitüre
einige vorbereitete Kirschen mit Stiel

Zubereitungszeit: 45 Minuten, ohne Kühl-, Abkühl- und Gefrierzeit

1. Für den Boden Waffelröllchen in einen Gefrierbeutel geben. Den Beutel verschließen. Waffelröllchen mit einer Teigrolle fein zerbröseln und in eine Rührschüssel geben. Butter zerlassen, zu den Waffelbröseln geben und gut verrühren.

2. Einen Springformrand (Ø 26 cm) auf eine mit Tortenspitze oder Backpapier belegte Tortenplatte stellen. Die Bröselmasse darin gleichmäßig verteilen und mit einem Löffel gut zu einem Boden andrücken. Tortenboden kalt stellen.

3. Für den Belag Eier und Zucker in eine Rühr- oder Edelstahlschüssel geben und im heißen Wasserbad mit Handrührgerät mit Rührbesen bei mittlerer Hitze schaumig schlagen, bis eine dickflüssige Masse entstanden ist. Die Schüssel aus dem Wasserbad nehmen und die Eigelbcreme erkalten lassen, dabei gelegentlich umrühren. Kirschwasser oder Cognac unterrühren. Sahne mit Vanille-Zucker steif schlagen und unter die Eigelbcreme heben.

4. Die Kirschen waschen, abtropfen lassen, entstielen und entsteinen, dabei den Saft auffangen. Die Hälfte der Kirschen und den aufgefangenen Saft unter die Hälfte der Sahnecreme heben. 2–3 Esslöffel von der Kirschcreme, aber ohne Kirschen zum Garnieren abnehmen. In einen mit Frischhaltefolie ausgelegten tiefen Teller geben, in den Gefrierschrank stellen und gefrieren lassen.

5. Die restliche Kirschcreme etwas kuppelförmig auf dem Bröselboden verteilen, sodass ein etwa 1 cm breiter Rand frei bleibt.

6. Die helle Sahnecreme vorsichtig auf die Kirschcreme geben und glatt streichen. Die Torte mindestens 6 Stunden in den Gefrierschrank stellen (am besten über Nacht).

7. Die Torte 1–2 Stunden vor dem Servieren aus den Gefrierschrank nehmen. Springformrand lösen und entfernen.

8. Zum Verzieren und Garnieren Konfitüre durch ein Sieb streichen, in einen kleinen Gefrierbeutel geben und eine kleine Ecke abschneiden. Den Tortenrand damit besprenkeln.

9. Kurz vor dem Servieren die gefrorene Kirschcreme (von dem Teller) auf eine kleine Platte stürzen und die Folie entfernen. Das Eis in Würfel schneiden. Die Torte mit den Eiswürfeln und Kirschen garnieren.

Tipps: Die entsteinten Kirschen können 1–2 Stunden vor der Zubereitung mit etwa 3 Esslöffeln Kirschwasser oder Cognac getränkt werden. Die Torte kann schon einige Tage vor dem Verzehr zubereitet werden. Für eine alkoholfreie Variante kann der Alkohol ersatzlos gestrichen werden.
Schneller geht es, wenn die frischen Kirschen durch ein Glas Sauerkirschen (Abtropfgewicht 170 g) ersetzt werden. Die Torte jedoch mit frischen Kirschen garnieren. Aufgetaute Eistorte können sie nicht noch einmal einfrieren. Sie sollten diese möglichst innerhalb eines Tages aufessen.

Hinweis: Nur ganz frische Eier nehmen, die nicht älter als 5 Tage sind (Legedatum beachten!).

Kirsch-Käse-Torte | Einfach – schnell

Insgesamt:
E: 59 g, F: 269 g, Kh: 477 g, kJ: 19611, kcal: 4680

Für den Boden:
175 g Löffelbiskuits
125 g Butter

Für den Belag:
2 Gläser Sauerkirschen (Abtropfgewicht je 370 g)
200 g Doppelrahm-Frischkäse
50–75 g Zucker
1 Pck. Dr. Oetker Vanillin-Zucker
3 EL Zitronensaft
250 g Schlagsahne
1 Pck. Dr. Oetker Sahnesteif

Für den Guss:
2 Pck. Tortenguss, klar
1–2 EL Zucker
500 ml (1/2 l) Kirschsaft aus den Gläsern

Zum Bestreuen:
geraspelte, weiße Schokolade

Zubereitungszeit: 40 Minuten, ohne Kühlzeit

1. Für den Boden Löffelbiskuits in einen Gefrierbeutel geben. Den Beutel verschließen. Löffelbiskuits mit einer Teigrolle fein zerbröseln. Brösel in eine Rührschüssel geben. Butter zerlassen, zu den Biskuitbröseln geben und gut verrühren.

2. Einen Springformrand (Ø 26 cm) auf eine mit Tortenspitze oder Backpapier belegte Tortenplatte stellen. Die Bröselmasse darin gleichmäßig verteilen und mit einem Löffel gut zu einem Boden andrücken. Tortenboden kalt stellen.

3. Für den Belag Sauerkirschen in einem Sieb abtropfen lassen, dabei den Saft auffangen und 500 ml (1/2 l) abmessen. Den Frischkäse mit Zucker, Vanillin-Zucker und Zitronensaft verrühren. Sahne mit Sahnesteif steif schlagen und unter die Käsemasse heben. Die Käse-Sahne-Creme auf den Bröselboden geben und glatt streichen. Die Sauerkirschen auf der Käse-Sahne-Creme verteilen.

4. Für den Guss aus Tortengusspulver, Zucker und Kirschsaft einen Guss nach Packungsanleitung zubereiten. Den Guss auf den Sauerkirschen verteilen. Die Torte etwa 2 Stunden kalt stellen (Kühlschrank). Springformrand vorsichtig lösen und entfernen. Den Tortenrand vor dem Servieren mit geraspelter Schokolade bestreuen.

Tipp: Wenn der Belag etwas fester sein soll, dann den Belag statt mit Sahnesteif mit 6 Blatt weißer oder roter Gelatine nach Packungsanleitung zubereiten.

Kirsch-Limetten-Torte | Fruchtig

Insgesamt:
E: 106 g, F: 320 g, Kh: 275 g, kJ: 18546, kcal: 4431

Für den Bröselboden:
125 g Azora-Kekse (zartes Orangengebäck von Bahlsen)
80 g Butter
30 g gehackte Mandeln

Für den Belag:
500 g frische Süßkirschen
6 Blatt weiße Gelatine
1 Bio-Limette (unbehandelt, ungewachst)
600 g Doppelrahm-Frischkäse
300 g Joghurt
75 g Zucker
1 Pck. Dr. Oetker Vanillin-Zucker

Zum Verzieren:
30 g Zartbitter-Schokolade

Zubereitungszeit: 40 Minuten, ohne Kühlzeit

1. Für den Boden das Gebäck in einen Gefrierbeutel geben und den Beutel verschließen. Gebäck mit einer Teigrolle fein zerbröseln. Brösel in eine Rührschüssel geben. Die Butter zerlassen, mit den Mandeln zu den Gebäckbröseln geben und gut verrühren.

2. Einen Springformrand (Ø 26 cm) auf eine mit Tortenspitze oder Backpapier belegte Tortenplatte stellen. Die Bröselmasse darin gleichmäßig verteilen und mit einem Löffel gut zu einem Boden andrücken. Tortenboden kalt stellen.

3. Für den Belag Kirschen waschen, abtropfen lassen, entstielen und entsteinen. Gelatine in kaltem Wasser nach Packungsanleitung einweichen.

4. Die Limette heiß abwaschen, abtrocknen und die Schale abreiben. Die Limette halbieren und den Saft auspressen. Frischkäse mit Joghurt, Zucker, Vanillin-Zucker, Limettensaft und -schale verrühren. Die eingeweichte Gelatine leicht ausdrücken und in einem kleinen Topf unter Rühren bei schwacher Hitze auflösen (nicht kochen).

5. Gelatine mit etwa 3 Esslöffeln der Frischkäsemasse verrühren, dann unter die restliche Frischkäsemasse rühren.

6. Die Kirschen auf dem Bröselboden verteilen. Die Frischkäsemasse daraufgeben und glatt streichen. Die Torte 2–3 Stunden kalt stellen (Kühlschrank). Springformrand lösen und entfernen.

7. Zum Verzieren Schokolade in Stücke brechen und in einen kleinen Gefrierbeutel geben. Den Beutel verschließen. Die Schokolade in dem Beutel im heißen Wasserbad bei schwacher Hitze schmelzen. Beutel herausnehmen und trocken tupfen. Die Schokoladenmasse etwas durchkneten. Von dem Beutel eine kleine Ecke abschneiden und Fäden über die Torte spritzen. Torte bis zum Servieren kalt stellen (Kühlschrank).

Tipp: Statt frischer Süßkirschen 1 Glas gut abgetropfte Sauerkirschen (Abtropfgewicht 370 g) nehmen.

Kiwi-Eis-Torte I

Erfrischend – mit Alkohol

Insgesamt:
E: 87 g, F: 222 g, Kh: 656 g, kJ: 22044, kcal: 5263

Für den Boden:
2 Pck. Blätterteig-Brezeln (je 100 g)

Für die Füllung:
5 Kiwis
200 g Aprikosenkonfitüre
2 EL Orangenlikör
3 Pck. Sahne- oder Vanilleeis (je 750 ml [3/4 l])

Zum Garnieren und Verzieren:
1 Dose Mandarinen (Abtropfgewicht 175 g)
3 Kiwis
250 g Schlagsahne
2 EL Zucker
1 Pck. Dr. Oetker Sahnesteif

Zubereitungszeit: 45 Minuten, ohne Antau- und Gefrierzeit

1. Für den Boden einen Springformrand (Ø 28 cm) auf eine mit Backpapier belegte Tortenplatte stellen. Den Boden mit einem Teil der Brezeln auslegen.

2. Für die Füllung die Kiwis schälen, grob zerkleinern, mit Konfitüre und Likör in einem kleinen Topf mit einem Stabmixer pürieren und kurz erhitzen.

3. Die Eiscreme etwa 15 Minuten im Kühlschrank antauen lassen. Die Hälfte der Eiscreme auf die Brezel geben, etwas andrücken und das abgekühlte Kiwipüree daraufgeben. Restliche Eiscreme darauf verteilen. Die Eiscreme mit den restlichen Brezeln belegen. Die Eistorte in den Gefrierschrank stellen und etwa 3 Stunden gefrieren lassen. Den Springformrand entfernen.

4. Zum Garnieren und Verzieren Mandarinen in einem Sieb abtropfen lassen. Kiwis schälen und in Scheiben schneiden. Die Kiwischeiben mit kochendem Wasser übergießen, abtropfen und abkühlen lassen. Scheiben auf die Brezeln legen, dabei den äußeren Rand etwa 2 cm frei lassen, damit die Brezeln sichtbar bleiben.

5. Sahne mit Zucker und Sahnesteif steif schlagen und wellenartig auf die Kiwischeiben streichen. Die Tortenmitte mit Mandarinen garnieren und servieren.

Tipps: Die Torte kann bereits am Vortag oder einige Tage vorher zubereitet werden. Sie dann erst kurz vor dem Servieren mit Sahne und Früchten garnieren. Aufgetaute und wieder eingefrorene Eiscreme können sie nicht noch einmal einfrieren, Sie sollten diese möglichst innerhalb eines Tages verwenden.

Abwandlung: Statt Mandarinen frische Erdbeeren verwenden.

Kleine Quark-Kirsch-Torte | Für Gäste

Insgesamt:
E: 75 g, F: 147 g, Kh: 324 g, kJ: 12516, kcal: 2990

Für den Boden:
100 g Zartbitter-Schokolade (50 % Kakao)
50 g Vollmilch-Schokolade
50 g Cornflakes

Für den Belag:
1 Glas Sauerkirschen (Abtropfgewicht 370 g)
1/2 Zimtstange
2 gestr. EL Zucker
20 g Speisestärke
2 EL Wasser

Für die Creme:
3 Blatt weiße Gelatine
100 g Doppelrahm-Frischkäse
250 g Speisequark (Magerstufe)
70 g Zucker
1 Pck. Dr. Oetker Vanillin-Zucker
1–2 EL Zitronensaft
200 g Schlagsahne

Zum Garnieren:
2 Blatt weiße Gelatine
125 ml (1/8 l) Sauerkirschsaft aus dem Glas
etwas Zitronenmelisse

Zubereitungszeit: 30 Minuten, ohne Kühl- und Abkühlzeit

1. Für den Tortenboden die Zartbitter- und Vollmilch-Schokolade in Stücke brechen, in einem kleinen Topf im heißen Wasserbad bei schwacher Hitze unter Rühren schmelzen. Die Schüssel herausnehmen.

2. Cornflakes in eine Rührschüssel geben, Schokolade gut unterrühren. Einen Springformrand (Ø 20 cm) auf eine mit Tortenspitze oder Backpapier belegte Tortenplatte stellen. Die Cornflakes-Schokoladen-Masse darin gleichmäßig verteilen und mit einem Löffel gut zu einem Boden andrücken. Tortenboden kalt stellen.

3. Für den Belag Sauerkirschen in einem Sieb abtropfen lassen, dabei den Saft auffangen und 125 ml (1/8 l) abmessen. Saft beiseitestellen. Den restlichen Sauerkirschsaft mit der Zimtstange und dem Zucker in einem Topf aufkochen lassen.

4. Speisestärke mit Wasser anrühren und in den von der Kochstelle genommenen Sauerkirschsaft rühren. Nochmals unter Rühren aufkochen. Sauerkirschen unterheben. Die Sauerkirschmasse erkalten lassen. Zimtstange entfernen.

5. Die Sauerkirschmasse auf den Cornflakes-Schoko-Boden geben und kalt stellen (Kühlschrank).

6. Für die Creme Gelatine in kaltem Wasser nach Packungsanleitung einweichen.

7. Frischkäse, Quark, Zucker, Vanillin-Zucker und Zitronensaft verrühren. Eingeweichte Gelatine leicht ausdrücken und in einem kleinen Topf unter Rühren bei schwacher Hitze auflösen (nicht kochen). Etwa 4 Esslöffel der Quarkmasse unter die Gelatine rühren, dann unter die restliche Quarkmasse rühren. Kalt stellen.

8. Die Sahne steif schlagen. Wenn die Quarkmasse anfängt dicklich zu werden, die Sahne unterheben. Die Quark-Sahne-Creme auf die Sauerkirschmasse streichen. Die Torte etwa 2 Stunden kalt stellen (Kühlschrank).

9. Zum Garnieren Gelatine in kaltem Wasser nach Packungsanleitung einweichen. Eingeweichte Gelatine leicht ausdrücken und in einem kleinen Topf unter Rühren bei schwacher Hitze auflösen (nicht kochen).

10. Den abgemessenen Kirschsaft nach und nach unterrühren, in eine flache Schüssel füllen und mindestens 1 Stunde kalt stellen (Kühlschrank). Den Springformrand lösen und entfernen.

11. Das Kirschgelee mit einer Gabel oder einem Löffel in kleine Stückchen reißen. Die Geleestückchen in 10–12 Portionen als kleine Häufchen auf den oberen Tortenrand geben. Dann die Zitronenmelisse abspülen, trocken tupfen, in kleine Zweige zupfen und zwischen den roten Geleehäufchen verteilen.

Kleine Sherry-Charlotte-Torte

Mit Alkohol

Insgesamt:
E: 48 g, F: 159 g, Kh: 144 g, kJ: 9521, kcal: 2283

Für den Boden und Rand:
100 g Löffelbiskuits (15–16 Stück)

Für die Füllung:
4 Blatt weiße Gelatine
3 Eigelb (Größe M)
50 g Zucker
5 EL (50 ml) Cream Sherry
Schale von ½ Bio-Orange (unbehandelt, ungewachst)
2 EL Orangensaft
3 Eiweiß (Größe M)
125 g Schlagsahne
125 g Crème double

Zum Verzieren:
125 g Schlagsahne

Zum Garnieren und Bestreuen:
evtl. Orangenstücke mit Schale
etwa 2 EL Löffelbiskuitbrösel

Zubereitungszeit: 35 Minuten, ohne Kühlzeit

1. Für den Boden und Rand 6 Löffelbiskuits mit einem Messer halbieren. Die 12 Löffelbiskuithälften auf den Boden und an den Innenrand einer hohen Schüssel (etwa 1 ½-Liter-Inhalt, mit Frischhaltefolie ausgelegt) legen. Restliche Löffelbiskuits für den Boden beiseitelegen.

2. Für die Füllung Gelatine in kaltem Wasser nach Packungsanleitung einweichen.

3. Dann Eigelb, Zucker, Sherry, Orangenschale und -saft in eine Rühr- oder Edelstahlschüssel geben und im heißen Wasserbad mit Handrührgerät mit Rührbesen bei mittlerer Hitze schaumig schlagen, bis eine dickflüssige Masse entstanden ist.

4. Eingeweichte Gelatine leicht ausdrücken, zu der Eigelb-Sherry-Masse geben und unter Rühren auflösen. Die Schüssel aus dem Wasserbad nehmen.

5. Eiweiß steif schlagen und unter die Eigelb-Sherry-Masse heben. Die Masse unter Rühren erkalten lassen.

6. Sahne steif schlagen. Wenn die Eigelbmasse anfängt dicklich zu werden, Crème double und Sahne unterheben.

7. Zwei bis drei Esslöffel von der Sherry-Sahne-Creme in die mit Löffelbiskuits ausgelegte Schüssel geben und etwas fest werden lassen, damit sich die Löffelbiskuits nicht mehr bewegen. Unter die restliche Sherry-Sahne-Creme die restlichen Löffelbiskuithälften geben, in die Schüssel geben und glatt streichen.

8. Dann die beiseitegelegten, ganzen Löffelbiskuits als Boden auf die Sherry-Sahne-Creme legen und etwas andrücken. Die Schüssel etwa 3 Stunden kalt stellen (Kühlschrank).

9. Die Sherry-Charlotte-Torte aus der Schüssel auf eine Platte stürzen.

10. Zum Verzieren Sahne steif schlagen und in einen Spritzbeutel mit Rand-Tülle (eine Seite glatt, andere Seite gezackt) füllen. Die Torte mit der Sahne verzieren. Nach Belieben mit Orangenstücken garnieren und Löffelbiskuitbröseln bestreuen.

Tipp: Statt Cream Sherry kann auch Kirschlikör verwendet werden. Dann die Torte mit Kirschen garnieren und mit geraspelter Schokolade bestreuen.

Hinweis: Nur ganz frische Eier verwenden, die nicht älter als 5 Tage sind (Legedatum beachten!).

Knusper-Eistorte | Mit Alkohol

Insgesamt:
E: 40 g, F: 229 g, Kh: 245 g, kJ: 13901, kcal: 3322

Für den Boden:
120 g Waffeln ohne Füllung, z. B. Eiswaffel-Herzen
50 g weiche Butter

Für den Belag:
3 Eigelb (Größe M)
60 g Zucker
1 Pck. Dr. Oetker Vanillin-Zucker
60 g Marzipan-Rohmasse
1 kleine Bio-Orange (unbehandelt, ungewachst)
1 EL Orangenlikör
300 g Schlagsahne
125 ml (1/8 l) flüssige Schokoglasur für Eis

evtl. Orangenfilets und Orangenschale

Zubereitungszeit: 30 Minuten, ohne Kühl- und Gefrierzeit

1. Für den Boden Waffeln in einen Gefrierbeutel geben. Den Beutel verschließen. Waffeln mit einer Teigrolle fein zerbröseln und in eine Rührschüssel geben. Die Gebäckbrösel mit der Butter gut vermengen.

2. Einen Springformrand (Ø 18 cm) auf eine mit Backpapier belegte Tortenplatte stellen. Die Bröselmasse darin gleichmäßig verteilen und mit einem Löffel gut zu einem Boden andrücken. Tortenboden kalt stellen.

3. Eigelb mit Zucker und Vanillin- Zucker in eine Rühr- oder Edelstahlschüssel geben und im heißen Wasserbad mit Handrührgerät mit Rührbesen bei mittlerer Hitze schaumig schlagen, bis eine dickflüssige Masse entstanden ist. Marzipan auf einer groben Reibe raspeln, hinzugeben und zu einer geschmeidigen Masse verrühren.

4. Orange heiß waschen, abtrocknen und die Schale abreiben. Die Orange halbieren und den Saft auspressen. Orangenschale, 2 Esslöffel Orangensaft und Orangenlikör zu der Eigelbcreme geben und unterrühren. Sahne steif schlagen und unterheben. Die Creme in eine flache Schüssel geben, in den Gefrierschrank stellen. Die Creme etwa 1 1/2 Stunden gefrieren lassen, bis das Eis streichfähig ist.

5. Die erste Schicht Eis etwa 3 cm dick auf den Waffelboden streichen und darauf eine dünne Schicht Schokoladenglasur spritzen, sodass das Eis bedeckt ist. Die Schicht kurz gefrieren lassen.

6. Dann die zweite Eisschicht einfüllen, Schokoladenglasur aufspritzen und wieder gefrieren lassen. So lange fortfahren, bis das Eis aufgebraucht ist. Die letzte Schicht sollte aus Eis bestehen. Die Torte in den Gefrierschrank stellen und mindestens 3 Stunden gefrieren lassen.

7. Springformrand lösen und entfernen. Die Tortenoberfläche mit Schokoladenglasur besprenkeln. Nach Belieben mit Orangenfilets und -schale garnieren. Die Eistorte mit einem elektrischen Messer in Stücke schneiden.

Tipp: Die Orangenfilets zum Garnieren kurz gefrieren lassen und dann mit der Schokoglasur besprenkeln.

Hinweis: Nur ganz frische Eier verwenden, die nicht älter als 5 Tage sind (Legedatum beachten!). Aufgetaute Eistorte können sie nicht noch einmal einfrieren.

Knuspermüsli-Schnittchen | Einfach

Insgesamt:
E: 230 g, F: 454 g, Kh: 679 g, kJ: 32771, kcal: 7817

Für den Boden und die Knusperhäufchen:
100 g gehobelte Mandeln
300 g Knuspermüsli
400 g weiße Kuvertüre

Für die Creme:
10 Blatt weiße Gelatine
1 kg Speisequark (Magerstufe)
1 Pck. Dr. Oetker Finesse Geriebene Zitronenschale
3–4 EL Zitronensaft
150–200 g Zucker
500 g rote Johannisbeeren
500 g Schlagsahne

250 g Johannisbeerrispen

Zubereitungszeit: 50 Minuten, ohne Abkühl- und Kühlzeit

1. Für den Boden und die Knusperhäufchen Mandeln in einer Pfanne ohne Fett unter Rühren leicht bräunen, herausnehmen und auf einem Teller erkalten lassen. Knuspermüsli in einen Gefrierbeutel geben und den Beutel verschließen. Knuspermüsli mit einer Teigrolle zerbröseln. Brösel in eine Rührschüssel geben. Die Kuvertüre in Stücke hacken, in einem kleinen Topf im heißen Wasserbad bei schwacher Hitze unter Rühren schmelzen. Kuvertüre und Mandeln zu den Müslibröseln geben und gut verrühren.

2. Für die Knusperhäufchen Backpapier auf eine große Platte legen. Aus der Knuspermüsli-Masse mit zwei Teelöffeln 20 kleine Häufchen abstechen und auf das Backpapier setzen. Restliche Bröselmasse auf einem Backblech (30 x 40 cm, gefettet, mit Backpapier belegt) verteilen. Einen Backrahmen darumstellen. Die Bröselmasse mit einem Löffel gut zu einem Boden andrücken, kalt stellen.

3. Für die Creme Gelatine in kaltem Wasser nach Packungsanleitung einweichen. Quark mit Zitronenschale, Zitronensaft und Zucker verrühren. Die eingeweichte Gelatine leicht ausdrücken und in einem kleinen Topf unter Rühren bei schwacher Hitze auflösen (nicht kochen).

4. Gelatine mit etwa 3 Esslöffeln von der Quarkmasse verrühren, dann unter die restliche Quarkmasse rühren. Kalt stellen.

5. Johannisbeeren waschen, abtropfen lassen, entstielen und trocken tupfen. Die Sahne steif schlagen. Sobald die Masse anfängt dicklich zu werden, Sahne und Johannisbeeren unterheben. Die Creme auf den Bröselboden geben und glatt streichen. Den Kuchen etwa 2 Stunden kalt stellen (Kühlschrank). Backrahmen lösen und entfernen.

6. Zum Garnieren Johannisbeerrispen abspülen und trocken tupfen. Den Kuchen in etwa 20 Schnittchen teilen. Jedes Schnittchen mit einer kleinen Johannisbeerrispe und einem Knusperhäufchen garnieren.

Knuspertorte mit Brombeeren I

Für Gäste

Insgesamt:
E: 62 g, F: 286 g, Kh: 375 g, kJ: 18448, kcal: 4409

Für den Boden:
200 g weiße Kuvertüre
2 Pck. Eiswaffel-Herzen (je 50 g)

Für den Belag:
350 g Brombeeren
8 Blatt weiße Gelatine
500 ml (1/2 l) Buttermilch Zitronen-Geschmack
100 g Zucker
450 g Schlagsahne

Zum Garnieren und Verzieren:
100 g Brombeeren
150 g Schlagsahne
einige Eiswaffel-Herzen

Zubereitungszeit: 40 Minuten, ohne Kühlzeit

1. Für den Boden die Kuvertüre in Stücke hacken, in einem kleinen Topf im heißen Wasserbad bei schwacher Hitze unter Rühren schmelzen. Die Schüssel aus dem Wasserbad nehmen.

2. Eiswaffel-Herzen in einen Gefrierbeutel geben. Den Beutel verschließen. Waffeln mit einer Teigrolle fein zerbröseln. Brösel in eine Rührschüssel geben. Kuvertüre zu den Bröseln geben und anschließend gut vermischen.

3. Einen Springformrand (Ø 26 cm) auf eine mit Tortenspitze oder Backpapier belegte Tortenplatte stellen. Die Bröselmasse darin gleichmäßig verteilen und mit einem Löffel gut zu einem Boden andrücken. Tortenboden kalt stellen.

4. Für den Belag die Brombeeren verlesen, abspülen und gut trocken tupfen.

5. Die Gelatine in kaltem Wasser nach Packungsanleitung einweichen. Buttermilch mit Zucker verrühren.

6. Eingeweichte Gelatine leicht ausdrücken und in einem kleinen Topf unter Rühren bei schwacher Hitze auflösen (nicht kochen).

7. Gelatine mit etwa 3 Esslöffeln von der Buttermilch verrühren, dann unter die restliche Buttermilch rühren. Kalt stellen.

8. Sahne steif schlagen. Sobald die Masse anfängt dicklich zu werden, zuerst die Sahne, danach die Brombeeren unterheben. Die Creme auf den Bröselboden streichen. Die Torte 2–3 Stunden kalt stellen (Kühlschrank). Springformrand lösen und entfernen.

9. Zum Garnieren und Verzieren Brombeeren verlesen, waschen und gut trocken tupfen. Die Hälfte der Brombeeren pürieren, durch ein Sieb streichen und in einen kleinen Gefrierbeutel füllen. Eine kleine Ecke abschneiden. Das Brombeermus auf die Tortenoberfläche sprenkeln.

10. Sahne steif schlagen. Die Sahne mit einem Teelöffel am oberen Rand wie Wölkchen auf die Torte setzen. Mit Eiswaffel-Herzen und den restlichen Brombeeren garnieren.

Tipps: Die Buttermilch Zitronen-Geschmack kann auch durch Zitronenjoghurt oder Fruchtmolke ersetzt werden. Buttermilch, Joghurt und Fruchtmolke gibt es in unterschiedlichen Geschmacksrichtungen. Sie können auch mit anderen Beeren verwendet werden.

Knuspertorte mit Quark

Einfach – für Kinder

Insgesamt:
E: 98 g, F: 223 g, Kh: 229 g, kJ: 14445, kcal: 3450

Für den Boden und die Schoko-Müsli-Häufchen:

100 g Vollmilch-Schokolade
100 g Zartbitter-Schokolade
200 g Knuspermüsli

Für den Belag:

1 kleine Galia-Melone (etwa 600 g)
1 Dose Mandarinen (Abtropfgewicht 175 g)
1 Pck. Käse-Sahne Tortencreme
500 g Speisequark (Magerstufe)
500 g Schlagsahne
200 ml Mandarinensaft aus der Dose, mit Wasser aufgefüllt

Zubereitungszeit: 30 Minuten, ohne Kühlzeit

1. Für den Boden und die Schoko-Müsli-Häufchen Vollmilch- und Zartbitter-Schokolade in Stücke brechen, zusammen in einem kleinen Topf im heißen Wasserbad bei schwacher Hitze unter Rühren schmelzen. Müsli in eine Rührschüssel geben, Schokolade gut unterrühren. Von der Masse mit zwei Teelöffeln 12 kleine Häufchen abstechen, auf ein mit Speiseöl bestrichenes Stück Backpapier setzen.

2. Einen Springformrand (Ø 26 cm) auf eine mit Tortenspitze oder Backpapier belegte Tortenplatte stellen. Restliche Schoko-Müsli-Masse darin gleichmäßig verteilen und mit einem Löffel gut zu einem Boden andrücken. Tortenboden etwa 30 Minuten kalt stellen.

3. Für den Belag die Melone vierteln und entkernen. Das Fruchtfleisch von der Schale schneiden. Drei Melonenviertel in kleine Würfel, restliches Fruchtfleisch (etwa 150 g) in Spalten schneiden und abgedeckt beiseitestellen.

4. Die Mandarinen in einem Sieb abtropfen lassen, dabei den Saft auffangen. Mandarinensaft mit Wasser auf 200 ml auffüllen. Die Tortencreme nach Packungsanleitung mit dem Quark und der Sahne, aber mit dem abgemessenen Saft anstelle des Wassers zubereiten.

5. Abgetropfte Melonenwürfel und zwei Drittel der Mandarinen unter die Creme heben. Die Creme auf den Schoko-Müsli-Boden geben und glatt streichen. Die Torte mindestens 3 Stunden kalt stellen (Kühlschrank). Den Springformrand lösen und entfernen.

6. Die Torte mit Melonenspalten, restlichen Mandarinen und den Schoko-Müsli-Häufchen garnieren.

Tipps: Die Galia-Melone ist eine Netzmelonenart. Sie können auch eine Quarkcreme aus 5 Blatt weißer Gelatine, 500 g Speisequark (Magerstufe), 50 g Zucker, 200 ml Mandarinensaft und 500 g Schlagsahne zubereiten. Dafür die Gelatine in kaltem Wasser nach Packungsanleitung einweichen. Quark, Zucker und Saft verrühren. Eingeweichte Gelatine leicht ausdrücken und in einem kleinen Topf unter Rühren bei schwacher Hitze auflösen (nicht kochen). Die Gelatine unter die Quarkmasse rühren. Sahne steif schlagen und unterheben. Die Torte maximal einen Tag vor dem Verzehr zubereiten.

Abwandlung: Die Torte statt mit Melone und Mandarinen nur mit Himbeeren zubereiten. Statt Knuspermüsli können auch Cornflakes verwendet werden.

Knusprige Heidelbeerschnitten I

Einfach

Insgesamt:
E: 80 g, F: 364 g, Kh: 578 g, kJ: 24950, kcal: 5963

Für den Boden:

250 g Zartbitter-Kuvertüre
150 g knusprige Haferfleks (von Kölln)

Für den Belag:

600 g frische Heidelbeeren
10 Blatt weiße Gelatine
600 g saure Sahne
2–3 EL Zitronensaft
125 g Zucker
500 g Schlagsahne

Zum Verzieren:

200 g Heidelbeerkonfitüre oder rotes Johannisbeergelee
2–3 EL Johannisbeernektar

Zubereitungszeit: 40 Minuten, ohne Kühlzeit

1. Für den Boden die Kuvertüre grob hacken, in einem kleinen Topf im heißen Wasserbad bei schwacher Hitze unter Rühren schmelzen. Kuvertüre in eine Rührschüssel geben, mit den Haferfleks gut verrühren.

2. Haferfleks-Masse auf ein Backblech (30 x 40 cm, mit Backpapier belegt) geben und mit einem Esslöffel gut zu einem Boden andrücken. Kalt stellen.

3. Für den Belag die Heidelbeeren verlesen, abspülen, abtropfen lassen und trocken tupfen. Die Gelatine in kaltem Wasser nach Packungsanleitung einweichen.

4. Saure Sahne mit Zitronensaft und Zucker verrühren. Eingeweichte Gelatine leicht ausdrücken und in einem kleinen Topf unter Rühren bei schwacher Hitze auflösen (nicht kochen).

5. Gelatine mit etwa 3 Esslöffeln der Saure-Sahne-Masse verrühren, dann unter die restliche Saure-Sahne-Masse rühren. Kalt stellen.

6. Die Sahne steif schlagen. Sobald die Masse anfängt dicklich zu werden, Sahne und die Hälfte der Heidelbeeren unterheben. Die Sahnecreme auf den Bröselboden geben und glatt streichen. Restliche Heidelbeeren darauf verteilen. Kuchen kalt stellen (Kühlschrank).

7. Zum Verzieren Konfitüre oder Gelee mit Nektar glatt rühren (eventuell durch ein Sieb streichen), in einen Gefrierbeutel füllen und eine kleine Spitze abschneiden. Die Kuchenoberfläche schlierenartig damit verzieren. Den Kuchen in etwa 20 Schnitten schneiden.

Knusprige Schokobombe | Mit Alkohol

Insgesamt:
E: 83 g, F: 309 g, Kh: 360 g, kJ: 20492, kcal: 4889

Für den Knusperboden:
50 g ungesalzene Erdnusskerne
75 g knusprige Haferfleks (von Kölln)
150 g Zartbitter-Kuvertüre
1 EL Butter

Für die Creme:
6 Blatt weiße Gelatine
1 Pck. Dr. Oetker Pudding-Pulver Schokoladen-Geschmack
80 g Zucker
500 ml (1/2 l) Milch
150 ml Honig-Whisky-Likör (40 Vol.-%)
200 g Schmand (Sauerrahm)
200 g Schlagsahne

Zum Verzieren und Garnieren:
200 g Schlagsahne
75 g süße Erdnuss-Riegel

Zubereitungszeit: 40 Minuten, ohne Kühlzeit

1. Für den Boden Erdnusskerne grob hacken und mit den Haferfleks mischen. Kuvertüre ebenfalls grob hacken und in einem kleinen Topf im heißen Wasserbad bei schwacher Hitze unter Rühren schmelzen. Butter unterrühren. Die Masse zu der Erdnuss-Haferfleks-Mischung geben und gut vermischen.

2. Einen Springformrand (Ø 26 cm) auf eine mit Tortenspitze oder Backpapier belegte Tortenplatte stellen. Die Schokoladen-Knusper-Masse darin gleichmäßig verteilen und mit einem Löffel gut zu einem Boden andrücken. Tortenboden kalt stellen.

3. Für die Creme Gelatine in kaltem Wasser nach Packungsanleitung einweichen. Aus Pudding-Pulver, Zucker und Milch einen Pudding nach Packungsanleitung zubereiten. Likör unterrühren.

4. Die eingeweichte Gelatine leicht ausdrücken und in einem kleinen Topf unter Rühren bei schwacher Hitze auflösen (nicht kochen). Gelatine mit 2–3 Esslöffeln der Puddingmasse verrühren, dann unter die restliche Puddingmasse rühren. Etwas abkühlen lassen. Dann Schmand unterrühren. Sahne steif schlagen und unter die Pudding-Schmand-Masse heben.

5. Die Puddingcreme auf den Schokoladen-Knusper-Boden geben und glatt streichen. Die Torte mindestens 4 Stunden, am besten über Nacht, kalt stellen (Kühlschrank). Springformrand lösen und entfernen.

6. Zum Verzieren und Garnieren Sahne steif schlagen und in einen Spritzbeutel mit Lochtülle füllen. Die Tortenoberfläche gitterartig mit der Sahne verzieren. Erdnuss-Riegel fein hacken. Die Schokobombe damit bestreuen.

Tipp: Statt mit gehackten Erdnuss-Riegeln können Sie die Torte auch mit ungesalzenen, gehackten Erdnusskernen garnieren.

Kokosberg mit Kerzen I

Exotisch

Insgesamt:
E: 71 g, F: 329 g, Kh: 417 g, kJ: 20717, kcal: 4940

Für die Füllung:
400 ml Kokosmilch (ungesüßt)
100 ml Milch
1 Pck. Dr. Oetker Pudding-Pulver Vanille-Geschmack
75 g Zucker
250 g Butter
2 Blatt weiße Gelatine
1 kleine Dose Ananasstücke (Abtropfgewicht 140 g)
25 g Speisestärke
150 ml Ananassaft aus der Dose
250 g Speisequark (Magerstufe)

Für die Böden:
2 Pck. runde Karlsbader Oblaten (je 125 g, je 5 Stück)

Zum Garnieren:
Kokosnussfleisch von ½ Kokosnuss

Zubereitungszeit: 60 Minuten, ohne Abkühl- und Kühlzeit

1. Für die Füllung aus Kokosmilch, Milch, Pudding-Pulver und Zucker nach Packungsanleitung (aber mit den hier angegebenen Zutaten) einen Pudding zubereiten. Pudding erkalten lassen (nicht kalt stellen), dabei gelegentlich durchrühren.

2. Butter mit Handrührgerät mit Rührbesen geschmeidig rühren und den erkalteten Pudding esslöffelweise unterrühren. Dabei darauf achten, dass Butter und Pudding Zimmertemperatur haben, da die Buttercreme sonst gerinnt.

3. Gelatine in kaltem Wasser nach Packungsanleitung einweichen. Die Ananastücke in einem Sieb abtropfen lassen, dabei den Saft auffangen. Die Ananasstücke in ganz kleine Stücke schneiden und wieder in das Sieb zum Abtropfen geben. Von dem aufgefangenen Saft 150 ml Saft abmessen.

4. Speisestärke mit dem abgemessenen Saft in einem Topf verrühren und bei mittlerer Hitze unter Rühren kurz aufkochen lassen. Den Topf von der Kochstelle nehmen.

5. Die Gelatine leicht ausdrücken und in dem heißen, angedickten Ananassaft unter Rühren auflösen. Ananasstücke unterrühren. Die Masse etwas abkühlen lassen. Dann den Quark unterrühren.

6. Für die Böden mit einem Messer von jeder Oblate ½ cm rundherum abschneiden. Diese Oblatenränder in einen Gefrierbeutel geben. Den Beutel fest verschließen. Gebäck mit einer Teigrolle fein zerbröseln. Die Brösel unter die Ananasmasse rühren.

7. Einen Springformrand (Ø 18 cm) dünn einfetten und auf eine mit Tortenspitze oder Backpapier belegte Tortenplatte stellen. Aus doppelt gefaltetem Backpapier einen Streifen von etwa 14 cm Höhe und etwa 60 cm Länge ausschneiden. Diesen Streifen so an den Springforminnenrand legen, dass der Springformrand eine Höhe von etwa 14 cm hat.

8. Von der Kokosbuttercreme etwa ein Viertel abnehmen und in den Kühlschrank stellen. Eine Oblate in den Springformrand legen. Etwa 3 Esslöffel von der restlichen Buttercreme auf der Oblate verstreichen. Eine Oblate darauflegen und etwa ein Viertel der Ananasmasse darauf verstreichen.

9. Die nächste Oblate darauflegen und auf diese Weise die Oblaten mit der Creme und der Ananasmasse zusammensetzen, bis die Creme, die Ananasmasse und die Oblaten, aufgebraucht sind (die letzte Schicht sollte eine Oblate sein). Die Torte etwa 1 Stunde in den Kühlschrank stellen.

10. Den Springformrand mit dem Backpapier lösen und entfernen. Die beiseitegestellte Buttercreme kurz geschmeidig rühren. Den Tortenrand mit etwas von der Buttercreme bestreichen. Die restliche Creme kuppelartig auf der Tortenoberfläche verstreichen.

11. Das Kokosnussfleisch mit einem Gurkenhobel oder einem Sparschäler in Späne hobeln. Die Torte mit den Kokosspänen garnieren, dabei die Späne leicht andrücken.

Tipp: Die Torte mit dünnen, tropffreien Kerzen dekorieren. Die Kerzen am unteren Ende etwa ½ cm hoch mit Alufolie umwickeln, bevor Sie die Kerzen auf die Torte setzen.

Konfirmation
4. Mai

Konfirmationsbuch | Raffiniert

Insgesamt:
E: 42 g, F: 361 g, Kh: 420 g, kJ: 22009, kcal: 5256

Für den Boden:
150 g Löffelbiskuits
125 g Butter

Für die Füllung:
1 Pck. Dr. Oetker Pudding-Pulver Vanille-Geschmack
500 ml (1/2 l) Zitronenlimonade
75 g Zucker
250 g Butter

Für den Belag:
44 Butterkekse (knapp 2 Pck.)
12 Butterkekse mit Schokoladenüberzug

Zum Verzieren und Garnieren:
etwas Kakaopulver
30 g gesiebter Puderzucker
1 TL Zitronensaft
Liebesperlen

Zubereitungszeit: 40 Minuten, ohne Kühl- und Abkühlzeit

1. Für den Boden Löffelbiskuits in einen Gefrierbeutel geben. Den Beutel verschließen. Die Löffelbiskuits mit einer Teigrolle fein zerbröseln. Die Brösel in eine Rührschüssel geben. Dann die Butter zerlassen, zu den Bröseln geben und gut verrühren.

2. Einen Backrahmen (etwa 21 x 28 cm) auf eine mit Backpapier belegte Platte stellen. Die Bröselmasse in den Backrahmen geben, gleichmäßig verteilen und mit einem Löffel gut zu einem Boden andrücken. Kalt stellen.

3. Für die Füllung aus Pudding-Pulver, Limonade und Zucker einen Pudding nach Packungsanleitung zubereiten. Den Pudding in eine Schüssel geben, sofort mit Frischhaltefolie belegen und erkalten lassen.

4. Butter mit Handrührgerät mit Rührbesen schaumig rühren. Den erkalteten Pudding esslöffelweise unterrühren (darauf achten, dass Pudding und Butter Zimmertemperatur haben, da die Buttercreme sonst gerinnt). Den Backrahmen vorsichtig vom Bröselboden entfernen.

5. Die Buttercreme in 4 Portionen teilen. Eine Portion so auf den Bröselboden streichen, dass die Buttercreme am rechten und linken Rand dünn aufgetragen ist, zur Mitte jeder „Buchseite" ansteigt und zur „Buchmitte" hin abfällt. Auf jede „Buchseite" 8 Butterkekse bis zum Rand des Bodens legen, dabei die „Buchmitte" frei lassen.

6. Eine weitere Buttercremeportion genau wie die erste auf die Butterkeksschicht streichen, dabei am rechten und linken Rand etwa 2 cm frei lassen und wieder mit 8 Butterkeksen belegen.

7. Die dritte Portion Buttercreme wie die anderen beiden Schichten aufstreichen. Dieses Mal je Seite 4 ganze Butterkekse nach außen und 4 halbe Butterkekse nach innen auf die Creme legen.

8. Von der restlichen Buttercreme einen großen Esslöffel abnehmen und beiseitestellen.

9. Die Buttercreme wie die anderen Schichten aufstreichen. Je „Buchseite" 4 ganze Schoko-Butterkekse mit der Schokoseite nach unten an den Rand des Buches auf die Creme legen und 4 halbe Schoko-Butterkekse nach innen legen, dabei aber wie bisher die Mitte frei lassen.

10. Zum Verzieren und Garnieren die beiseitegestellte Buttercreme mit etwas Kakao verrühren, in einen Spritzbeutel mit kleiner Sterntülle füllen und eine Verzierung aufspritzen.

11. Puderzucker mit Zitronensaft zu einer spritzfähigen Masse verrühren, in einen Gefrierbeutel oder ein Papiertütchen füllen und dann eine kleine Ecke abschneiden.

12. Das Buch damit verzieren, beschriften und mit Liebesperlen garnieren.

Königliche Erdbeer-Eistorte

Raffiniert

Insgesamt:
E: 50 g, F: 274 g, Kh: 480 g, kJ: 19489, kcal: 4665

Für den Boden:

175 g Zartbitter-Kuvertüre
9 Törtchen feines Schaumgebäck (Baisertörtchen, Ø etwa 7 cm)

Für die Füllung:

750 g Erdbeeren
75 g Zucker
1 Pck. Dr. Oetker Vanillin-Zucker
1 Bio-Zitrone (unbehandelt, ungewachst)
1 EL Zitronensaft
4 Eigelb (Größe M)
100 g Zucker
250 g Schlagsahne

Für den Rand:

250 g Schlagsahne
1 Pck. Gebäckröllchen (Cigarettes Russes, 100 g)

Zubereitungszeit: 50 Minuten, ohne Kühl- und Gefrierzeit

1. Für den Boden Kuvertüre in kleine Stücke hacken und in einem kleinen Topf im heißen Wasserbad bei schwacher Hitze unter Rühren schmelzen.

2. Einen Springformrand (Ø 20 cm) auf eine mit Backpapier belegte Tortenplatte stellen. Etwa ein Drittel der Kuvertüremasse auf dem Boden (Backpapier) in dem Springformrand verteilen und glatt streichen. Die Hälfte der Baisertörtchen grob zerbröseln, auf der Kuvertüre verteilen und etwas andrücken. Knapp die Hälfte der restlichen Kuvertüre auf die Baiserbrösel sprenkeln.

3. Die restlichen Baisertörtchen mit der restlichen Kuvertüre von allen Seiten bestreichen. Den Tortenboden und die Baisertörtchen kalt stellen, Kuvertüre fest werden lassen.

4. Für die Füllung Erdbeeren putzen, waschen, gut abtropfen lassen und entstielen. 2–3 Erdbeeren beiseitelegen. 150 g der Erdbeeren in kleine Stücke schneiden. Die restlichen Erdbeeren mit Zucker und Vanillin-Zucker pürieren. Zitrone heiß abwaschen, abtrocknen und die Schale abreiben. Die Zitrone halbieren und den Saft auspressen. Zitronenschale und 1 Esslöffel Zitronensaft unter das Erdbeerpüree rühren. Von dem Erdbeerpüree 100 ml abnehmen und kalt stellen (Kühlschrank).

5. Eigelb und Zucker in eine Rühr- oder Edelstahlschüssel geben und im heißen Wasserbad bei mittlerer Hitze schaumig schlagen, bis eine dickflüssige Masse entstanden ist. Die Schüssel aus dem Wasserbad nehmen. Sahne steif schlagen. Restliches Erdbeerpüree nach und nach unter die Eigelbmasse heben, Sahne ebenfalls unterheben.

6. Die klein geschnittenen Erdbeeren unter die Hälfte der Erdbeer-Sahne-Creme geben. Die Erdbeer-Sahne-Creme auf dem Baiserboden im Springformrand verteilen und glatt streichen. Die mit Kuvertüre bestrichenen Törtchen darauflegen. Die Form etwa 1 Stunde in den Gefrierschrank stellen, die Creme anfrieren lassen. Restliche Erdbeer-Sahne-Creme kalt stellen (Kühlschrank).

7. Wenn die Baisertörtchen etwas angefroren sind, die restliche, kalt gestellte Erdbeer-Sahne-Creme daraufgeben und glatt streichen. Torte wieder in den Gefrierschrank stellen, etwa 5 Stunden gefrieren lassen.

8. Den Springformrand lösen und entfernen. Für den Rand Sahne steif schlagen, in einen Spritzbeutel mit Sterntülle geben. Den äußeren und oberen Rand mit der Sahne verzieren. Die Gebäckröllchen senkrecht an den Tortenrand stellen, etwas in die Sahne drücken.

9. Beiseitegelegte Erdbeeren vierteln. Tortenoberfläche damit garnieren. Kurz vor dem Servieren das kalt gestellte Erdbeerpüree auf der Tortenmitte verteilen.

Tipps: Sollte von der Torte nicht alles verzehrt werden, diese sofort wieder in den Gefrierschrank stellen. Nur ganz frische Eigelb verwenden, die nicht älter als 5 Tage sind (Legdatum beachten!).

Leichte Melonentorte | Fruchtig

Insgesamt:
E: 47 g, F: 277 g, Kh: 468 g, kJ: 19672, kcal: 4695

Für den Boden:
200 g Löffelbiskuits
125 g Butter

Für den Belag:
1 Honigmelone (etwa 500 g)
1 Cantaloup-Melone (etwa 500 g)
1 Wassermelone (etwa 800 g)
125 ml (1/8 l) Saft von den Melonen
375 ml (3/8 l) Buttermilch
300 g Schlagsahne
2 Pck. Galetta Vanille-Geschmack (Pudding-Pulver ohne Kochen)
1 Pck. Dr. Oetker Sahnesteif
2–3 EL Limettensaft

Zum Verzieren und Garnieren:
200 g Schlagsahne
1 Pck. Dr. Oetker Sahnesteif
1 Bio-Limette (unbehandelt, ungewachst)

Zubereitungszeit: 60 Minuten, ohne Kühlzeit

1. Für den Boden Löffelbiskuits in einen Gefrierbeutel geben. Den Beutel verschließen. Löffelbiskuits mit einer Teigrolle fein zerbröseln. Brösel in eine Rührschüssel geben. Die Butter zerlassen, zu den Biskuitbröseln geben und gut unterrühren.

2. Einen Springformrand (Ø 26 cm) auf eine mit Tortenspitze oder Backpapier belegte Tortenplatte stellen. Die Bröselmasse darin gleichmäßig verteilen und mit einem Löffel gut zu einem Boden andrücken. Tortenboden kalt stellen.

3. Für den Belag die einzelnen Melonensorten halbieren. Honig- und Cantaloup-Melone entkernen. Von den einzelnen Melonenhälften mit einem Kugelausstecher einige Kugeln ausstechen und beiseitelegen. Das restliche Fruchtfleisch mit einem Löffel aus den Schalen lösen und klein würfeln (Wassermelone beim Würfeln entkernen).

4. Melonenwürfel in einem Sieb gut abtropfen lassen, dabei die Flüssigkeit auffangen und 125 ml (1/8 l) abmessen. Die Melonenflüssigkeit mit Buttermilch und Sahne verrühren.

5. Galetta nach Packungsanleitung, aber mit der gesamten Buttermilch-Melonen-Sahne (800 ml) und zusätzlich 1 Päckchen Sahnesteif zubereiten. Limettensaft unterrühren und Melonenwürfel unterheben. Die Creme auf dem Bröselboden verteilen und glatt streichen. Die Torte 2–3 Stunden kalt stellen (Kühlschrank). Springformrand lösen und entfernen.

6. Zum Verzieren und Garnieren Sahne mit Sahnesteif steif schlagen und in einen Spritzbeutel mit Sterntülle (Ø etwa 10 mm) füllen. Die Tortenoberfläche mit Sahnetuffs oder Kringeln verzieren.

7. Die Limette heiß abwaschen und abtrocknen. Limettenschale mit einem Zestenreißer in Streifen abziehen. Beiseitegelegte Melonenkugeln mit Küchenpapier abtupfen. Die Torte mit Melonenkugeln und Limettenschalenstreifen garnieren.

Tipps: Das Fruchtfleisch der Wassermelone in dünne Scheiben schneiden. Aus den Scheiben mit Plätzchen-Ausstechern Motive, z. B. Blüten, ausstechen und als Rand an den Springformrand stellen und dann die Creme einfüllen. Die Torte schmeckt frisch am besten.

Limetten-Eisschnitten | Raffiniert

Insgesamt:
E: 49 g, F: 204 g, Kh: 309 g, kJ: 13942, kcal: 3333

Für den Sirup:
3 Bio-Limetten (unbehandelt, ungewachst)
100 ml Wasser
75 ml Limettensaft
120 g Zucker

Für das Eis:
2 Blatt weiße Gelatine
250 g Keksröllchen (Flämische Röllchen)
2 sehr frische Eiweiß (Größe M)
300 g Schlagsahne

Zum Verzieren und Garnieren:
150 g Schlagsahne
1 EL Zucker
1 Bio-Limette (unbehandelt, ungewachst)
1–2 EL gemahlene Pistazienkerne

Zubereitungszeit: 30 Minuten, ohne Gefrierzeit

1. Eine Kastenform (25 x 11 cm) an den Seiten und am Boden an mehreren Punkten leicht einfetten. Die Form mit Backpapier auslegen, das Papier an den Rändern überhängen lassen.

2. Für den Sirup 2 Limetten heiß abwaschen, abtrocknen und die Schale sehr dünn abschälen. Dann alle Limetten auspressen und 75 ml Saft abmessen. Wasser, abgemessenen Limettensaft, Limettenschale und Zucker in einem kleinen Topf zum Kochen bringen und anschließend ohne Deckel etwa 10 Minuten einkochen lassen.

3. Für das Eis die Gelatine in kaltem Wasser nach Packungsanleitung einweichen. Den Boden der Kastenform mit Keksröllchen auslegen. Restliche Keksröllchen mit einem Sägemesser in etwa 1 cm breite Stücke schneiden.

4. Den Sirup durch ein Sieb gießen (ergibt 75 ml). Eiweiß mit Handrührgerät mit Rührbesen steif schlagen. Eingeweichte Gelatine ausdrücken und in dem heißen Sirup unter Rühren auflösen. Den heißen Sirup nach und nach mit Handrührgerät mit Rührbesen unter den Eischnee schlagen.

5. Sahne steif schlagen. Sahne und Keksstücke unter den Eischnee heben. Die Sahnecreme in die Form füllen, glatt streichen und mit Backpapier belegen. Die Form in den Gefrierschrank stellen. Die Eismasse mindestens 5 Stunden gefrieren lassen.

6. Das Eis etwa 30 Minuten vor dem Servieren aus dem Gefrierfach nehmen und in der Form etwas antauen lassen.

7. Zum Verzieren und Garnieren Sahne mit Zucker steif schlagen und in einen Spritzbeutel mit Lochtülle (Ø etwa 10 mm) füllen. Die Limette heiß abwaschen und abtrocknen. Die Schale in dünnen Streifen abschälen und quer in feine Streifen schneiden.

8. Das Eis auf eine Platte stürzen, das Backpapier entfernen. Das Eis mit Sahnetupfen und -streifen verzieren. Mit Pistazienkernen und Limettenstreifen bestreuen. Das Eis mit einem Sägemesser in Scheiben schneiden.

Hinweis: Nur ganz frisches Eiweiß verwenden, das nicht älter als 5 Tage ist (Legedatum beachten!). Sollte von den Eisschnitten nicht alles verzehrt werden, sie sofort wieder in den Gefrierschrank stellen.

Limetten-Kokos-Schnitten | Schnell

Insgesamt:
E: 71 g, F: 475 g, Kh: 731 g, kJ: 31719, kcal: 7577

Für den Boden:
1 dunkler Wiener Boden (3 Lagen, 400 g)
250 g Zartbitter-Schokolade
150 g Butter
30 g Limettensirup

Für den Belag:
100 g Kokosfett
3 Bio-Limetten (unbehandelt, ungewachst)
2 Eiweiß (Größe M)
250 g gesiebter Puderzucker
250 g Kokosraspel
2–3 EL Limettensaft

Zum Verzieren:
70 g dunkle Kuchenglasur

Zubereitungszeit: 30 Minuten, ohne Kühl- und Abkühlzeit

1. Einen Backrahmen (etwa 25 x 25 cm) auf ein Backblech (mit Backpapier belegt) setzen. Für den Boden den Wiener Boden in Stücke zupfen, in eine Schüssel geben und mit einem Stabmixer oder im Mixer zerbröseln.

2. Die Schokolade in kleine Stücke hacken, mit Butter und Sirup in einem Topf mischen und unter Rühren bei schwacher Hitze erwärmen, bis Butter und Schokolade geschmolzen sind. Teigbrösel unterrühren. Die Brösel-Schoko-Masse in den Backrahmen füllen und mit einem Löffel gut zu einem Boden andrücken. Den Boden kalt stellen.

3. Für den Belag Kokosfett in einem Topf zerlassen und abkühlen lassen. Limetten heiß abwaschen, abtrocknen und die Schale abreiben. Limetten halbieren, den Saft auspressen und 2–3 Esslöffel abmessen. Das Eiweiß und Puderzucker in einer Rührschüssel kurz aufschlagen. Kokosraspel, Kokosfett, Limettenschale und -saft unterrühren. Dann die Kokosmasse auf den Bröselboden streichen und mit einer Teigkarte leicht andrücken. Den Kuchen etwa 1 Stunde kalt stellen (Kühlschrank).

4. Zum Verzieren Kuchenglasur nach Packungsanleitung schmelzen. Die Kuchenglasur in einen kleinen Gefrierbeutel füllen. Den Beutel verschließen und eine kleine Ecke abschneiden. Den Kuchen mit der Kuchenglasur verzieren. Glasur fest werden lassen. Den Backrahmen mit einem Messer lösen und entfernen. Zum Servieren den Kuchen in beliebig große Rauten schneiden.

Tipp: Das Gebäck kann auch in einer Springform (Ø 26 cm) zubereitet werden.

Hinweis: Nur ganz frisches Eiweiß verwenden, das nicht älter als 5 Tage ist (Legedatum beachten!). Die Schnitten im Kühlschrank aufbewahren und innerhalb von 24 Stunden verzehren.

Limettenschnittchen | Raffiniert

Insgesamt:
E: 123 g, F: 291 g, Kh: 454 g, kJ: 20844, kcal: 4979

Für den Bröselboden:
200 g Butterkekse
100 g Butter

Für den Belag:
1 Bio-Limette (unbehandelt, ungewachst)
8 Blatt weiße Gelatine
750 g Speisequark (40 % Fett)
100 g Zucker
1 Pck. Dr. Oetker Vanillin-Zucker
3 EL Limettensaft
150 ml Limettensirup
250 g Schlagsahne

Für den Guss:
1 Pck. Tortenguss, klar
100 ml Limettensirup
150 ml Wasser

Zum Garnieren:
evtl. 2 Bio-Limetten (unbehandelt, ungewachst)

Zubereitungszeit: 50 Minuten, ohne Kühlzeit

1. Für den Boden Kekse in einen Gefrierbeutel geben. Den Beutel verschließen. Die Kekse mit einer Teigrolle fein zerbröseln. Brösel in eine Rührschüssel geben. Butter zerlassen, zu den Keksbröseln geben und gut verrühren.

2. Einen Backrahmen (etwa 20 x 25 cm) auf ein Backblech (mit Backpapier belegt) stellen. Die Bröselmasse darin gleichmäßig verteilen und mit einem Löffel zu einem Boden andrücken. Boden kalt stellen.

3. Für den Belag Limette heiß abwaschen, abtrocknen und die Schale fein abreiben. Limette halbieren, den Saft auspressen und 3 Esslöffel abmessen.

4. Gelatine in kaltem Wasser nach Packungsanleitung einweichen. Speisequark mit Zucker, Vanillin-Zucker, Limettenschale und -saft glatt rühren. Eingeweichte Gelatine leicht ausdrücken und in einem kleinen Topf mit dem Limettensirup unter Rühren erwärmen (nicht kochen), bis sie völlig gelöst ist.

5. Gelatine mit etwa 4 Esslöffeln der Quarkmasse verrühren, dann unter die restliche Quarkmasse rühren. Quarkmasse kalt stellen.

6. Sahne steif schlagen. Sobald die Masse anfängt dicklich zu werden, Sahne vorsichtig unterheben. Die Quark-Sahne-Creme auf den Bröselboden geben und glatt streichen. Den Kuchen etwa 2 Stunden kalt stellen (Kühlschrank).

7. Für den Guss aus Tortengusspulver, Limettensirup und dem Wasser einen Guss nach Packungsanleitung zubereiten. Den Guss vorsichtig auf der Kuchenoberfläche verteilen. Den Kuchen nochmals etwa 30 Minuten kalt stellen (Kühlschrank). Backrahmen lösen und entfernen. Den Kuchen in Schnittchen schneiden.

8. Nach Belieben zum Garnieren Limetten heiß abwaschen, abtrocknen und in dünne Scheiben schneiden. Die Kuchenstücke mit je 1 Limettenscheibe garnieren.

Tipp: Limettensirup gibt es als Konzentrat zur Limonadenzubereitung im Supermarkt.

Malakoff-Torte | Mit Alkohol

Insgesamt:
E: 85 g, F: 377 g, Kh: 450 g, kJ: 23640, kcal: 5644

Für die Creme:
1 Pck. Dr. Oetker Pudding-Pulver Vanille-Geschmack
150 g Schlagsahne
225 ml Milch
125 g Zucker
150 g weiche Butter
150 g abgezogene, gemahlene Mandeln

Für den Boden:
250 g Löffelbiskuits
250 ml (1/4 l) Milch
1 Pck. Dr. Oetker Vanillin-Zucker
2–3 EL Rum

Zum Verzieren und Garnieren:
30 g Schokolade
250 g Schlagsahne
1 TL Zucker
1 Pck. Dr. Oetker Sahnesteif
2 EL rotes Gelee

Zubereitungszeit: 40 Minuten, ohne Abkühl- und Kühlzeit

1. Für die Creme aus Pudding-Pulver, 150 g Sahne, 225 ml Milch und 125 g Zucker einen Pudding nach Packungsanleitung zubereiten. Den Pudding erkalten lassen (nicht kalt stellen), dabei gelegentlich durchrühren.

2. Butter mit Handrührgerät mit Rührbesen geschmeidig rühren und den erkalteten Pudding esslöffelweise unterrühren. Dabei darauf achten, dass Butter und Pudding Zimmertemperatur haben, da die Buttercreme sonst gerinnt. Mandeln unterrühren.

3. Einen Springformrand (Ø 26 cm) auf eine mit Tortenspitze oder Backpapier belegte Tortenplatte stellen. 4 Löffelbiskuits beiseitelegen. Dann für den Boden die Hälfte der restlichen Löffelbiskuits nebeneinander auf dem Boden verteilen. Milch mit Vanillin-Zucker und Rum verrühren, die Hälfte davon auf die Löffelbiskuits geben. Darauf die Hälfte der Creme streichen und die restlichen Löffelbiskuits nebeneinander darauflegen. Die restliche Rum-Milch auf die Löffelbiskuits geben und darauf die restliche Creme verstreichen. Die Torte mindestens 3 Stunden kalt stellen (Kühlschrank).

4. Zum Verzieren Schokolade in einer kleinen Schüssel im heißen Wasserbad bei schwacher Hitze unter Rühren schmelzen. Die beiseitegelegten 4 Löffelbiskuits in je 3 Stücke teilen. Jeweils mit einem Ende eintauchen und die Schokolade fest werden lassen.

5. Springformrand lösen und entfernen. Sahne mit Zucker und Sahnesteif steif schlagen. Die Torte damit bestreichen und mit einem Teelöffel Vertiefungen in die Oberfläche drücken. Rotes Gelee glatt rühren, in einen kleinen Gefrierbeutel füllen, eine kleine Ecke abschneiden und Kringel auf die Torte spritzen. Die Torte bis zum Servieren kalt stellen (Kühlschrank), dann mit den vorbereiteten Schoko-Löffelbiskuits garnieren.

Mandarinen-Tiramisu-Torte I

Erfrischend

Insgesamt:
E: 72 g, F: 324 g, Kh: 370 g, kJ: 20088, kcal: 4796

Für die Creme:
6 Blatt weiße Gelatine
2 Dosen Mandarinen (Abtropfgewicht je 175 g)
500 g Mascarpone (ital. Frischkäse)
200 g Schmand (Sauerrahm) oder saure Sahne
75 ml Mandarinensaft aus der Dose
75 g Zucker
1 Pck. Dr. Oetker Finesse Geriebene Zitronenschale
50 ml Zitronensaft
200 g Schlagsahne

Außerdem:
250 g Löffelbiskuits

Zum Tränken:
75 ml Mandarinensaft aus der Dose

Zum Bestreuen:
evtl. etwas Zimt-Zucker

Zubereitungszeit: 30 Minuten, ohne Kühlzeit

1. Für die Creme die Gelatine in kaltem Wasser nach Packungsanleitung einweichen. Mandarinen in einem Sieb abtropfen lassen, dabei den Saft auffangen. Den Mascarpone mit Schmand oder saurer Sahne, 75 ml Mandarinensaft, Zucker, Zitronenschale und -saft in eine Rührschüssel geben und gut verrühren.

2. Eingeweichte Gelatine leicht ausdrücken, in einem kleinen Topf unter Rühren bei schwacher Hitze auflösen (nicht kochen).

3. Die Gelatine mit etwa 3 Esslöffeln der Mascarpone-Masse verrühren, dann unter die restliche Mascarpone-Masse rühren. Sahne steif schlagen und unterheben. Zwei Drittel der Mandarinen ebenfalls unterheben.

4. Einen Backrahmen (etwa 20 x 24 cm) auf eine Tortenplatte stellen. Den Boden mit Löffelbiskuits mit der Zuckerseite nach oben auslegen und mit der Hälfte von 75 ml Mandarinensaft tränken. Die Löffelbiskuits vorsichtig mit der Hälfte der Mandarinencreme bestreichen, wieder mit Löffelbiskuits belegen und mit dem restlichen Saft tränken. Restliche Creme locker darauf verteilen. Die Torte etwa 3 Stunden kalt stellen (Kühlschrank).

5. Den Backrahmen lösen und entfernen. Die Torte mit den restlichen Mandarinen belegen. Die Torte nach Belieben vor dem Servieren mit etwas Zimt-Zucker bestreuen.

Tipp: Zum Tränken können dem Saft 2 Esslöffel Cointreau (Orangenlikör) beigefügt werden.

Mandelcremetorte mit kandierten Veilchen | Einfach – mit Alkohol

Insgesamt:
E: 87 g, F: 417 g, Kh: 374 g, kJ: 24052, kcal: 5745

Für die Mandelcreme:
150 g weiche Butter
3 Eigelb (Größe M)
125 g feinkörniger Zucker
1 Pck. Dr. Oetker Vanillin-Zucker
125 g Schlagsahne
150 g abgezogene, gemahlene Mandeln
½ Pck. Dr. Oetker Vanillin-Zucker

Für den Boden:
250 ml (¼ l) Milch
3–4 EL Rum
250 g Löffelbiskuits

Zum Verzieren und Garnieren:
500 g Schlagsahne
2 TL Zucker
2 Pck. Dr. Oetker Sahnesteif
einige kandierte Veilchen

Zubereitungszeit: 40 Minuten, ohne Kühlzeit

1. Für die Creme Butter in einer Rührschüssel mit Handrührgerät mit Rührbesen auf höchster Stufe geschmeidig rühren.

2. Eigelb, Zucker und Vanillin-Zucker in eine Rühr- oder Edelstahlschüssel geben und im heißen Wasserbad bei mittlerer Hitze schaumig schlagen, bis eine dickflüssige Masse entstanden ist. Die Schüssel aus dem Wasserbad nehmen und die Eigelbcreme unter Rühren erkalten lassen.

3. Sahne steif schlagen. Die Eigelbcreme nach und nach unter die Butter rühren. Mandeln und Vanillin-Zucker unterrühren. Sahne unterheben.

4. Für den Boden Milch mit Rum verrühren. Die Löffelbiskuits kurz darin wenden und anschließend beiseitelegen.

5. Einen Springformrand (Ø 26 cm) auf eine mit Backpapier belegte Tortenplatte stellen. Den Boden mit der Hälfte der getränkten Löffelbiskuits auslegen.

6. Die Hälfte der Mandelcreme darauf verteilen und mit den restlichen Löffelbiskuits belegen. Die restliche Creme daraufgeben und glatt streichen. Die Torte 3–4 Stunden kalt stellen (Kühlschrank). Springformrand lösen und entfernen.

7. Zum Verzieren und Garnieren Sahne mit Zucker und Sahnesteif steif schlagen. Tortenrand und -oberfläche damit bestreichen. In die Tortenoberfläche mithilfe eines Teelöffels kleine Vertiefungen eindrücken. Die Torte mit den Veilchen garnieren.

Tipps: Kandierte Veilchen erhalten Sie in Fachgeschäften für Süßwaren und Backzutaten. Oder die Torte mit frischen, unbehandelten und gezuckerten Veilchen garnieren.

Hinweis: Nur ganz frische Eigelb verwenden, die nicht älter als 5 Tage sind (Legedatum beachten!). Die Torte im Kühlschrank aufbewahren und innerhalb von 24 Stunden verzehren.

Mandel-Sahne-Torte | Mit Alkohol

Insgesamt:
E: 208 g, F: 327 g, Kh: 712 g, kJ: 29338, kcal: 7010

Für den Boden:
12 Zwiebäcke
200 g Nuss-Nougat

Für den Belag:
12 Blatt weiße Gelatine
750 g Speisequark (Magerstufe)
200 g Zucker
2 Pck. Dr. Oetker Vanillin-Zucker
abgeriebene Schale und Saft von
1 Bio-Zitrone (unbehandelt, ungewachst)
abgeriebene Schale und Saft von
1 Bio-Orange (unbehandelt, ungewachst)
125 ml (1/8 l) trockener Weißwein
250 g Schlagsahne
100 g gehackte Mandeln

Zum Garnieren:
30 g gestiftelte Mandeln
50 g Zartbitter-Kuvertüre
3 Orangen

Zubereitungszeit: 45 Minuten, ohne Kühl- und Abkühlzeit

1. Für den Boden Zwiebäcke in einen Gefrierbeutel geben. Den Beutel verschließen. Zwiebäcke mit einer Teigrolle fein zerbröseln, in eine Rührschüssel geben.

2. Nougat in einem kleinen Topf im heißen Wasserbad bei schwacher Hitze unter Rühren schmelzen, zu den Zwiebackbröseln geben und gut verrühren.

3. Einen Springformrand (Ø 26 cm) auf eine mit Tortenspitze oder Backpapier belegte Tortenplatte stellen. Die Bröselmasse darin gleichmäßig verteilen und mit einem Löffel gut zu einem Boden andrücken. Tortenboden kalt stellen.

4. Für den Belag die Gelatine in kaltem Wasser nach Packungsanleitung einweichen. Den Quark mit Zucker, Vanillin-Zucker, Zitronenschale, -saft, Orangenschale und -saft verrühren. Den Wein in einem kleinen Topf bei schwacher Hitze erwärmen. Eingeweichte Gelatine leicht ausdrücken und unter Rühren in dem Wein auflösen (nicht kochen). Gelatine mit etwa 4 Esslöffeln der Quarkmasse verrühren, dann unter die restliche Quarkmasse rühren.

5. Sahne steif schlagen, mit den Mandeln unter die Quarkmasse heben. Die Mandelcreme auf den Bröselboden geben und glatt streichen. Die Torte etwa 3 Stunden kalt stellen (Kühlschrank).

6. Zum Garnieren Mandeln in einer Pfanne ohne Fett anrösten, herausnehmen und auf einem Teller erkalten lassen. Die Kuvertüre in Stücke hacken, in einem kleinen Topf im heißen Wasserbad bei schwacher Hitze unter Rühren schmelzen. Kuvertüre in einen kleinen Gefrierbeutel füllen und eine kleine Ecke abschneiden. Die Kuvertüre in Streifen auf Backpapier spritzen. Kuvertüre fest werden lassen.

7. Die Orangen so schälen, dass die weiße Haut mitentfernt wird. Die Orangen quer in dünne Scheiben schneiden. Die Tortenoberfläche mit den Orangenscheiben belegen. Springformrand lösen und entfernen. Zum Garnieren die Tortenoberfläche mit den Mandeln und Kuvertürestreifen belegen.

Marshmallow-Erdbeer-Torte I

Für Kinder

Insgesamt:
E: 36 g, F: 278 g, Kh: 307 g, kJ: 16769, kcal: 4010

Für den Boden:
150 g Butterkekse
100 g Butter
50 g Zucker
50 g Vollmilch-Schokolade

Für die Füllung:
500 g frische Erdbeeren
500 g Schlagsahne
2 Pck. Dr. Oetker Sahnesteif
100 g Marshmallow-Creme Classic oder Strawberry-Fluff (Erdbeer-Geschmack)

Zum Garnieren:
Marshmallows

Zubereitungszeit: 30 Minuten, ohne Kühlzeit

1. Für den Boden Butterkekse in einen Gefrierbeutel geben. Den Beutel verschließen. Butterkekse mit einer Teigrolle fein zerbröseln. Brösel in eine Rührschüssel geben. Butter zerlassen, mit dem Zucker zu den Keksbröseln geben und gut verrühren.

2. Einen Springformrand (Ø 26 cm) auf eine mit Tortenspitze oder Backpapier belegte Tortenplatte stellen. Die Bröselmasse darin gleichmäßig verteilen und mit einem Löffel gut zu einem Boden andrücken.

3. Die Schokolade in Stücke brechen und dann in einem kleinen Topf im heißen Wasserbad bei schwacher Hitze unter Rühren schmelzen. Schokolade mit einem Backpinsel auf dem Bröselboden verstreichen. Tortenboden kalt stellen.

4. Für die Füllung Erbeeren putzen, waschen, gut abtropfen lassen (6 Erdbeeren mit Grün zum Garnieren beiseitelegen) und entstielen. Die Erdbeeren auf den Schoko-Brösel-Boden legen. Dabei am Rand etwa 1 cm frei lassen.

5. Die Sahne mit Sahnesteif steif schlagen. Marshmallow-Creme zuerst mit einem Drittel der Sahne verrühren, dann unter die restliche Sahne heben. Die Sahnecreme auf die Erdbeeren geben und schön glatt streichen. Nach Belieben mithilfe eines Teelöffels Vertiefungen in die Tortenoberfläche drücken. Die Torte mindestens 1 Stunde kalt stellen (Kühlschrank). Springformrand lösen und entfernen.

6. Zum Garnieren beiseitegelegte Erdbeeren mit dem Grün halbieren. Die Torte mit Erdbeerhälften und Marshmallows garnieren.

Tipps: Marshmallow-Creme gibt es oft in Lebensmittelabteilungen der Kaufhäuser, bei den amerikanischen Lebensmitteln oder in großen Supermärkten. Anstelle der Butterkekse können auch Löffelbiskuits verwendet werden.
Statt mit Vertiefungen kann man die Tortenoberfläche auch mit einem Tortengarnierkamm wellenförmig verzieren oder die Masse kuppelartig auf die Erdbeeren streichen.
Anstelle der Erdbeeren können auch Johannisbeeren verwendet werden, die der Torte eine leicht säuerliche Note geben.

Mascarpone-Torte mit Walnuss-Crunch-Boden | Raffiniert

Insgesamt:
E: 62 g, F: 435 g, Kh: 307 g, kJ: 23396, kcal: 5597

Für den Boden:
175 g Löffelbiskuits
125 g Walnusskerne
½ TL gemahlener Zimt
175 g Butter

Für den Belag:
2 Pck. Aranca Zitronen-Geschmack (Dessertpulver ohne Kochen)
400 ml Apfelsaft
250 g Mascarpone (ital. Frischkäse)
200 g Schlagsahne
500 g frische Brombeeren (ersatzweise TK-Brombeeren)

Für den Guss:
1 Pck. Tortenguss, klar
250 ml (¼ l) Apfelsaft

Zubereitungszeit: 50 Minuten, ohne Kühlzeit

1. Für den Boden Löffelbiskuits in einen Gefrierbeutel geben. Den Beutel verschließen. Die Löffelbiskuits mit einer Teigrolle fein zerbröseln. Walnusskerne hacken, mit den Bröseln und Zimt in eine Rührschüssel geben und gut vermischen. Butter zerlassen, zu der Bröselmischung geben und gut verrühren.

2. Einen Springformrand (Ø 26 cm) auf eine mit Tortenspitze oder Backpapier belegte Tortenplatte stellen. Die Bröselmasse darin gleichmäßig verteilen und mit einem Löffel gut zu einem Boden andrücken. Tortenboden kalt stellen.

3. Für den Belag Aranca nach Packungsanleitung, aber nur mit dem hier angegebenen Apfelsaft (statt Wasser und Joghurt) zubereiten. Mascarpone verrühren. Sahne steif schlagen. Mascarpone und Sahne unter die Arancazubereitung heben. Die Creme auf den Bröselboden geben und glatt streichen. Die Torte etwa 2 Stunden kalt stellen (Kühlschrank).

4. Die Brombeeren abspülen, gut abtropfen lassen und entstielen (TK-Beeren nach Packungsanleitung auftauen und gut abtropfen lassen). Brombeeren auf der Tortenoberfläche verteilen.

5. Für den Guss aus Tortengusspulver und Apfelsaft einen Guss nach Packungsanleitung zubereiten. Den Guss etwas abkühlen lassen und dann auf den Brombeeren verteilen. Die Torte etwa 1 Stunde kalt stellen (Kühlschrank). Den Springformrand lösen und entfernen.

Tipp: Die Mascarpone-Torte nach Belieben mit geraspelter, weißer Schokolade und einigen roten Johannisbeeren garnieren.

Melonen-Eistorte | Fruchtig – mit Alkohol

Insgesamt:
E: 35 g, F: 79 g, Kh: 239 g, kJ: 8128, kcal: 1939

Für den Boden:
150 g Amarettini (ital. Mandelmakronen)
90 g Butter

Für den Belag:
1 Charentais-Melone (etwa 800 g)
Saft von
1 Limette
einige Minzeblättchen
1 Pck. Mousse à la Vanille (Dessertpulver)
200 ml Milch
100 g Schlagsahne

Zum Garnieren:
je 1/2 Ogen- und Honigmelone

Für den Guss:
1 Pck. Tortenguss, klar
1–2 EL Zucker
125 ml (1/8 l) Sekt
125 ml (1/8 l) Wasser

Zubereitungszeit: 50 Minuten, ohne Gefrierzeit

1. Für den Boden Amarettini in einen Gefrierbeutel geben. Den Beutel verschließen. Amarettini mit einer Teigrolle fein zerbröseln. Brösel in eine Rührschüssel geben. Butter zerlassen, zu den Amarettinibröseln geben und gut verrühren.

2. Einen Springformrand (Ø 26 cm) auf eine mit Tortenspitze oder Backpapier belegte Tortenplatte stellen. Die Bröselmasse darin gleichmäßig verteilen und mit einem Löffel gut zu einem Boden andrücken. Tortenboden kalt stellen.

3. Für den Belag Charentais-Melone halbieren, entkernen und schälen. Fruchtfleisch grob würfeln, in einen hohen Rührbecher geben und mit dem Limettensaft pürieren. Minzeblättchen abspülen, trocken tupfen und in Streifen schneiden.

4. Das Mousse-Dessertpulver mit Milch und Sahne nach Packungsanleitung zubereiten. Melonenpüree und Minzestreifen unterheben. Den Belag auf den Bröselboden geben und glatt streichen. Die Torte mindestens 6 Stunden (oder über Nacht) in den Gefrierschrank stellen.

5. Zum Garnieren Melonenhälften entkernen und das Fruchtfleisch mit einem Kugelausstecher herauslösen. Die Torte aus dem Gefrierschrank nehmen. Die Melonenkugeln auf die Tortenoberfläche legen.

6. Für den Guss aus Tortengusspulver, Zucker, Sekt und Wasser einen Guss nach Packungsanleitung zubereiten. Guss etwas abkühlen lassen. Den Guss gleichmäßig auf den Melonenkugeln verteilen. Den Guss fest werden lassen. Den Springformrand lösen und entfernen. Die Torte sofort servieren.

Tipps: Nach Belieben die Tortenoberfläche mit einigen Amarettini und Minze- oder Melisseblättchen garnieren. Die Torte sollte vom Garnieren bis zum Servieren etwas antauen, dann lässt sie sich besser schneiden. Angetaute Torte nicht wieder einfrieren.

Melonen-Mousse-Torte | Raffiniert

Insgesamt:
E: 56 g, F: 267 g, Kh: 345 g, kJ: 16960, kcal: 4040

Für den Boden:
175 g Löffelbiskuits
125 g Butter

Für den Belag:
400 g Honigmelone
2 Pck. Mousse Zitrone (Dessertpulver)
300 ml Milch
200 g Schlagsahne

Zum Verzieren und Garnieren:
200 g Schlagsahne
1 Pck. Dr. Oetker Vanillin-Zucker
einige rote, saure Fruchtgummibänder

Zubereitungszeit: 30 Minuten, ohne Kühlzeit

1. Für den Boden Löffelbiskuits in einen Gefrierbeutel geben und den Beutel verschließen. Löffelbiskuits mit einer Teigrolle fein zerbröseln. Die Biskuitbrösel in eine Rührschüssel geben. Butter zerlassen, zu den Biskuitbröseln geben und gut verrühren.

2. Einen Springformrand (Ø 26 cm) auf eine mit Tortenspitze oder Backpapier belegte Tortenplatte stellen. Die Bröselmasse darin gleichmäßig verteilen und mit einem Löffel gut zu einem Boden andrücken. Den Boden kalt stellen.

3. Für den Belag die Melone halbieren und die Kerne mit einem Löffel herauslösen. Eine Melonenhälfte der Länge nach dritteln. Zum Garnieren aus der Mitte der einzelnen Spalten quer einige Keile herausschneiden und diese an den unteren Ecken nach Belieben etwas rund schneiden, sodass sie wie kleine Melonenspalten aussehen. Melonenstücke beiseitelegen. Das restliche Melonenfruchtfleisch klein würfeln. Fruchtfleisch in einem Sieb gut abtropfen lassen.

4. Aus dem Dessertpulver nach Packungsanleitung, aber nur mit den hier angegebenen Mengen Milch und Sahne eine Mousse zubereiten. Melonenwürfel auf dem Bröselboden verteilen. Mousse daraufgeben und glatt streichen. Die Torte etwa 2 Stunden kalt stellen (Kühlschrank).

5. Zum Verzieren und Garnieren den Springformrand lösen und entfernen. Sahne mit Vanillin-Zucker steif schlagen und mit einem Teelöffel in Häufchen auf die Tortenoberfläche setzen oder mit einem Spritzbeutel mit Lochtülle Sahnespiralen auf die Tortenoberfläche und den -rand spritzen.

6. Um jedes der beiseitegelegten Melonenscheibchen ein Stück Fruchtgummiband legen, sodass die Stückchen wie „Melone mit Parmaschinken" aussehen. Die Stücke auf die Torte in die Sahneverzierung stellen oder legen.

Tipps: Die Torte schmeckt frisch am besten. Statt Zitronen-Mousse können Sie auch Vanille-Mousse verwenden.

Meringue-Torte mit Erdbeeren I

Mit Alkohol

Insgesamt:
E: 19 g, F: 157 g, Kh: 222 g, kJ: 10525, kcal: 2514

Zum Vorbereiten:
500 g Erdbeeren
40 g gesiebter Puderzucker
3 EL Kirschwasser oder Orangenlikör

Für den Boden:
100 g Feines Schaumgebäck (Mini-Meringues Natural)

Für die Füllung:
500 g Schlagsahne
2 Pck. Dr. Oetker Sahnesteif
20 g Puderzucker
1 Pck. Dr. Oetker Vanillin-Zucker

Zubereitungszeit: 35 Minuten, ohne Durchzieh- und Gefrierzeit

1. Zum Vorbereiten Erdbeeren putzen, waschen, gut abtropfen lassen (3–4 Erdbeeren mit Grün beiseitelegen) und in kleine Stücke schneiden. Erdbeerstücke in eine Schüssel geben. Puderzucker und Kirschwasser oder Orangenlikör unterrühren. Erdbeerstücke zugedeckt etwa 1 Stunde durchziehen lassen.

2. Die Hälfte des Schaumgebäckes in einen Gefrierbeutel geben. Den Beutel verschließen. Das Schaumgebäck grob zerbröseln. Einen Springformrand (Ø 26 cm) auf eine mit Tortenspitze oder Backpapier belegte Tortenplatte stellen. Die Gebäckbrösel darin gleichmäßig verteilen.

3. Erdbeerstücke in einem Sieb abtropfen lassen, dabei den Saft auffangen.

4. Für die Füllung Sahne mit Sahnesteif, Puderzucker und Vanillin-Zucker steif schlagen. Den aufgefangenen Erdbeersaft unterheben. Etwa 3 Esslöffel der Erdbeersahne in einen Spritzbeutel mit Sterntülle geben. Erdbeerstücke unter die restliche Erdbeersahne heben. Die Hälfte der Erdbeer-Sahne-Creme vorsichtig auf die Gebäckbrösel in den Springformrand geben und glatt streichen. Restliches Schaumgebäck (5–6 Stück beiseitelegen) darauf verteilen. Restliche Erdbeer-Sahne-Creme daraufgeben und glatt streichen.

5. Die Tortenoberfläche mit der Erdbeersahne aus dem Spritzbeutel verzieren. Die Torte in den Gefrierschrank stellen und etwa 5 Stunden gefrieren lassen.

6. Springformrand lösen und entfernen. Beiseitegelegte Erdbeeren mit Grün halbieren. Die Tortenoberfläche mit den Erdbeerhälften und dem beiseitegelegten Schaumgebäck garnieren.

Tipps: Die Eistorte kann gut vorbereitet werden. Torte über Nacht gefrieren lassen. Dann sollte man sie mit Frischhaltefolie zudecken.

Mini-Windbeutel-Torte I

Mit Alkohol

Insgesamt:
E: 45 g, F: 296 g, Kh: 153 g, kJ: 16010, kcal: 3828

Für den Boden:
150 g Löffelbiskuits
125 g Butter

Für den Belag:
4 Blatt rote Gelatine
150 g Joghurt
100 ml Cassislikör
30 g Zucker
400 g Schlagsahne
1 Pck. TK-Mini-Windbeutel, z. B. mit Erdbeer-Sahne-Füllung

Zum Garnieren:
einige frische Erdbeeren

Zubereitungszeit: 35 Minuten, ohne Kühlzeit

1. Für den Boden Löffelbiskuits in einen Gefrierbeutel geben und den Beutel verschließen. Die Löffelbiskuits mit einer Teigrolle fein zerbröseln. Biskuitbrösel in eine Rührschüssel geben. Butter zerlassen, zu den Biskuitbröseln geben und gut verrühren.

2. Einen Springformrand (Ø 24 cm) auf eine mit Tortenspitze oder Backpapier belegte Tortenplatte stellen. Die Bröselmasse darin gleichmäßig verteilen und mit einem Löffel gut zu einem Boden andrücken. Den Boden kalt stellen.

3. Für den Belag die Gelatine in kaltem Wasser nach Packungsanleitung einweichen. Den Joghurt, Likör und Zucker verrühren. Die Gelatine leicht ausdrücken und in einem kleinen Topf bei schwacher Hitze unter Rühren auflösen (nicht kochen). Gelatine zunächst mit etwa 4 Esslöffeln von der Joghurtmasse verrühren, dann unter die restliche Joghurtmasse rühren. Kalt stellen.

4. Sahne steif schlagen. Sobald die Masse anfängt dicklich zu werden, Sahne unterheben.

5. Drei Esslöffel der Creme auf dem Boden verstreichen. Einen Kranz aus gefrorenen Mini-Windbeuteln auf den äußeren Rand legen. Restliche Creme bergartig in die Mitte geben, mit einem Teelöffel Stufen eindrücken. Restliche Mini-Windbeutel in Scheiben schneiden.

6. Zum Garnieren Erdbeeren putzen, waschen, gut abtropfen lassen, eventuell entstielen und halbieren. Die Torte mit Windbeutelscheiben und Erdbeerhälften garnieren. Die Torte etwa 2 Stunden kalt stellen (Kühlschrank). Springformrand lösen und entfernen.

Tipp: Anstelle von Cassislikör kann auch Himbeer-, Brombeer- oder Johannisbeersaft verwendet werden.

Mont-Blanc-Pyramide | Mit Alkohol

Insgesamt:
E: 50 g, F: 337 g, Kh: 256 g, kJ: 19011, kcal: 4541

Für die Kaffeecreme:
5 Eigelb (Größe M)
40 g Zucker
1 Pck. Dr. Oetker Vanillin-Zucker
5 EL starker Kaffee
250 g Butter
75 g geriebene Toblerone®

45 Löffelbiskuits
125 ml (1/8 l) spanischer Brandy

50 g geschabte Toblerone®

Zum Verzieren und Garnieren:
125 g Schlagsahne
etwa 75 g Toblerone®
(in Scheiben geschnitten)

Zubereitungszeit: 35 Minuten, ohne Kühlzeit

1. Für die Kaffeecreme Eigelb mit Zucker, Vanillin-Zucker und Kaffee in eine Rühr- oder Edelstahlschüssel geben, im heißen Wasserbad mit Handrührgerät mit Rührbesen bei mittlerer Hitze schaumig schlagen, bis eine dickflüssige Masse entstanden ist. Die Schüssel aus dem Wasserbad nehmen. Die Eigelbcreme unter Rühren erkalten lassen.

2. Die Butter in einer Rührschüssel schaumig rühren. Die Eigelbcreme esslöffelweise unterrühren. Die geriebene Schokolade unterrühren.

3. Die Löffelbiskuits mit dem Brandy tränken. Auf eine längliche Kuchenplatte 4 x 3 Löffelbiskuits längs hintereinander als Pyramidenboden legen und gleichmäßig etwa ½ cm dick mit der Kaffeecreme bestreichen.

4. Dann 3 x 3 Löffelbiskuits längs hintereinander darauflegen, dann noch 3 x 3, danach 2 x 3 und zuletzt 1 x 3 Löffelbiskuits. Dabei jede Lage gleichmäßig mit der Kaffeecreme bestreichen. Mit der restlichen Creme die Pyramidenseiten einstreichen. Die Längsseiten der Pyramide mit der geschabten Schokolade bestreuen. Die Pyramide etwa 2 Stunden kalt stellen (Kühlschrank).

5. Zum Verzieren und Garnieren die Sahne steif schlagen und in einen Spritzbeutel mit Sterntülle füllen. Die Pyramide damit verzieren. Die Pyramide mit den Schokoladenscheiben garnieren.

Tipp: Etwa 50 g Schokolade schmelzen und die Pyramide mit der Schokolade verzieren.

Hinweis. Nur ganz frische Eigelb verwenden, die nicht älter als 5 Tage sind (Legedatum beachten!).

Mousse-au-Cappuccino-Torte I

Raffiniert

Insgesamt:
E: 49 g, F: 324 g, Kh: 336 g, kJ: 18720, kcal: 4462

Für den Boden:
200 g Schoko-Cookies (Schokoladenkekse)
125 g Butter

Für den Belag:
2 Pck. Mousse au Chocolat (Dessertpulver)
300 ml Milch
200 g Schlagsahne
2 Beutel (je 10 g) Instant-Cappuccino-Pulver

Zum Verzieren und Garnieren:
200 g Schlagsahne
1 Pck. Dr. Oetker Vanillin-Zucker
einige Mokkabohnen oder -pralinen
30 g Zartbitter-Schokolade
evtl. etwas Kakaopulver

Zubereitungszeit: 25 Minuten, ohne Kühlzeit

1. Für den Boden die Schoko-Cookies in einen Gefrierbeutel geben und den Beutel verschließen. Die Schoko-Cookies mit einer Teigrolle fein zerbröseln. Brösel in eine Rührschüssel geben. Butter zerlassen, zu den Gebäckbröseln geben und gut verrühren.

2. Einen Springformrand (Ø 26 cm) auf eine mit Tortenspitze oder Backpapier belegte Tortenplatte stellen. Die Bröselmasse gleichmäßig darin verteilen und mit einem Löffel gut zu einem Boden andrücken. Tortenboden kalt stellen.

3. Für den Belag Dessertpulver mit Milch und Sahne nach Packungsanleitung, aber mit den hier angegebenen Zutaten zubereiten. Cappuccino-Pulver unterschlagen. Die Creme auf den Bröselboden geben und glatt streichen. Die Torte etwa 1 Stunde kalt stellen (Kühlschrank). Springformrand lösen und entfernen.

4. Zum Verzieren und Garnieren Sahne mit Vanillin-Zucker steif schlagen. Die Sahne so auf die Tortenoberfläche streichen, dass rundherum ein etwa 1 cm breiter Mousse-Rand sichtbar bleibt. In die Sahne mit einem Teelöffel Vertiefungen eindrücken. Die Torte mit Mokkabohnen oder -pralinen garnieren.

5. Die Schokolade in Stücke brechen, in einem kleinen Topf im heißen Wasserbad bei schwacher Hitze unter Rühren schmelzen. Schokolade in ein Pergamentpapiertütchen oder einen kleinen Gefrierbeutel füllen und eine kleine Ecke abschneiden. Den Tortenrand mit der Schokolade verzieren. Nach Belieben die Tortenplatte mit verzieren.

6. Die Torte bis zum Servieren kalt stellen (Kühlschrank). Nach Belieben mit etwas Kakao bestäuben.

Tipp: Schoko-Cookies gibt es in unterschiedlichen Packungsgrößen. Bei einer 175-g-Packung können die Cookies mit Zwieback oder Löffelbiskuits auf 200 g aufgefüllt werden.

Abwandlung: Anstelle der Schoko-Cookies den Boden mit derselben Menge Schoko-Waffelröllchen zubereiten.

Mousse-au-Nougat-Torte | Mit Alkohol

Insgesamt:
E: 76 g, F: 264 g, Kh: 185 g, kJ: 15667, kcal: 3745

Für den Boden:
120 g Löffelbiskuits
100 g Butter

Für die Creme:
6 Blatt weiße Gelatine
4 Eigelb (Größe M)
25 g Zucker
150 g Nuss-Nougat
125 ml (1/8 l) frisch gekochter Kaffee
6 EL Cognac
250 g Schlagsahne
4 Eiweiß (Größe M)

50 g gehobelte Haselnusskerne

Zubereitungszeit: 50 Minuten, ohne Kühlzeit

1. Für den Boden Löffelbiskuits in einen Gefrierbeutel geben und den Beutel verschließen. Löffelbiskuits mit einer Teigrolle fein zerbröseln. Die Biskuitbrösel in eine Rührschüssel geben. Butter zerlassen, zu den Biskuitbröseln geben und gut verrühren.

2. Einen Springformrand (Ø 24 cm) auf eine mit Tortenspitze oder Backpapier belegte Tortenplatte stellen. Die Bröselmasse darin gleichmäßig verteilen und mit einem Löffel gut zu einem Boden andrücken. Tortenboden kalt stellen.

3. Für die Creme die Gelatine in kaltem Wasser nach Packungsanleitung einweichen. Eigelb und Zucker in eine Rühr- oder Edelstahlschüssel geben und im heißen Wasserbad bei mittlerer Hitze schaumig schlagen, bis eine dickflüssige Masse entstanden ist.

4. Nuss-Nougat in kleine Stücke schneiden und in einem kleinen Topf im heißen Wasserbad unter Rühren schmelzen. Den Topf aus dem Wasserbad nehmen, Kaffee unterrühren. Eingeweichte Gelatine leicht ausdrücken, zu der Nougat-Kaffee-Masse geben und unter Rühren auflösen.

5. Die Nougat-Kaffee-Masse unter die Eigelbcreme heben. Cognac vorsichtig unterrühren. Die Creme kalt stellen.

6. Sahne steif schlagen. Eiweiß sehr steif schlagen. Wenn die Masse anfängt dicklich zu werden, Sahne und Eischnee unterheben.

7. Die Mousse auf den Bröselboden geben, glatt streichen und mit einem Teelöffel Vertiefungen in die Oberfläche drücken. Die Torte etwa 2 Stunden kalt stellen (Kühlschrank).

8. Springformrand lösen und entfernen. Tortenrand und den oberen, äußeren Rand mit Haselnusskernen bestreuen.

Hinweis: Nur ganz frische Eier verwenden, die nicht älter als 5 Tage sind (Legedatum beachten!).

Muttertagstorte I

Zum Verschenken

Insgesamt:
E: 43 g, F: 209 g, Kh: 296 g, kJ: 13777, kcal: 3284

Für den Belag:
1 Glas Stachelbeeren (Abtropfgewicht 370 g)
250 g Erdbeeren
6 Blatt weiße Gelatine
250 ml (1/4 l) Stachelbeersaft aus dem Glas

Für die Füllung:
1 Pck. Galetta Vanille-Geschmack (Pudding-Pulver ohne Kochen)
300 ml Milch
200 g weiche Butter

1 Lage von 1 hellen Wiener Boden (Ø etwa 24 cm)

Zum Bestreuen:
etwa 40 g gehobelte Mandeln

Zubereitungszeit: 40 Minuten, ohne Kühlzeit

1. Für den Belag Stachelbeeren in einem Sieb abtropfen lassen, dabei den Saft auffangen und 250 ml (1/4 l) abmessen.

2. Erdbeeren putzen, waschen, abtropfen lassen und entstielen. Größere Erdbeeren vierteln oder achteln. Gelatine in kaltem Wasser nach Packungsanleitung einweichen.

3. Für die Füllung Galetta mit Milch nach Packungsanleitung, aber nur mit 300 ml Milch zubereiten. Die Butter mit Handrührgerät mit Rührbesen geschmeidig rühren. Den Pudding esslöffelweise unterrühren. Dabei darauf achten, dass Butter und Pudding Zimmertemperatur haben, da die Buttercreme sonst gerinnt.

4. Eingeweichte Gelatine leicht ausdrücken und in einem kleinen Topf unter Rühren bei schwacher Hitze auflösen (nicht kochen). Stachelbeersaft unterrühren.

5. Stachelbeeren und Erdbeerstücke in eine Glasschale (Ø 24 cm, etwa 3-Liter-Inhalt, mit Frischhaltefolie ausgelegt) geben und vermengen. 200 ml der Stachelbeer-Gelatine-Flüssigkeit daraufgießen. Die Glasschale etwa 1 Stunde kalt stellen (Kühlschrank).

6. Die Buttercreme auf die Obstmasse streichen. Den Biskuitboden darauflegen (eventuell von dem Rand etwas abschneiden). Die Torte etwa 2 Stunden kalt stellen (Kühlschrank).

7. Die Torte auf eine Tortenplatte stürzen. Die Frischhaltefolie vorsichtig entfernen.

8. Restliche Stachelbeer-Gelatine-Masse nochmals kurz erhitzen (nicht kochen). Den Guss leicht abkühlen lassen und mithilfe eines Pinsels vorsichtig auf dem Obst und der Buttercreme verteilen.

9. Mandeln in einer Pfanne ohne Fett hellbraun rösten, herausnehmen und auf einem Teller erkalten lassen.

10. Den Tortenrand mit den Mandeln bestreuen. Die Torte etwa 30 Minuten kalt stellen (Kühlschrank).

Nougat-Käsesahne-Torte | Beliebt

Insgesamt:
E: 154 g, F: 176 g, Kh: 547 g, kJ: 18787, kcal: 4488

Für den Boden:
180 g Zwieback
200 g Nuss-Nougat

Für die Käsemasse:
6 Blatt weiße Gelatine
750 g Speisequark (Magerstufe)
100 ml Milch
50 g Zucker
100 g Nuss-Nougat
250 g Schlagsahne
1 EL Kakaopulver
75 g Zucker

Zum Verzieren:
100 g Nuss-Nougat

Zubereitungszeit: 40 Minuten, ohne Kühl- und Abkühlzeit

1. Für den Boden Zwiebäcke in einen Gefrierbeutel geben. Den Beutel verschließen. Zwiebäcke mit einer Teigrolle fein zerbröseln. Brösel in eine Rührschüssel geben.

2. Nougat in einem kleinen Topf im heißen Wasserbad geschmeidig rühren, zu den Zwiebackbröseln geben und gut verrühren. Einen Springformrand (Ø 26 cm) auf eine mit Tortenspitze oder Backpapier belegte Tortenplatte stellen. Die Zwiebackmasse darin gleichmäßig verteilen und mit einem Löffel gut zu einem Boden andrücken. Tortenboden kalt stellen.

3. Für die Käsemasse Gelatine in kaltem Wasser nach Packungsanleitung einweichen. Quark mit Milch und Zucker in einer Schüssel verrühren. Nougat in einem kleinen Topf im heißen Wasserbad geschmeidig rühren und abkühlen lassen.

4. Eingeweichte Gelatine leicht ausdrücken und in einem kleinen Topf unter Rühren bei schwacher Hitze auflösen (nicht kochen). Gelatine mit etwa 3 Esslöffeln von der Quarkmasse verrühren, dann unter die restliche Quarkmasse rühren. Sahne steif schlagen und unterheben.

5. Die Quarkcreme halbieren. Unter die eine Hälfte Nougat und gesiebtes Kakaopulver rühren. Unter die restlichen Quarkcreme Zucker rühren. Die dunkle Creme auf dem Bröselboden verteilen und glatt streichen. Die helle Creme daraufstreichen und mit einer Gabel spiralförmig durchziehen, so dass an der Oberfläche ein Marmormuster entsteht.

6. Die Tortenplatte mit der Torte mehrmals auf die Arbeitsfläche aufklopfen, so dass die Oberfläche wieder glatt wird. Die Torte etwa 3 Stunden kalt stellen (Kühlschrank). Den Springformrand lösen und entfernen.

7. Zum Verzieren Nuss-Nougat in einem kleinen Topf im heißen Wasserbad geschmeidig rühren. Nougat in einen Gefrierbeutel geben und eine kleine Ecke abschneiden. Den äußeren Rand der Torte mit dem aufgelösten Nougat besprenkeln. Den Nougat fest werden lassen.

Tipp: Wenn weniger Nougat verwendet werden soll, kann 100 g im Bröselboden durch 75 g Butter ersetzt werden.

Nuss-Aprikosen-Schnitten | Einfach

Insgesamt:
E: 54 g, F: 284 g, Kh: 579 g, kJ: 21743, kcal: 5187

Für den Boden:
300 g Haselnusskekse
175 g Nuss-Nougat
50 g Butter

Für den Belag:
2 Dosen Aprikosenhälften (Abtropfgewicht je 480 g)
2 Pck. Tortenguss, klar
500 ml (1/2 l) Aprikosensaft aus den Dosen
400 g Schlagsahne
1 Pck. Dr. Oetker Sahnesteif
1 Pck. Dr. Oetker Vanillin-Zucker

Zum Verzieren:
25 g Nuss-Nougat

Zubereitungszeit: 30 Minuten, ohne Kühlzeit

1. Für den Boden Haselnusskekse in einen Gefrierbeutel geben. Den Beutel verschließen. Kekse mit einer Teigrolle fein zerbröseln. 2 Esslöffel der Keksbrösel abnehmen und zum Garnieren beiseitestellen. Restliche Keksbrösel in eine Rührschüssel geben.

2. Nougat mit Butter in einem kleinen Topf im heißen Wasserbad geschmeidig rühren. Nougat zu den Keksbröseln geben und gut verrühren. Die Bröselmasse auf einem Backblech (30 x 40 cm, mit Backpapier belegt) verteilen und zu einem dünnen Boden andrücken. Einen Backrahmen darumstellen. Boden kalt stellen.

3. Dann für den Belag die Aprikosenhälften in einem Sieb abtropfen lassen, den Saft dabei auffangen und 500 ml (1/2 l) abmessen. Aprikosenhälften in Spalten schneiden. Einige Aprikosenspalten zum Garnieren beiseitelegen. Restliche Aprikosenspalten auf dem Bröselboden verteilen.

4. Aus Tortengusspulver und Saft, aber ohne Zucker einen Guss nach Packungsanleitung zubereiten. Den Guss auf den Aprikosenspalten verteilen. Den Kuchen etwa 1 Stunde kalt stellen (Kühlschrank).

5. Sahne mit Sahnesteif und Vanillin-Zucker steif schlagen. Die Sahne locker auf den Aprikosenspalten verteilen. Beiseitegestellte Keksbrösel daraufstreuen. Die Tortenoberfläche mit den beiseitegelegten Aprikosenspalten garnieren.

6. Zum Verzieren Nougat in einen kleinen Gefrierbeutel geben. Den Beutel verschließen. Nougat in dem Beutel im heißen Wasserbad schmelzen. Den Beutel aus dem Wasserbad nehmen, trocken tupfen, leicht durchkneten und eine kleine Ecke abschneiden. Die Aprikosenspalten mit dem Nougat besprenkeln. Den Backrahmen lösen und entfernen.

Tipp: Die Schnitten schmecken auch mit Stachelbeeren oder Sauerkirschen. Sie können gut am Vortag zubereitet werden, dann erst kurz vor dem Servieren den Backrahmen lösen und entfernen.

Obstparfait-Torte | Mit Alkohol

Insgesamt:
E: 71 g, F: 207 g, Kh: 396 g, kJ: 16326, kcal: 3901

2 Lagen von 1 hellen Wiener Boden (Ø 24 cm)

Für die Füllung:
3 Eier (Größe M)
75 g Zucker
1 Pck. Dr. Oetker Bourbon-Vanille-Zucker
3 EL Weinbrand
500 g Schlagsahne
2 Pck. Dr. Oetker Sahnesteif
300 g Obst, z. B. Nektarinen, Weintrauben, Erdbeeren, Heidelbeeren, Himbeeren (vorbereitet gewogen)
20 g gehackte Pistazienkerne

Zum Garnieren:
vorbereitetes Obst, z. B. Erdbeeren und Weintrauben
10 g gehackte Pistazienkerne
etwas Puderzucker

Zubereitungszeit: 35 Minuten, ohne Gefrierzeit

1. Die 2 Biskuitböden zu je 1 Rechteck (24 x 11 cm) schneiden. Die Gebäckreste so zurechtschneiden, dass 2 Böden von etwa 30 x 11 cm entstehen.

2. Für die Füllung Eier, Zucker, Vanille-Zucker und Weinbrand in eine Rühr- oder Edelstahlschüssel geben und im heißen Wasserbad bei mittlerer Hitze schaumig schlagen, bis eine dickflüssige Masse entstanden ist. Die Schüssel aus dem Wasserbad nehmen. Die Eiercreme unter Rühren erkalten lassen. Sahne mit Sahnesteif steif schlagen und unter die Eiercreme heben.

3. Die Nektarinen waschen, abtrocknen, halbieren, entsteinen und in Würfel schneiden. Weintrauben waschen, trocken tupfen, halbieren und entkernen. Erdbeeren putzen, waschen, abtropfen lassen und entstielen. Erdbeeren nach Belieben in kleine Stücke schneiden. Die Heidelbeeren verlesen, waschen und trocken tupfen, Himbeeren verlesen. Das vorbereitete Obst mit den Pistazienkernen unter die Eier-Sahne-Creme heben.

4. Die Hälfte der Obst-Sahne-Creme in eine Kastenform (30 x 11 cm, mit Backpapier ausgelegt) geben, mit einem zugeschnittenen Gebäckboden belegen. Boden etwas in die Creme drücken. Restliche Obst-Sahne-Creme daraufgeben, mit dem zweiten zugeschnittenen Gebäckboden belegen.

5. Die Kastenform in den Gefrierschrank stellen. Obstparfait etwa 6 Stunden (am besten über Nacht) gefrieren lassen.

6. Das Parfait mit dem Backpapier aus der Form heben und auf eine Platte stürzen. Backpapier entfernen. Das Parfait mit dem vorbereiteten Obst, z.B. halbierten Weintrauben und Erdbeeren, belegen. Parfait mit Pistazienkernen bestreuen und mit Puderzucker bestäuben.

Tipp: Nach Belieben die Gebäckreste zerbröseln, mit etwas Weinbrand vermischen und zu Kugeln formen. Die Gebäckkugeln in geschmolzene Kuvertüre tauchen und auf Backpapier legen. Kuvertüre fest werden lassen. Die Kugeln zu dem Parfait servieren.

Hinweis: Nur ganz frische Eier verwenden, die nicht älter als 5 Tage sind (Legedatum beachten!). Aufgetautes Parfait können sie nicht noch einmal einfrieren, Sie sollten es möglichst innerhalb eines Tages verzehren.

Orangen-Butterkeks-Kuchen I
Fruchtig

Insgesamt:
E: 60 g, F: 169 g, Kh: 295 g, kJ: 12768, kcal: 3053

Für die Füllung:
8 Blatt weiße Gelatine
500 g Orangenjoghurt
30 g Zucker
250 g Schlagsahne
3 mittelgroße Orangen

200 g Butterkekse

Zum Garnieren:
200 g Schlagsahne
30 g Zartbitter-Raspelschokolade oder -Schokoflocken

Zubereitungszeit: 25 Minuten, ohne Kühlzeit

1. Für die Füllung die Gelatine in kaltem Wasser nach Packungsanleitung einweichen. Joghurt und Zucker in einer Schüssel verrühren. Eingeweichte Gelatine leicht ausdrücken und in einem kleinen Topf unter Rühren bei schwacher Hitze auflösen (nicht kochen). Zunächst etwa 4 Esslöffel der Joghurtmasse mit der Gelatine verrühren, dann unter die restliche Joghurtmasse rühren. Kalt stellen.

2. Sahne steif schlagen. Sobald die Joghurtmasse anfängt dicklich zu werden, Sahne unterheben.

3. Orangen so schälen, dass die weiße Haut mitentfernt wird. Die Orangenfilets herausschneiden. Einige Filets zum Garnieren beiseitelegen. Restliche Filets eventuell halbieren und unter die Joghurtcreme heben.

4. 1 Lage Butterkekse in eine Kastenform (25 x 11 cm, mit Backpapier ausgelegt) legen, mit einem Drittel der Joghurtcreme bestreichen und mit Butterkeksen belegen. Restliche Joghurtcreme und Butterkekse auf die gleiche Weise einschichten. Die oberste Schicht sollte aus Butterkeksen bestehen. Den Kuchen mindestens 2 Stunden kalt stellen (Kühlschrank).

5. Den Kekskuchen auf eine Platte stürzen und das Backpapier entfernen.

6. Sahne steif schlagen. Den Kuchen mit etwa 4 Esslöffeln Sahne einstreichen. Restliche Sahne in einen Spritzbeutel mit Lochtülle (Ø etwa 10 mm) füllen und Sahnetupfen auf die Gebäckoberfläche spritzen. Den Kuchen nach Belieben mit Raspelschokolade oder Schokoflocken bestreuen und mit den beiseitegelegten Orangenfilets garnieren.

Tipps: Der Kuchen kann am Vortag zubereitet werden. Er schmeckt auch mit anderen Joghurtsorten, dann aber die entsprechende Frucht dazu wählen. Noch knackiger und interessanter wird der Anschnitt, wenn man Schoko-Butterkekse verwendet. In diesem Fall den Kuchen mit einem elektrischen Messer schneiden.

Orangen-Charlotte | Für Kinder

Insgesamt:
E: 47 g, F: 257 g, Kh: 290 g, kJ: 15737, kcal: 3760

Für den Boden:
100 g Löffelbiskuits
30 g Vollmilch-Raspelschokolade
80 g Butter
½ TL Dr. Oetker Finesse Natürliches Orangenschalen-Aroma

Für den Rand:
6 Löffelbiskuits
6 Milchschokoladen-Riegel mit Waffel und Nougat-Creme-Füllung

Für die Creme:
1 ½ Beutel aus 1 Pck. Götterspeise Zitronen-Geschmack
6 EL kaltes Wasser
200 ml Orangenlimonade
2 EL Zitronensaft
120 g Zucker
500 g Schlagsahne

Nach Belieben zum Garnieren:
Obststücke
Marshmallows

Zubereitungszeit: 25 Minuten, ohne Kühl- und Quellzeit

1. Für den Boden Löffelbiskuits in einen Gefrierbeutel geben und den Beutel verschließen. Löffelbiskuits mit einer Teigrolle fein zerbröseln. Biskuitbrösel in eine Rührschüssel geben. Raspelschokolade hinzugeben und vermischen. Butter zerlassen, mit dem Orangenschalen-Aroma zu der Brösel-Schokoladen-Mischung geben und gut verrühren.

2. Einen Springformrand (Ø 22 cm) auf eine mit Tortenspitze oder Backpapier belegte Tortenplatte stellen. Die Bröselmasse darin gleichmäßig verteilen und mit einem Löffel gut zu einem Boden andrücken. Tortenboden kalt stellen.

3. Für den Rand Löffelbiskuits und Schokoladenriegel quer halbieren, abwechselnd mit der Schnittfläche nach unten und mit der runden Seite nach außen an den Springformrand stellen.

4. Für die Creme Götterspeise mit Wasser verrühren und etwa 10 Minuten quellen lassen. Die Götterspeise nach Packungsanleitung unter Rühren erwärmen und auflösen. Orangenlimonade, Zitronensaft und Zucker unterrühren. Die Götterspeiseflüssigkeit kalt stellen (Kühlschrank).

5. Sahne steif schlagen. Wenn die Masse anfängt dicklich zu werden, Sahne unterheben. Die Creme auf den Bröselboden geben und nicht ganz glatt streichen. Die Charlotte etwa 3 Stunden kalt stellen (Kühlschrank).

6. Den Springformrand lösen und entfernen. Die Tortenoberfläche nach Belieben mit Erdbeer-, Kiwi-, Apfel-, Orangenspalten und Marshmallows garnieren.

Orangen-Mandarinen-Schnitten I

Raffiniert

Insgesamt:
E: 72 g, F: 498 g, Kh: 665 g, kJ: 31676, kcal: 7571

Für den Bröselboden:

70 g	geschälte Sesamsamen
300 g	Butterkekse
220 g	Butter

Für die Füllung:

4 Dosen	Mandarinen (Abtropfgewicht je 175 g)
150 ml	Mandarinensaft aus den Dosen
150 ml	Orangensaft
100 g	Zucker
40 g	Speisestärke
125 g	Butter

Für die Orangencreme:

10 Blatt	weiße Gelatine
200 ml	Orangensaft
5 EL	Zitronensaft
1 TL	Dr. Oetker Finesse Geriebene Zitronenschale
200 ml	Wasser
120 g	Zucker
2 Pck.	Dr. Oetker Sahnesteif
300 g	Schlagsahne

Zum Garnieren:

50 g	Zartbitter-Schokolade (50 % Kakao)

Zubereitungszeit: 60 Minuten, ohne Abkühl- und Kühlzeit

1. Für den Bröselboden Sesam in einer Pfanne ohne Fett goldbraun rösten, herausnehmen und auf einem Teller erkalten lassen.

2. Die Butterkekse in einen Gefrierbeutel füllen. Den Beutel verschließen. Kekse mit einer Teigrolle zerbröseln. Keksbrösel mit Sesam in einer Rührschüssel vermischen. Butter zerlassen, zu der Bröselmischung geben und gut verrühren.

3. Einen Backrahmen auf ein Backblech (30 x 40 cm, gefettet, mit Backpapier belegt) stellen. Die Bröselmasse in dem Backrahmen verteilen und mit einem Löffel gut zu einem Boden andrücken. Den Bröselboden kalt stellen.

4. Für die Füllung die Mandarinen in einem Sieb abtropfen lassen, dabei den Saft auffangen und 150 ml Saft abmessen. Den Mandarinensaft mit Orangensaft, Zucker und Speisestärke verrühren. Butter in einem kleinen Topf zerlassen. Die Saft-Speisestärke-Mischung unter Rühren hinzugeben und aufkochen. Mandarinen unterrühren. Den Topf von der Kochstelle nehmen. Mandarinenmasse etwa 5 Minuten abkühlen lassen.

5. Die Mandarinenmasse auf den Bröselboden geben und glatt streichen. Das Backblech kalt stellen (Kühlschrank) und die Mandarinenmasse fest werden lassen.

6. Für die Orangencreme Gelatine in kaltem Wasser nach Packungsanleitung einweichen. Orangensaft, Zitronensaft, -schale und Wasser in einem kleinen Topf erhitzen (nicht kochen). Eingeweichte Gelatine ausdrücken und unter Rühren in dem Wasser-Saft-Gemisch vollständig auflösen. Etwas abkühlen lassen.

7. Den Zucker und Sahnesteif in einer Rührschüssel mischen. Nach und nach die Gelatine-Flüssigkeit mit Handrührgerät mit Rührbesen auf höchster Stufe unterrühren. Etwa 2 Minuten weiterschlagen, bis eine weiße, schaumige Creme entstanden ist. Die Creme etwa 10 Minuten kalt stellen (Kühlschrank).

8. Dann wieder 1–2 Minuten aufschlagen. Diesen Vorgang noch 3-mal wiederholen, bis die Creme halbfest und luftig ist. Die Sahne steif schlagen und unterheben.

9. Die Creme auf der Mandarinenmasse verteilen und glatt streichen. Das Backblech wieder kalt stellen (Kühlschrank) und die Creme fest werden lassen. Den Backrahmen mit einem Messer lösen und entfernen.

10. Zum Garnieren die Schokolade mit einem Sparschäler in dünne Späne hobeln und auf dem Kuchen verteilen. Den Kuchen in Stücke schneiden.

Orangenparfait-Torte | Mit Alkohol

Insgesamt:
E: 61 g, F: 371 g, Kh: 524 g, kJ: 24948, kcal: 5957

Für die Creme:
300 g weiße Schokolade
600 g Schlagsahne
1 TL Dr. Oetker Finesse Natürliches Orangenschalen-Aroma
75 ml Orangenlikör (40 Vol.-%), z. B. Cointreau
6 Pck. Dr. Oetker Sahnesteif

Außerdem:
200 g Biskuitzungen oder Eierplätzchen (ohne Zuckerkruste)
75 ml Orangenlikör

Zum Garnieren und Verzieren:
6–8 kandierte Orangenscheiben (etwa 100 g)
200 g Schlagsahne
25 g gehackte Pistazienkerne

Zubereitungszeit: 40 Minuten, ohne Kühlzeit

1. Für die Creme die Schokolade in Stücke brechen. Sahne, Orangenschalen-Aroma und Orangenlikör in einem Topf verrühren. Schokoladenstücke hinzufügen und unter Rühren erwärmen, bis die Schokolade geschmolzen ist. Sahne-Likör-Mischung zugedeckt über Nacht kalt stellen.

2. Sahne-Likör-Mischung halbieren und jede Hälfte mit jeweils 3 Päckchen Sahnesteif steif schlagen. Den Boden einer Springform (Ø 24 cm, mit Frischhaltefolie ausgelegt) mit einer dünnen Schicht Sahnecreme bestreichen. Eine Lage Biskuitzungen oder Eierplätzchen dicht an dicht darauflegen. Biskuitzungen oder Eierplätzchen mit etwa 2 Esslöffeln Likör beträufeln.

3. Abwechselnd restliche Sahnecreme, Biskuitzungen oder Eierplätzchen, mit Likör beträufelt, einschichten, bis alle Zutaten aufgebraucht sind. Die letzte Schicht sollte aus Biskuitzungen oder Eierplätzchen bestehen, diese jedoch nicht mehr mit Likör beträufeln. Torte mit Frischhaltefolie belegen und mindestens 4 Stunden kalt stellen (Kühlschrank).

4. Die Folie entfernen. Die Torte vorsichtig aus der Form auf eine Tortenplatte stürzen. Springform und restliche Folie vorsichtig entfernen.

5. Zum Garnieren kandierte Orangenscheiben halbieren. Sahne steif schlagen und in einen Spritzbeutel mit Lochtülle füllen. Tuffs auf die Tortenoberfläche spritzen. Die Tortenoberfläche mit Pistazienkernen bestreuen. Den Tortenrand mit den halbierten Orangenscheiben garnieren.

Tipp: Stellen Sie die Torte vor dem Servieren etwa 1 Stunde in einen Gefrierschrank.

Orangen-Quark-Torte | Mit Alkohol

Insgesamt:
E: 143 g, F: 270 g, Kh: 456 g, kJ: 20879, kcal: 4989

Für den Boden:
150 g Löffelbiskuits
90 g Butter

Für den Belag:
8 Blatt weiße Gelatine
2 Eier (Größe M)
125 g Zucker
500 g Speisequark (Magerstufe)
3–4 EL Zitronensaft
1 EL Cointreau (Orangenlikör)
375 g Schlagsahne
6 Orangen

Zum Garnieren:
150 g Marzipan-Rohmasse
20 g Puderzucker
2 EL Orangenmarmelade

Zubereitungszeit: 50 Minuten, ohne Kühlzeit

1. Für den Boden Löffelbiskuits in einen Gefrierbeutel geben und den Beutel verschließen. Löffelbiskuits mit einer Teigrolle fein zerbröseln. Die Biskuitbrösel in eine Rührschüssel geben. Butter zerlassen, zu den Biskuitbröseln geben und gut verrühren.

2. Einen Springformrand (Ø 26 cm) auf eine mit Tortenspitze oder Backpapier belegte Tortenplatte stellen. Die Bröselmasse darin gleichmäßig verteilen und mit einem Löffel gut zu einem Boden andrücken. Tortenboden kalt stellen.

3. Für den Belag die Gelatine in kaltem Wasser nach Packungsanleitung einweichen. Eier und Zucker in eine Rühr- oder Edelstahlschüssel geben und im heißen Wasserbad bei mittlerer Hitze schaumig schlagen, bis eine dickflüssige Masse entstanden ist. Die Schüssel aus dem Wasser nehmen. Die eingeweichte Gelatine leicht ausdrücken und in der Eiercreme unter Rühren auflösen. Quark, Zitronensaft und Cointreau unterrühren. Die Quarkmasse kalt stellen.

4. Sahne steif schlagen. Ein Viertel der Sahne zum Verzieren abnehmen und kalt stellen. Sobald die Quarkmasse anfängt dicklich zu werden, restliche Sahne unterheben.

5. Orangen so schälen, dass die weiße Haut vollständig entfernt wird. Orangen filetieren. Einige Filets zum Garnieren beiseitelegen.

6. Die restlichen Orangenfilets gleichmäßig auf dem Bröselboden verteilen. Die Quark-Sahne-Creme daraufgeben und glatt streichen. Die Torte 2–3 Stunden kalt stellen (Kühlschrank). Springformrand vorsichtig lösen und entfernen.

7. Zum Garnieren Marzipan mit Puderzucker verkneten und zwischen Frischhaltefolie zu einer runden Platte (Ø etwa 24 cm) ausrollen. Mit einem Teigrädchen 12 Tortenstücke ausrädeln und die Enden bis auf ein Drittel aufrollen. Orangenmarmelade durch ein Sieb streichen und in einem kleinen Topf aufkochen. Die Marzipanstücke damit bestreichen, erkalten lassen und auf die Torte legen. Mit den beiseitegelegten Orangenfilets garnieren.

8. Die Tortenoberfläche mit der kalt gestellten Sahne aus dem Spritzbeutel verzieren.

Hinweis: Nur ganz frische Eier verwenden, die nicht älter als 5 Tage sind (Legedatum beachten!).

Paradiestorte mit Mango | Einfach

Insgesamt:
E: 29 g, F: 311 g, Kh: 298 g, kJ: 17354, kcal: 4146

Für den Boden:
200 g Kokoskekse
100 g Butter

Für den Belag:
1 Mango (etwa 350 g)
2 Pck. Paradiescreme Vanille-Geschmack (Dessertpulver)
250 g Schlagsahne
400 g Schmand (Sauerrahm) oder saure Sahne

Zum Verzieren und Garnieren:
150 g Schlagsahne
einige Physalis (Kapstachelbeeren)
evtl. Kokoskekse

Zubereitungszeit: 40 Minuten, ohne Kühlzeit

1. Für den Boden Kokoskekse in einen Gefrierbeutel geben. Den Beutel verschließen. Kokoskekse mit einer Teigrolle fein zerbröseln. Brösel in eine Rührschüssel geben. Butter zerlassen, zu den Keksbröseln geben und alles gut verrühren.

2. Einen Springformrand (Ø 26 cm) auf eine mit Tortenspitze oder Backpapier belegte Tortenplatte stellen. Die Bröselmasse darin gleichmäßig verteilen und mit einem Löffel gut zu einem Boden andrücken. Tortenboden kalt stellen.

3. Für den Belag Mango halbieren und den Stein herauslösen. Mangohälften schälen. Einige dünne Spalten abschneiden und zugedeckt zum Garnieren beiseitelegen. Restliches Fruchtfleisch in kleine Würfel schneiden. Paradiescreme nach Packungsanleitung, aber mit 250 g Schlagsahne und 200 g Schmand oder saurer Sahne zubereiten und aufschlagen. Restlichen Schmand oder saure Sahne unterheben.

4. Die Hälfte der Creme auf dem Bröselboden verstreichen, Mangowürfel darauf verteilen. Die restliche Creme daraufgeben und glatt streichen. Die Torte etwa 2 Stunden kalt stellen (Kühlschrank). Springformrand lösen und entfernen.

5. Zum Verzieren und Garnieren Sahne steif schlagen. Die Sahne mit einem Löffel locker auf die Tortenoberfläche setzen. Mit abgespülten und trocken getupften Physalis, den beiseitegelegten Mangospalten und nach Belieben mit Kokoskeksen garnieren.

Tipp: Die Mango kann auch durch andere Früchte ersetzt werden, z.B. durch Papaya.

Partywürfel | Gut vorzubereiten

Insgesamt:
E: 64 g, F: 149 g, Kh: 486 g, kJ: 14963, kcal: 3567

60 g gehobelte Mandeln

Für den Pudding:
2 Pck. Dr. Oetker Pudding-Pulver Vanille-Geschmack
75 g Zucker
750 ml (3/4 l) Milch
250 g Schlagsahne

Für die rote Grütze:
1 Pck. Rote Grütze Himbeer-Geschmack (Dessertpulver, ohne Sago)
1 EL Zucker
500 ml (1/2 l) Kirschnektar

1 Pck. Zwieback (225 g)

Zubereitungszeit: 40 Minuten, ohne Abkühl- und Kühlzeit

1. Die Mandeln in einer Pfanne ohne Fett leicht bräunen, herausnehmen und auf einem Teller erkalten lassen. Einen Springformrand (Ø 26 cm) auf eine mit Backpapier belegte Tortenplatte stellen. Die Hälfte der Mandeln gleichmäßig darin verteilen.

2. Für den Pudding aus Pudding-Pulver, Zucker, Milch und Sahne einen Pudding nach Packungsanleitung, aber mit den hier angegebenen Zutaten zubereiten. Den Pudding zugedeckt stehen lassen.

3. Für die rote Grütze aus Desserpulver, Zucker und Kirschnektar einen Pudding nach Packungsanleitung, aber mit den hier angegebenen Zutaten zubereiten. Rote Grütze ebenfalls zugedeckt stehen lassen.

4. Dann die Hälfte des Zwiebacks auf die Mandeln in den Springformrand legen. Dafür den Zwieback am Springformrand mit einem Sägemesser in die passende Form schneiden. Die Hälfte des warmen Puddings darauf verstreichen. Die Hälfte der warmen roten Grütze esslöffelweise darauf verteilen und vorsichtig glatt streichen.

5. Restlichen Zwieback ebenfalls passend schneiden und auf der roten Grütze verteilen. Restlichen warmen Pudding daraufstreichen. Restliche warme rote Grütze vorsichtig darauf verteilen und verstreichen. Dann den Partykuchen mit Frischhaltefolie oder einem großen Teller belegen und über Nacht kalt stellen. Den Springformrand lösen und entfernen.

6. Den Kuchen mit den restlichen Mandeln bestreuen. Kuchen mit einem abgespülten Sägemesser in Würfel schneiden.

Pfirsich-Knusper-Torte I

Raffiniert

Insgesamt:
E: 60 g, F: 264 g, Kh: 540 g, kJ: 20184, kcal: 4824

Für den Crunch-Boden:

200 g Vitalis Knusper Müsli
50 g Butter
100 g weiße Schokolade
1 Pck. Dr. Oetker Finesse Natürliches Orangenschalen-Aroma

Für den Belag:

1 Pck. gemahlene Gelatine, weiß
2–3 EL kaltes Wasser
1 Dose Pfirsichhälften (Abtropfgewicht 480 g)
200 g Schlagsahne
300 g Joghurt
1 Becher Crème fraîche (250 g)
1 Pck. Dr. Oetker Finesse Natürliches Orangenschalen-Aroma
100 g Zucker
2 Pck. Paradiescreme Pfirsich-Geschmack (Dessertpulver)

Außerdem:

3 EL Vitalis Knusper Müsli

Zubereitungszeit: 40 Minuten, ohne Kühlzeit

1. Für den Boden Müsli in einen Gefrierbeutel geben. Den Beutel verschließen. Müsli mit einer Teigrolle zerbröseln. Brösel in eine Rührschüssel geben.

2. Butter in einem Topf zerlassen. Den Topf von der Kochstelle nehmen. Schokolade grob zerkleinern, in die Butter geben und unter Rühren schmelzen. Müslibrösel und Aroma unterrühren.

3. Einen Springformrand (Ø 26 cm) auf eine mit Tortenspitze oder Backpapier belegte Tortenplatte stellen. Die Brösel-Schoko-Masse darin gleichmäßig verteilen und mit einem Löffel gut zu einem Boden andrücken. Tortenboden kalt stellen (Kühlschrank).

4. Für den Belag Gelatine mit kaltem Wasser in einem kleinen Topf anrühren und etwa 10 Minuten quellen lassen. Pfirsichhälften in einem Sieb abtropfen lassen. Die Sahne steif schlagen. Joghurt mit Crème fraîche, Aroma und Zucker verrühren. Dann die Gelatine unter Rühren erwärmen (nicht kochen), bis sie völlig gelöst ist. Gelatine mit etwa 4 Esslöffeln der Joghurtmasse verrühren, dann unter die restliche Joghurtmasse rühren. Sahne vorsichtig unterheben.

5. Die Joghurt-Sahne-Creme auf den Bröselboden geben und glatt streichen. Die Torte kalt stellen (Kühlschrank).

6. Die Pfirsichhälften (1 Pfirsichhälfte beiseitelegen) grob zerkleinern und in einem Rührbecher pürieren. Pfirsichpüree mit 2 Päckchen Paradiescreme mit Handrührgerät mit Rührbesen etwa 3 Minuten auf höchster Stufe aufschlagen. Zwei Drittel der Pfirsichcreme in einen Spritzbeutel mit Lochtülle (Ø 11 mm) füllen und dicke wellenförmige Linien auf die Tortenoberfläche spritzen. Die Torte und restliche Pfirsichcreme etwa 1 Stunde kalt stellen (Kühlschrank). Den Springformrand vorsichtig lösen und entfernen.

7. Beiseitegelegte Pfirsichhälfte in dünne Spalten schneiden. Die kalt gestellte Pfirsichcreme in einen Spritzbeutel mit Sterntülle füllen und Tuffs auf die Tortenoberfläche spritzen. Mit Pfirsichspalten und Müsli garnieren.

Tipps: Falls Sie keinen Spritzbeutel haben, können Sie die Pfirsichcreme auch in einen Gefrierbeutel geben, verschließen und eine etwa 1 cm breite Ecke abschneiden. Oder Sie können den Fruchtbelag auch aufstreichen und den Kuchen nach Belieben verzieren.

Pfirsich-Melba-Torte | Fruchtig

Insgesamt:
E: 124 g, F: 212 g, Kh: 382 g, kJ: 16865, kcal: 4025

Für den Boden:
150 g Löffelbiskuits
125 g Butter
25 g Zartbitter-Raspelschokolade

Für den Quark-Belag:
1 Bio-Zitrone (unbehandelt, ungewachst)
5 Blatt weiße Gelatine
200 g Doppelrahm-Frischkäse
500 g Speisequark (20 % Fett)
50 g Zucker
1 Pck. Dr. Oetker Vanillin-Zucker

Für den Frucht-Belag:
1 Dose Pfirsichhälften (Abtropfgewicht 480 g)
100 ml Pfirsichsaft aus der Dose
4 Blatt weiße Gelatine

Für den Guss:
300 g TK-Himbeeren
40 g Puderzucker
50 ml Pfirsichsaft aus der Dose
1 Pck. Tortenguss, rot
20 g Zucker

Zubereitungszeit: 50 Minuten, ohne Kühl- und Auftauzeit

1. Für den Boden Löffelbiskuits in einen Gefrierbeutel geben und den Beutel verschließen. Löffelbiskuits mit einer Teigrolle fein zerbröseln. Biskuitbrösel in eine Rührschüssel geben. Butter zerlassen, zu den Biskuitbröseln geben und gut verrühren. Raspelschokolade unterrühren.

2. Einen Springformrand (Ø 26 cm) auf eine mit Tortenspitze oder Backpapier belegte Tortenplatte stellen. Die Bröselmasse darin gleichmäßig verteilen und mit einem Löffel gut zu einem Boden andrücken. Tortenboden kalt stellen.

3. Für den Quark-Belag Zitrone heiß abwaschen, abtrocknen und die Schale abreiben. Zitrone halbieren und den Saft auspressen. Gelatine in kaltem Wasser nach Packungsanleitung einweichen. Frischkäse, Quark, Zucker, Vanillin-Zucker, Zitronenschale und -saft in einer Rührschüssel mit einem Schneebesen gut verrühren.

4. Eingeweichte Gelatine leicht ausdrücken, in einem kleinen Topf unter Rühren bei schwacher Hitze auflösen (nicht kochen). Gelatine mit etwa 4 Esslöffeln von der Quarkmasse verrühren, dann unter die restliche Quarkmasse rühren.

5. Die Quarkmasse auf den Bröselboden geben und nicht glatt streichen. Die Torte etwa 2 Stunden kalt stellen (Kühlschrank).

6. Für den Frucht-Belag Pfirsichhälften in einem Sieb abtropfen lassen, dabei den Saft auffangen. 2 Pfirsichhälften zum Garnieren beiseitelegen. Restliche Pfirsichhälften in grobe Stücke schneiden und mit 100 ml Pfirsichsaft pürieren.

7. Gelatine wie unter Punkt 3 und 4 beschrieben einweichen und auflösen. Zuerst etwa 3 Esslöffel des Pfirsichpürees unter die Gelatine rühren, dann mit dem restlichen Pfirsichpüree verrühren und auf die Quarkmasse geben. Die Torte wieder etwa 1 Stunde kalt stellen (Kühlschrank).

8. Für den Guss Himbeeren mit Puderzucker und 50 ml Pfirsichsaft in einer Schüssel auftauen lassen, pürieren und durch ein Sieb streichen. Von dem Himbeerpüree 250 ml (1/4 l) abmessen.

9. Aus Tortengusspulver, Zucker und dem abgemessenen Himbeerpüree einen Guss nach Packungsanleitung zubereiten. Den Guss mit einem Esslöffel auf das Pfirsichpüree geben.

10. Die Pfirsich-Melba-Torte etwa 30 Minuten kalt stellen (Kühlschrank). Den Springformrand mit einem Messer lösen und entfernen.

11. Beiseitegelegte Pfirsichhälften in Spalten schneiden. Die Tortenoberfläche damit garnieren.

Pfirsichschaumtorte

Raffiniert – mit Alkohol

Insgesamt:
E: 36 g, F: 275 g, Kh: 477 g, kJ: 20062, kcal: 4793

Für den Boden:
2 Pck. Waffelröllchen mit Zartbitter-Schokolade (je 100 g)
50 g Cornflakes
100 g Butter

Für den Belag:
1 Dose Pfirsichhälften (Abtropfgewicht 500 g)
3 EL Aprikosenkonfitüre

Für die Aprikosen-Sahne-Creme:
4 Blatt weiße Gelatine
100 g Aprikosenkonfitüre
50 g gesiebter Puderzucker
1 Pck. Dr. Oetker Vanillin-Zucker
250 g Schlagsahne
3 EL Weißwein

Zum Verzieren und Garnieren:
125 g Schlagsahne
1 TL Dr. Oetker Sahnesteif
1 Pck. Dr. Oetker Vanillin-Zucker
50 g Zartbitter-Schokolade

Zubereitungszeit: 40 Minuten, ohne Kühlzeit

1. Für den Boden Waffelröllchen (14 Röllchen für den Rand beiseitelegen) und die Cornflakes in einen Gefrierbeutel geben. Den Beutel verschließen. Waffelröllchen und Cornflakes mit einer Teigrolle fein zerbröseln. Brösel in eine Rührschüssel geben.

2. Butter zerlassen, zu der Bröselmischung geben und gut verrühren. Einen Springformrand (Ø 24 cm) auf eine mit Tortenspitze oder Backpapier belegte Tortenplatte stellen.

3. Die Bröselmasse darin gleichmäßig verteilen und mit einem Löffel gut zu einem Boden andrücken. Den Tortenboden kalt stellen. Die beiseitegelegten Waffelröllchen mit Abstand an den Springformrand stellen. Waffelröllchen etwas in den Bröselboden drücken.

4. Für den Belag Pfirsichhälften in einem Sieb abtropfen lassen. Die Konfitüre durch ein Sieb streichen. Den Bröselboden damit bestreichen und dann mit den Pfirsichhälften belegen (2–3 Pfirsichhälften zum Garnieren beiseitelegen).

5. Für die Creme Gelatine in kaltem Wasser nach Packungsanleitung einweichen. Die Konfitüre durch ein Sieb streichen, mit Puderzucker und Vanillin-Zucker in einer Rührschüssel gut verrühren. Sahne steif schlagen und unterheben.

6. Den Wein in einem kleinen Topf erwärmen (nicht kochen). Eingeweichte Gelatine hinzugeben und unter Rühren auflösen, leicht abkühlen lassen. Gelatine mit etwa 3 Esslöffeln der Aprikosen-Sahne-Creme verrühren, dann unter die restliche Aprikosen-Sahne-Creme rühren. Die Aprikosen-Sahne-Creme gleichmäßig auf der Torte verteilen und glatt streichen. Die Torte mindestens 2 Stunden kalt stellen (Kühlschrank). Den Springformrand lösen und entfernen.

7. Zum Verzieren und Garnieren Sahne mit Sahnesteif und Vanillin-Zucker steif schlagen und in einen Spritzbeutel mit Sterntülle füllen. Die beiseitegelegten Pfirsichhälften in Spalten schneiden. Den oberen Tortenrand damit garnieren.

8. Von der Schokolade mit einem Spachtel oder Sparschäler Locken abschaben. Die Tortenoberfläche mit Sahne garnieren und mit der Schokolade verzieren.

Abwandlung: Die Torte anstatt mit geschabter Schokolade mit Aprikosenkonfitüre verzieren. Dazu 3–4 Esslöffel Konfitüre durch ein Sieb streichen, in ein Pergamentpapiertütchen füllen und auf die Torte spritzen.

Pfirsich-Sekt-Torte I

Für Gäste – mit Alkohol

Insgesamt:
E: 62 g, F: 198 g, Kh: 438 g, kJ: 16683, kcal: 3976

Für den Boden:
175 g Löffelbiskuits
90 g Butter

Zum Bestreichen und Bestreuen:
40 g Aprikosenkonfitüre
100 g Knusper Flakes

Für den Belag:
1 kleine
Dose Pfirsichhälften (Abtropfgewicht 240 g)
1 Pck. Käse-Sahne Tortencreme
200 ml Sekt
250 g Schlagsahne
500 g Joghurt

Zum Garnieren:
einige Johannisbeerrispen
einige Erdbeeren
Zucker
Pfefferminzblättchen

Zubereitungszeit: 90 Minuten, ohne Kühlzeit

1. Für den Boden Löffelbiskuits in einen Gefrierbeutel geben und den Beutel verschließen. Löffelbiskuits mit einer Teigrolle fein zerbröseln. Die Biskuitbrösel in eine Rührschüssel geben. Butter zerlassen, zu den Biskuitbröseln geben und gut verrühren.

2. Einen Springformrand (Ø 26 cm) auf eine mit Tortenspitze oder Backpapier belegte Tortenplatte stellen. Die Bröselmasse darin gleichmäßig verteilen und mit einem Löffel gut zu einem Boden andrücken. Tortenboden kalt stellen.

3. Zum Bestreichen die Konfitüre auf den fest gewordenen Bröselboden streichen. Die Knusper Flakes grob zerdrücken und daraufstreuen. Die Flakes etwas in die Konfitüre drücken.

4. Für den Belag Pfirsichhälften in einem Sieb gut abtropfen lassen. 2 Pfirsichhälften beiseitelegen. Restliche Pfirsichhälften in kleine Stücke schneiden. Tortencreme nach Packungsanleitung, aber mit Sekt, steif geschlagener Sahne und Joghurt zubereiten. Die Hälfte der Creme auf den Bröselboden streichen. Pfirsichstücke darauflegen und mit der restlichen Creme bestreichen. Die Torte etwa 2 Stunden kalt stellen (Kühlschrank). Springformrand lösen und entfernen.

5. Zum Garnieren Johannesbeerrispen und Erdbeeren waschen, abtropfen lassen und trocken tupfen. Die Johannisbeerrispen in Zucker wälzen. Die Erdbeeren halbieren. Minzeblättchen abspülen und gut trocken tupfen. Die beiseitegelegten Pfirsichhälften in Spalten schneiden.

6. Die Tortenoberfläche mit den Johannisbeerrispen, Erdbeerhälften, Pfirsichspalten und Minzeblättchen garnieren.

Pflaumen-Knusper-Torte

Fruchtig

Insgesamt:
E: 75 g, F: 147 g, Kh: 324 g, kJ: 12516, kcal: 2990

Für den Boden:
70 g Amarettini (ital. Mandelmakronen)
100 g Löffelbiskuits
100 g Butter

Für den Belag:
400 g reife Pflaumen
6 Blatt weiße Gelatine
300 g Joghurt
25 g Zucker
300 g Schlagsahne

Zum Garnieren:
einige Pflaumen
1–2 EL Vitalis Knusper Müsli

Zubereitungszeit: 50 Minuten, ohne Kühlzeit

1. Für den Boden Amarettini und Löffelbiskuits getrennt in je einen Gefrierbeutel geben. Die Beutel verschließen. Das Gebäck jeweils mit einer Teigrolle fein zerbröseln. Die Brösel in eine Rührschüssel geben. Butter zerlassen, zu der Bröselmischung geben und gut verrühren.

2. Einen Springformrand (Ø 26 cm) auf eine mit Tortenspitze oder Backpapier belegte Tortenplatte stellen. Die Bröselmasse darin gleichmäßig verteilen und mit einem Löffel gut zu einem Boden andrücken. Tortenboden kalt stellen.

3. Für den Belag Pflaumen waschen, trocken tupfen, halbieren und entsteinen. Pflaumenhälften in kleine Würfel schneiden. Die Gelatine in kaltem Wasser nach Packungsanleitung einweichen. Joghurt und Zucker in einer Schüssel verrühren.

4. Die eingeweichte Gelatine leicht ausdrücken und in einem kleinen Topf unter Rühren bei schwacher Hitze auflösen (nicht kochen). Gelatine mit etwa 4 Esslöffeln der Joghurtmasse verrühren, dann unter die restliche Joghurtmasse rühren. Kalt stellen (Kühlschrank).

5. Sahne steif schlagen. Sobald die Joghurtmasse anfängt dicklich zu werden, Sahne unterheben. Unter zwei Drittel der Joghurtcreme die Pflaumenwürfel heben, auf den Bröselboden geben und glatt streichen. Restliche Joghurtcreme darauf verteilen und mit einem Tortengarnierkamm ein Muster eindrücken. Die Torte 1–2 Stunden kalt stellen (Kühlschrank). Springformrand lösen und entfernen.

6. Zum Garnieren Pflaumen waschen, trocken tupfen, halbieren und entsteinen. Pflaumenhälften in Spalten schneiden, mit dem Müsli dekorativ auf der Tortenoberfläche verteilen.

Tipps: Die Torte kann am Vortag zubereitet werden. Sie schmeckt auch mit Heidelbeeren oder Brombeeren.

Pflaumen-Parfait-Torte

Mit Alkohol

Insgesamt:
E: 53 g, F: 184 g, Kh: 467 g, kJ: 16138, kcal: 3863

Für die Knusperböden:

150 g Vitalis Knusper Müsli pur
50 g feines Schaumgebäck (Baiser)
150 g Zartbitter-Kuvertüre

Für die Creme:

500 g Pflaumen (vorbereitet gewogen)
50 g Zucker
3 EL Pflaumenmus
abgeriebene Schale von
1 Bio-Zitrone (unbehandelt, ungewachst)
1–2 EL Zitronensaft
2 Msp. gemahlener Zimt
4 EL Pflaumenschnaps
5 Eigelb (Größe M)
100 g Zucker
250 g Schlagsahne

Zubereitungszeit: 40 Minuten, ohne Kühl-, Abkühl- und Gefrierzeit

1. Einen Kreis (Ø 26 cm) auf einem großen Bogen Backpapier vorzeichnen und einen Kreis (Ø 24 cm) auf einem zweiten Bogen Backpapier vorzeichnen. Die einzelnen Bögen auf je eine Tortenplatte legen (eventuell mit etwas Butter oder Margarine „ankleben“).

2. Für die Knusperböden Müsli sehr fein hacken. Schaumgebäck ebenfalls fein hacken. Müsli und Schaumgebäckstücke in eine Rührschüssel geben. Kuvertüre grob hacken, in einem kleinen Topf im heißen Wasserbad bei schwacher Hitze unter Rühren schmelzen lassen. Kuvertüre zu den Müsli- und Schaumgebäckstücken geben und gut verrühren.

3. Die Masse auf den Kreisen verteilen und in den vorgezeichneten Kreisen zu Böden verstreichen. Die Böden kalt stellen.

4. Für die Creme Pflaumen waschen, trocken tupfen, halbieren und entsteinen.

5. Zucker in einem Topf erhitzen und goldbraun karamellisieren lassen. Pflaumenhälften und Pflaumenmus unterrühren, etwa 10 Minuten dünsten.

6. Zitronenschale, -saft, Zimt und Pflaumenschnaps unterrühren. Die Pflaumenmasse pürieren und erkalten lassen.

7. Die Eigelb mit Zucker in eine Rühr- oder Edelstahlschüssel geben und im heißen Wasserbad mit Handrührgerät mit Rührbesen bei mittlerer Hitze schaumig schlagen, bis eine dickflüssige Masse entstanden ist. Die Schüssel aus dem Wasserbad nehmen. Die Eigelbcreme unter Rühren erkalten lassen.

8. Das Pflaumenpüree unter die Eigelbcreme rühren. Sahne steif schlagen und unterheben.

9. Den größeren Knusper-Schokoladen-Boden auf eine gefriergeeignete Tortenplatte legen und einen Tortenring darumstellen.

10. Die Pflaumencreme daraufgeben und glatt streichen. Die Torte zugedeckt in den Gefrierschrank stellen und etwa 5 Stunden gefrieren lassen.

11. Die Torte vor dem Servieren etwa 15 Minuten in den Kühlschrank stellen. Tortenring lösen und entfernen.

12. Den kleineren Knusper-Schokoladen-Boden in Stücke brechen oder mit einem heißen, scharfen Messer in 10–12 Tortenstücke schneiden. Die Torte damit garnieren.

Tipp: Nach Belieben vor dem Garnieren die Torte mit steif geschlagener Sahne verzieren und die Knusperboden-Stücke daranlegen.

Hinweis: Nur ganz frische Eigelb verwenden, die nicht älter als 5 Tage sind (Legedatum beachten!). Die Torte im Gefrierschrank aufbewahren. Die Torte nach dem Antauen nicht wieder einfrieren, sondern sofort verzehren.

Pflaumen-Sanddorn-Torte

Raffiniert

Insgesamt:
E: 112 g, F: 217 g, Kh: 513 g, kJ: 19161, kcal: 4564

Für den Krokantboden:
80 g Butter
100 g Zucker
5 EL (60 g) Schlagsahne
200 g Schoko-Müsli

Für den Belag:
750 g Pflaumen (Zwetschen)
2 EL Zucker
1 Pck. Dr. Oetker Vanillin-Zucker
½ gestr. TL gemahlener Zimt

Für die Creme:
8 Blatt weiße Gelatine
250 g Mascarpone (ital. Frischkäse)
500 g Speisequark (Magerstufe)
200 g Sanddorn-Aufstrich (erhältlich im Reformhaus) abgeriebene Schale und Saft von
½ Bio-Zitrone (unbehandelt, ungewachst)

Zubereitungszeit: 50 Minuten, ohne Kühlzeit

1. Für den Boden Butter mit Zucker in einem kleinen Topf erhitzen und hellbraun karamellisieren. Sahne unterrühren und kurz aufkochen lassen. Schoko-Müsli zur Karamellmasse geben und gut verrühren.

2. Einen Springformrand (Ø 26 cm) auf eine mit Backpapier belegte Tortenplatte stellen. Die Müsli-Krokant-Masse darin gleichmäßig verteilen und mit einem Löffel gut zu einem Boden andrücken. Den Tortenboden kalt stellen.

3. Für den Belag Pflaumen waschen, abtrocknen, entstielen, halbieren und entsteinen. Pflaumenhälften eventuell kleiner schneiden. Pflaumenstücke auf dem Krokantboden verteilen. Zucker, Vanillin-Zucker und Zimt mischen. Die Pflaumenstücke damit bestreuen.

4. Für die Creme die Gelatine in kaltem Wasser nach Packungsanleitung einweichen. Dann Mascarpone mit Quark, Sanddorn-Aufstrich, Zitronenschale und -saft verrühren. Eingeweichte Gelatine leicht ausdrücken, in einem Topf unter Rühren bei schwacher Hitze auflösen (nicht kochen). Gelatine mit etwa 4 Esslöffeln von der Quarkmasse verrühren, dann unter die restliche Quarkmasse rühren.

5. Dann die Quarkmasse auf den Pflaumenstücken verstreichen und kalt stellen. Wenn die Quarkmasse anfängt dicklich zu werden, mit einem Esslöffel Wellen hineinziehen. Die Torte 2–3 Stunden kalt stellen (Kühlschrank).

Tipps: Die Torte schmeckt frisch am besten. Anstelle der frischen Pflaumen können auch Pflaumen aus dem Glas verwendet werden. Pflaumen in einem Sieb gut abtropfen lassen, eventuell auf Küchenpapier legen. Statt Pflaumen eignen sich auch Birnen, Heidelbeeren oder Aprikosen.

Pflaumentorte mit Haselnusskrokant | Für Gäste

Insgesamt:
E: 73 g, F: 572 g, Kh: 308 g, kJ: 28338, kcal: 6769

Für den Boden:

60 g Butter
100 g Zucker
100 g gehackte Haselnusskerne
100 g gehobelte Haselnusskerne
100 g Schlagsahne

Für den Belag:

1 Glas Pflaumenhälften (Abtropfgewicht 385 g)
8 Blatt weiße Gelatine
500 g Mascarpone (ital. Frischkäse)
200 g Schmand (Sauerrahm) oder saure Sahne
75 g Zucker
400 g Schlagsahne

Zum Bestäuben:

etwas gemahlener Zimt
Kakaopulver

Zubereitungszeit: 40 Minuten, ohne Kühlzeit

1. Für den Boden Butter mit Zucker in einer Pfanne unter Rühren karamellisieren. So lange rühren, bis die Masse leicht gebräunt ist. Nusskerne unterrühren, Sahne langsam hinzugießen. Die Masse unter Rühren etwa 5 Minuten weitererhitzen, bis sie dicklich wird.

2. Die Haselnussmasse auf einen Springformboden (Ø 26 cm, mit Backpapier belegt) mithilfe eines feuchten Esslöffels zu einem Boden andrücken. Den Boden kalt stellen und die Nussmasse fest werden lassen. Dann den Boden von dem Backpapier lösen und auf eine Tortenplatte legen. Einen Springformrand oder Tortenring darumstellen.

3. Für den Belag Pflaumenhälften in einem Sieb gut abtropfen lassen und auf den Nussboden legen. Gelatine in kaltem Wasser nach Packungsanleitung einweichen. Mascarpone mit Schmand oder saurer Sahne und Zucker in einer Schüssel gut verrühren. Sahne steif schlagen.

4. Eingeweichte Gelatine leicht ausdrücken, in einem kleinen Topf unter Rühren bei schwacher Hitze auflösen (nicht kochen). Die Gelatine mit etwas von der Mascarpone-Masse verrühren, dann unter die restliche Mascarpone-Masse rühren. Sahne unterheben. Die Creme auf den Pflaumenhälften verstreichen. Die Torte etwa 3 Stunden kalt stellen (Kühlschrank). Springformrand oder Tortenring lösen und entfernen.

5. Beliebige Motive aus Pappe ausschneiden und auf die Tortenoberfläche legen. Zimt mit Kakao mischen. Die Torte damit bestäuben. Dann die Pappe vorsichtig entfernen.

Tipp: Die Torte schmeckt statt mit Pflaumen- auch mit Aprikosenhälften.

Pflaumentorte mit Karamellfäden | Mit Alkohol

Insgesamt:
E: 29 g, F: 126 g, Kh: 433 g, kJ: 13156, kcal: 3142

Für den Boden:
50 g Butter
100 g Zucker
100 g gehobelte Mandeln
100 g Schlagsahne

Für den Belag:
100 g schwarze Johannisbeerkonfitüre
1 EL Wodka
10 dicke, blaue Eierpflaumen

Für die Karamellfäden:
200 g Zucker
2 EL Wasser

Zubereitungszeit: 45 Minuten, ohne Kühl- und Abkühlzeit

1. Für den Boden die Butter in einem Topf zerlassen, Zucker hinzugeben und unter Rühren karamellisieren. Wenn die Masse zu bräunen beginnt, die Mandeln unterrühren. Den Topf von der Kochstelle nehmen. Die Sahne langsam unter Rühren hinzugeben. So lange kochen lassen, bis die Masse dicklich eingekocht, aber nicht braun ist.

2. Einen Springformrand (Ø 24 cm) auf eine mit Backpapier belegte Tortenplatte stellen. Die Masse darin gleichmäßig verteilen und mit einem Löffel gut zu einem Boden andrücken. Tortenboden kalt stellen. Springformrand lösen und entfernen. Den Boden vom Backpapier lösen und auf eine Tortenplatte legen.

3. Für den Belag die Johannisbeerkonfitüre durch ein Sieb streichen, mit Wodka verrühren und auf den Mandel-Karamell-Boden streichen. Die Eierpflaumen waschen, abtrocknen, halbieren, entsteinen und auf den Mandel-Karamell-Boden legen.

4. Für die Karamellfäden Zucker mit Wasser in einem kleinen Topf unter Rühren karamellisieren. So lange rühren, bis der Sirup eine hellbraune Farbe hat. Den Topf sofort auf ein nasses Geschirrtuch stellen, um ein Nachbräunen zu vermeiden. Karamell unter Rühren so lange abkühlen lassen, bis die Masse zähflüssig wird. Mit einer Gabel dünne Karamellfäden kreuz und quer über die Pflaumen ziehen.

Tipp: Nach etwa 4 Stunden beginnen die Karamellfäden wieder zu schmelzen. Die Torte sollte deshalb nicht zu früh vor dem Servieren damit überzogen werden.

Pink-Grapefruit-Torte mit Amarettini | Fruchtig

Insgesamt:
E: 53 g, F: 224 g, Kh: 344 g, kJ: 15276, kcal: 3643

Für den Boden:
125 g Mandelplätzchen
50 g Amarettini (ital. Mandelmakronen)
125 g Butter

Für die Creme:
6 Blatt weiße Gelatine
2 Pink Grapefruits
200 g Heidelbeeren
500 g Vanillejoghurt
100 g Zucker
200 g Schlagsahne

Zum Garnieren:
einige Amarettini
evtl. Zitronenmelisse

Zubereitungszeit: 60 Minuten, ohne Kühlzeit

1. Für den Boden Mandelplätzchen und Amarettini in einen Gefrierbeutel geben. Den Beutel verschließen. Das Gebäck mit einer Teigrolle fein zerbröseln. Die Brösel in eine Rührschüssel geben. Butter zerlassen, zu den Bröseln geben und gut verrühren.

2. Einen Springformrand (Ø 26 cm) auf eine mit Tortenspitze oder Backpapier belegte Tortenplatte stellen. Die Bröselmasse darin gleichmäßig verteilen und mit einem Löffel gut zu einem Boden andrücken. Tortenboden kalt stellen.

3. Für die Creme Gelatine in kaltem Wasser nach Packungsanleitung einweichen. Grapefruits so schälen, dass die weiße Haut mitentfernt wird. Die Grapefruits filetieren, dabei den Saft auffangen. Einige Grapefruitfilets zum Garnieren beiseitelegen.

4. Heidelbeeren verlesen, abspülen, auf Küchenpapier legen und abtropfen lassen. Joghurt mit dem aufgefangenen Grapefruitsaft und Zucker in einer Schüssel verrühren. Eingeweichte Gelatine leicht ausdrücken, in einem Topf unter Rühren bei schwacher Hitze auflösen (nicht kochen). Gelatine mit etwa 4 Esslöffeln von der Joghurtmasse verrühren, dann unter die restliche Joghurtmasse rühren. Sahne steif schlagen. Sobald die Masse anfängt dicklich zu werden, Sahne unterheben.

5. Die Hälfte der Joghurtcreme auf den Bröselboden geben und glatt streichen. Grapefruitfilets und die Heidelbeeren darauflegen. Die restliche Joghurtcreme darauf verstreichen. Die Torte 2–3 Stunden kalt stellen (Kühlschrank). Springformrand lösen und entfernen.

6. Zum Garnieren die Tortenoberfläche mit den beiseitegelegten Grapefruitfilets, Amarettini und nach Belieben mit abgespülter und trocken getupfter Zitronenmelisse garnieren.

Tipps: Die Torte schmeckt frisch am besten. Sie können die Torte auch nur mit 500 g Pink Grapefruits (ohne Heidelbeeren) zubereiten.

Pischinger Torte | Klassisch

Insgesamt:
E: 74 g, F: 420 g, Kh: 284 g, kJ: 22690, kcal: 5421

Für den Krokant:
½ gestr. TL Butter
60 g Zucker
125 g gehackte Mandeln

Für die Creme:
250 g weiche Butter
50 g gesiebter Puderzucker
3 Eier (Größe M)
200 g Zartbitter-Schokolade

10 Karlsbader Oblaten (Ø etwa 18 cm)

Für den Guss:
100 g Zartbitter-Schokolade
1 TL Speiseöl, z. B. Sonnenblumenöl

einige Schokoladenblätter

Zubereitungszeit: 35 Minuten, ohne Abkühl- und Kühlzeit

1. Für den Krokant Butter und Zucker in einer Pfanne so lange erhitzen, bis die Masse leicht gebräunt und der Zucker aufgelöst ist. Mandeln hinzufügen, unter Rühren erhitzen, bis der Krokant genügend gebräunt ist. Die Krokantmasse auf ein mit Backpapier belegtes Backblech geben und erkalten lassen. Anschließend die Krokantmasse mit einer Teigrolle zerdrücken.

2. Für die Creme Butter mit Handrührgerät mit Rührbesen geschmeidig rühren. Nach und nach Puderzucker unterrühren. So lange rühren, bis eine gebundene Masse entstanden ist. Eier nach und nach unterrühren.

3. Schokolade in Stücke brechen, in einem kleinen Topf im heißen Wasserbad bei schwacher Hitze unter Rühren schmelzen. Schokolade etwas abkühlen lassen und unter die Buttercreme rühren. 2 Esslöffel von der Schokoladencreme abnehmen und beiseitestellen.

4. Krokant vorsichtig unter die Schokoladen-Buttercreme rühren. Die Masse gleichmäßig auf 7 Oblaten verteilen und glatt streichen. Die Oblaten zu einer Torte zusammensetzen. Zuletzt die unbestrichene achte Oblate darauflegen. Den Tortenrand mit der beiseitegestellten Schokoladencreme bestreichen. Die Torte etwa 2 Stunden kalt stellen (Kühlschrank).

5. Für den Guss Schokolade in Stücke brechen, mit Speiseöl in einem kleinen Topf im heißen Wasserbad bei schwacher Hitze unter Rühren schmelzen. Tortenoberfläche und -rand damit überziehen. Guss fest werden lassen. Die Torte gut gekühlt servieren.

6. Die Torte mit einem sehr scharfen, in heißes Wasser getauchten Messer in Stücke schneiden.

Tipp: Karlsbader Oblaten sind große, gefüllte Oblaten. Sie sind in Packungen zu je 5 oder 10 Stück erhältlich.

Hinweis: Nur ganz frisches Eigelb von Eiern, die nicht älter als 5 Tage sind, verwenden (Legedatum beachten!). Die Torte im Kühlschrank aufbewahren und innerhalb von 24 Stunden verzehren.

Popcorn-Zitronenquark-Torte I

Schnell

Insgesamt:
E: 108 g, F: 165 g, Kh: 236 g, kJ: 12487, kcal: 2984

Für den Boden:

150 g Zartbitter-Schokolade
75 g Popcorn

Für den Belag:

8 Blatt weiße Gelatine
500 g Speisequark (Magerstufe)
150 g fettarmer Joghurt
50 g Zucker
Saft von
2 Zitronen
etwas abgeriebene Schale von
1 Bio-Zitrone (unbehandelt, ungewachst)
200 g Schlagsahne

Zum Verzieren:

100 g Schlagsahne
50 g Zartbitter-Schokolade

Zubereitungszeit: 25 Minuten, ohne Kühl- und Abkühlzeit

1. Für den Boden Schokolade in Stücke brechen, in einem kleinen Topf im heißen Wasserbad bei schwacher Hitze unter Rühren schmelzen. 12 Popcorn beiseitelegen. Restliche Popkornstücke grob hacken und unter die Schokolade rühren.

2. Einen Springformrand (Ø 26 cm) auf eine mit Tortenspitze oder Backpapier belegte Tortenplatte stellen. Die Popkorn-Schokoladen-Masse darin gleichmäßig verteilen und mit einem Löffel gut zu einem Boden andrücken. Tortenboden kalt stellen.

3. Für den Belag Gelatine in kaltem Wasser nach Packungsanleitung einweichen. Quark mit Joghurt, Zucker, Zitronensaft und -schale gut verrühren. Eingeweichte Gelatine leicht ausdrücken und in einem kleinen Topf unter Rühren bei schwacher Hitze auflösen (nicht kochen). Gelatine mit etwa 3 Esslöffeln von der Quark-Joghurt-Masse verrühren, dann unter die restliche Quark-Joghurt-Masse rühren. Kalt stellen.

4. Sahne steif schlagen. Wenn die Masse anfängt dicklich zu werden, Sahne unterheben. Die Quark-Sahne-Creme auf den Popkorn-Schokoladen-Boden geben und glatt streichen. Die Torte etwa 1 Stunde kalt stellen (Kühlschrank). Den Springformrand lösen und entfernen.

5. Zum Verzieren die Sahne steif schlagen, in einen Spritzbeutel mit Sterntülle füllen. Die Tortenoberfläche mit Sahnetuffs verzieren.

6. Schokolade wie unter Punkt 1 beschrieben schmelzen. Die beiseitegelegten Popcornstücke zur Hälfte in die Schokolade tauchen, auf Backpapier legen und fest werden lassen.

7. Die Popcornstücke an die Sahnetuffs legen. Tortenoberfläche mit der restlichen Schokolade besprenkeln und fest werden lassen.

Tipp: Sie können Popcorn auch selbst herstellen, indem Sie Popcorn-Mais in einer großen Pfanne mit etwas Speiseöl bei fest geschlossenem Deckel erhitzen, bis die Maiskörner aufplatzen.

Pudding-Rätselkuchen | Einfach

Insgesamt:
E: 71 g, F: 336 g, Kh: 398 g, kJ: 20715, kcal: 4948

Für den Boden:
150 g Butterkekse
125 g Butter

Für die Vanillecreme:
3 Blatt weiße Gelatine
500 g Sahne-Pudding Vanille-Geschmack (aus dem Kühlregal)
125 g Mascarpone (ital. Frischkäse)

Zum Bestreuen:
30 g Butterkekse

Für die Schokoladencreme:
3 Blatt weiße Gelatine
500 g Sahne-Pudding Schokoladen-Geschmack (aus dem Kühlregal)
125 g Mascarpone (ital. Frischkäse)

Für den Obstbelag:
1 Dose Pfirsichhälften (Abtropfgewicht 480 g)
1 Pck. Tortenguss, klar
250 ml (1/4 l) Pfirsichsaft aus der Dose
2–3 EL Wasser

Zubereitungszeit: 40 Minuten, ohne Kühlzeit

1. Für den Boden Kekse in einen Gefrierbeutel geben. Den Beutel verschließen. Die Kekse mit einer Teigrolle fein zerbröseln. Brösel in eine Rührschüssel geben. Butter zerlassen, zu den Keksbröseln geben und gut verrühren.

2. Einen Backrahmen (etwa 24 x 24 cm) auf eine mit Tortenspitze oder Backpapier belegte Tortenplatte stellen. Die Bröselmasse darin gleichmäßig verteilen und mit einem Löffel gut zu einem Boden andrücken. Boden kalt stellen.

3. Für die Vanillecreme Gelatine in kaltem Wasser nach Packungsanleitung einweichen.

4. Sahne-Pudding mit Mascarpone in eine Rührschüssel geben und mit Handrührgerät mit Rührbesen gut verrühren.

5. Eingeweichte Gelatine leicht ausdrücken und in einem kleinen Topf unter Rühren bei schwacher Hitze auflösen (nicht kochen). Gelatine mit etwa 3 Esslöffeln der Puddingmasse verrühren, dann unter die restliche Puddingmasse rühren.

6. Die Puddingmasse auf den Bröselboden geben und glatt streichen.

7. Zum Bestreuen Kekse wie unter Punkt 1 beschrieben zerbröseln. Keksbrösel auf die Puddingmasse streuen.

8. Für die Schokoladencreme aus Gelatine, Pudding und Mascarpone eine Creme, wie unter Punkt 3 beschrieben, zubereiten.

9. Die Schokoladencreme vorsichtig auf die Keksbrösel geben und glatt streichen. Den Kuchen mindestens 3 Stunden kalt stellen (Kühlschrank).

10. Für den Obstbelag Pfirsichhälften in einem Sieb gut abtropfen lassen, dabei den Saft auffangen und 250 ml (1/4 l) abmessen. Pfirsichhälften in Spalten oder Würfel schneiden und auf der Schokoladencreme verteilen.

11. Aus Tortengusspulver, Pfirsichsaft und Wasser einen Guss nach Packungsanleitung zubereiten. Den Guss auf den Pfirsichspalten oder -würfeln verteilen. Den Kuchen wieder kalt stellen (Kühlschrank) und den Guss fest werden lassen. Den Backrahmen lösen und entfernen.

Tipps: Die doppelte Menge des Rezeptes ist ausreichend für ein Backblech (30 x 40 cm). Anstelle Pfirsichhälften die gleiche Menge Aprikosenhälften oder Sauerkirschen aus der Dose oder dem Glas verwenden. Der Kuchen kann gut am Vortag zubereitet werden.

Pumpernickeltorte mit Kirschen I

Beliebt

Insgesamt:
E: 94 g, F: 151 g, Kh: 313 g, kJ: 12840, kcal: 3064

Für den Boden:

150 g Pumpernickel
50 g abgezogene, gemahlene Mandeln
100 g Zartbitter-Schokolade

Für den Belag:

1 Glas Sauerkirschen (Abtropfgewicht 370 g)
500 g Schichtkäse oder Speisequark (Magerstufe)
gut 1 ½ Pck. Saucenpulver Vanille-Geschmack, ohne Kochen
50 g Zucker
250 g Schlagsahne

Zum Garnieren:

75–100 ml Sauerkirschsaft aus dem Glas
knapp ½ Pck. Saucenpulver Vanille-Geschmack, ohne Kochen

Zubereitungszeit: 35 Minuten, ohne Kühlzeit

1. Für den Boden Pumpernickel fein zerbröseln und in eine Rührschüssel geben.

2. Anschließend die Mandeln unterrühren. Die Schokolade in Stücke brechen und in einem kleinen Topf im heißen Wasserbad bei schwacher Hitze schmelzen.

3. Die Schokoladenmasse zu den Pumpernickelbröseln geben und gut verrühren.

4. Einen Springformrand (Ø 22 cm) auf eine mit Tortenspitze oder Backpapier belegte Tortenplatte stellen. Die Pumpernickelmasse darin gleichmäßig verteilen und mit einem Löffel gut zu einem Boden andrücken. Tortenboden kalt stellen.

5. Für den Belag Sauerkirschen in einem Sieb gut abtropfen lassen, dabei den Saft auffangen. Einige Sauerkirschen zum Garnieren beiseitelegen. Restliche Sauerkirschen auf dem Bröselboden verteilen. Dann Schichtkäse oder Quark in einer Rührschüssel mit Saucenpulver und Zucker verrühren. Sahne steif schlagen und unterheben.

6. Die Creme auf die Sauerkirschen geben und glatt streichen. Mithilfe eines Teelöffels einige kleine Vertiefungen in die Creme drücken. Die Torte etwa 3 Stunden kalt stellen (Kühlschrank). Den Springformrand lösen und entfernen.

7. Zum Garnieren Sauerkirschsaft mit Saucenpulver verrühren. Die beiseitegelegten Sauerkirschen unterheben. Die Sauerkirschen in die Vertiefungen legen.

Tipps: Nach Belieben einige Pumpernickelbrösel in der Pfanne anrösten. Den Tortenrand damit bestreuen. Statt Kirschen schmecken auch Wald-Heidelbeeren.

VIEL
GLÜCK

Quark-Sahne-Torte I

Zum Geburtstag – zum Verschenken

Insgesamt:
E: 113 g, F: 232 g, Kh: 375 g, kJ: 17537, kcal: 4180

Zum Vorbereiten:
1 Beutel aus 1 Pck. Götterspeise Himbeer-Geschmack
300 ml kaltes Wasser
60 g Zucker

Für den Boden:
200 g Löffelbiskuits
100 g Butter

Für den Belag:
1 Pck. Käse-Sahne Tortencreme
200 ml Wasser
½ Fl. Zitronen-Aroma
500 g Speisequark (Magerstufe)
400 g Schlagsahne

Zum Garnieren:
1 Pck. Schoko-Alphabet
einige vorbereitete Zitronenmelisseblättchen

Zubereitungszeit: 45 Minuten, ohne Kühlzeit

1. Zum Vorbereiten Götterspeise mit Wasser – aber mit 300 ml Wasser – und Zucker nach Packungsanleitung zubereiten.

2. Die Götterspeiseflüssigkeit in eine flache Schüssel gießen, sodass ein etwa 1 cm hoher Spiegel entsteht. Die Götterspeise mindestens 4 Stunden kalt stellen (Kühlschrank).

3. Für den Boden Löffelbiskuits in einen Gefrierbeutel geben und den Beutel verschließen. Löffelbiskuits mit einer Teigrolle fein zerbröseln. Butter zerlassen, zu den Biskuitbröseln geben und gut verrühren.

4. Einen Springformrand (Ø 26 cm) auf eine mit Tortenspitze oder Backpapier belegte Tortenplatte stellen. Die Bröselmasse darin gleichmäßig verteilen und mit einem Löffel gut zu einem Boden andrücken. Tortenboden etwa 30 Minuten kalt stellen.

5. Für den Belag Käse-Sahne Tortencreme mit Wasser nach Packungsanleitung – aber mit 200 ml Wasser – zubereiten. Das Aroma hinzufügen. Den Quark portionsweise unter die Creme rühren. Sahne steif schlagen und unterheben.

6. Die Quark-Sahne-Masse auf den Bröselboden geben und glatt streichen. Die Torte etwa 3 Stunden kalt stellen (Kühlschrank). Den Springformrand lösen und entfernen.

7. Zum Garnieren die Schüssel mit der fest gewordenen Götterspeise kurz in kaltes Wasser tauchen. Die Götterspeise auf eine angefeuchtete Platte stürzen. Aus dem Gelee kleine Würfel (etwa 1,5 x 1,5 cm) schneiden. Die Götterspeisewürfel vorsichtig auf die Tortenoberfläche legen. Mit Schoko-Alphabet „Viel Glück" auf die Torte legen und die Torte mit Zitronenmelisseblättchen garnieren.

Tipp: Restliches Gelee in Würfel schneiden und dazureichen.

Quark-Stachelbeer-Torte

Gut vorzubereiten

Insgesamt:
E: 72 g, F: 143 g, Kh: 353 g, kJ: 12842, kcal: 3066

Für den Boden:
100 g Zartbitter-Schokolade
50 g Vollmilch-Schokolade
50 g Cornflakes

Für die Füllung:
1 Glas Stachelbeeren (Abtropfgewicht 390 g)
30 g Speisestärke
2 EL Wasser
200 ml Stachelbeersaft aus dem Glas
2 gestr. EL Zucker
1 Pck. Dr. Oetker Vanillin-Zucker

Für den Belag:
3 Blatt weiße Gelatine
200 g Doppelrahm-Frischkäse
250 g Speisequark (Magerstufe)
70 g Zucker
1 Pck. Dr. Oetker Vanillin-Zucker
Saft von
1/2 Zitrone
200 g Schlagsahne

Zubereitungszeit: 40 Minuten, ohne Kühl- und Abkühlzeit

1. Für den Boden Zartbitter- und Vollmilch-Schokolade in Stücke brechen, in einem kleinen Topf im heißen Wasserbad bei schwacher Hitze unter Rühren schmelzen. Cornflakes unterrühren.

2. Einen Springformrand (Ø 26 cm) auf eine mit Backpapier belegte Tortenplatte stellen. Zwei Drittel der Schokoladen-Cornflakes-Masse darin gleichmäßig verteilen. Mit einem Löffel gut zu einem Boden andrücken. Tortenboden kalt stellen.

3. Aus der restlichen Schokoladen-Cornflakes-Masse mit einem Teelöffel kleine Häufchen abstechen und auf ein Stück Backpapier setzen. Schokoladen-Cornflakes-Boden und -häufchen kalt stellen, bis die Schokoladenmasse fest geworden ist.

4. Für die Füllung Stachelbeeren in einem Sieb abtropfen lassen. Dabei den Saft auffangen und 200 ml abmessen.

5. Speisestärke mit Wasser anrühren. Den Stachelbeersaft in einem Topf mit Zucker und Vanillin-Zucker zum Kochen bringen. Angerührte Speisestärke unter Rühren in den von der Kochstelle genommenen Saft geben und unter Rühren kurz aufkochen lassen. Die Stachelbeeren unterheben und etwas abkühlen lassen.

6. Die Stachelbeermasse auf den Schokoladen-Cornflakes-Boden geben und glatt streichen. Die Torte etwa 30 Minuten kalt stellen (Kühlschrank).

7. Für den Belag Gelatine in kaltem Wasser nach Packungsanleitung einweichen. Frischkäse, Quark, Zucker, Vanillin-Zucker und Zitronensaft verrühren.

8. Eingeweichte Gelatine leicht ausdrücken und in einem Topf unter Rühren bei schwacher Hitze auflösen (nicht kochen). Gelatine mit etwa 4 Esslöffeln von der Frischkäse-Quark-Masse verrühren, dann unter die restliche Frischkäse-Quark-Masse rühren.

9. Sahne steif schlagen. Wenn die Masse anfängt dicklich zu werden, Sahne unterheben.

10. Die Quark-Sahne-Creme auf den Stachelbeeren verstreichen. Die Torte etwa 1 Stunde kalt stellen (Kühlschrank). Springformrand lösen und entfernen.

11. Die Tortenoberfläche mit den Schokoladen-Cornflakes-Häufchen garnieren.

Tipps: Die Torte lässt sich besser schneiden, wenn Sie sie vor dem Schneiden kurz bei Zimmertemperatur stehen lassen, da dann der Schokoladen-Cornflakes-Boden etwas weicher wird. Statt mit Speisestärke den Stachelbeersaft mit 1 Päckchen Tortenguss und 1 Teelöffel Zucker nach Packungsanleitung zubereiten. Die Stachelbeeren unter den Guss heben, etwas abkühlen lassen und wie ab Punkt 5 beschrieben weiterarbeiten.

Quarktorte | Einfach

Insgesamt:
E: 121 g, F: 240 g, Kh: 400 g, kJ: 18354, kcal: 4382

Für den Boden:
1 Obsttortenboden (Ø 24 cm, Fertigprodukt)

Für den Belag:
8 Blatt weiße Gelatine
1 Pck. Dr. Oetker Pudding-Pulver Vanille-Geschmack
500 ml (1/2 l) Milch
125 g Zucker
500 g Speisequark (40 % Fett)
250 g Schlagsahne

Zum Bestäuben:
etwas Kakaopulver

Zubereitungszeit: 30 Minuten, ohne Kühl- und Abkühlzeit

1. Den Tortenboden auf eine Platte setzen und einen Tortenring darumstellen.

2. Für den Belag Gelatine in kaltem Wasser nach Packungsanleitung einweichen.

3. Dann aus Pudding-Pulver, Milch und Zucker einen Pudding nach Packungsanleitung zubereiten. Eingeweichte Gelatine leicht ausdrücken und in dem heißen Pudding unter Rühren auflösen. Den Pudding erkalten lassen, dabei ab und zu umrühren. Quark unterrühren. Sahne steif schlagen und unterheben.

4. Die Puddingcreme auf den Bröselboden geben und glatt streichen. Nach Belieben mit einer Gabel oder einem Tortengarnierkamm ein Muster durch die Creme ziehen. Anschließend die Torte 2–3 Stunden kalt stellen (Kühlschrank).

5. Springformrand lösen und entfernen. Nach Belieben eine Papierschablone herstellen und auf die Tortenoberfläche legen. Tortenoberfläche dick mit Kakao bestäuben. Schablone vorsichtig entfernen.

Quarktorte mit Mandarinen |

Beliebt (ohne Foto)

Insgesamt:
E: 86 g, F: 218 g, Kh: 312 g, kJ: 15288, kcal: 3653

Für den Boden:
200 g Löffelbiskuits
200 ml Milch

Für die Füllung:
1 Dose Mandarinen (Abtropfgewicht 175 g)
6 Blatt weiße Gelatine
250 g Speisequark (Magerstufe)
100 g Zucker
Saft von 1 Zitrone
1 Prise Salz
500 g Schlagsahne

Zum Verzieren:
125 g Schlagsahne

Zubereitungszeit: 50 Minuten, ohne Kühlzeit

1. Einen Springformrand (Ø 26 cm) auf eine mit Backpapier belegte Tortenplatte stellen. Die Hälfte der Tortenbiskuits nebeneinander als Boden hineinlegen (1 Lage) und mit einem Backpinsel mit der Hälfte der Milch bestreichen.

2. Für die Füllung Mandarinen in einem Sieb abtropfen lassen. Einige Mandarinen zum Garnieren beiseitelegen. Gelatine in kaltem Wasser nach Packungsanleitung einweichen. Quark mit Zucker und Zitronensaft verrühren.

3. Eingeweichte Gelatine leicht ausdrücken und in einem kleinen Topf unter Rühren bei schwacher Hitze auflösen (nicht kochen). Die Gelatine mit etwa 4 Esslöffeln von der Quarkmasse verrühren, dann unter die restliche Quarkmasse rühren. Sahne steif schlagen und unterheben. Die Mandarinen unterheben.

4. Die Hälfte der Füllung auf den Löffelbiskuitboden geben und glatt streichen. Die restlichen Löffelbiskuits

nebeneinander darauflegen und mit der restlichen Milch bestreichen. Die restliche Füllung daraufgeben und glatt streichen. Die Torte mindestens 3 Stunden kalt stellen (Kühlschrank). Springformrand lösen und entfernen.

5. Zum Verzieren Sahne steif schlagen, in einen Spritzbeutel mit Lochtülle füllen. Die Tortenoberfläche damit verzieren. Die Torte mit den beiseitegelegten Mandarinen garnieren.

Tipp: Nach Belieben 100 g Zartbitter-Schokolade in einem kleinen Topf im heißen Wasserbad bei schwacher Hitze schmelzen. Mit einem Backpinsel den unteren Löffelbiskuitboden vorsichtig mit der geschmolzenen Schokolade bestreichen.

Quark-Trifle-Torte | Raffiniert

Insgesamt:
E: 118 g, F: 245 g, Kh: 365 g, kJ: 17776, kcal: 4254

Für den Boden:
120 g Löffelbiskuits
100 g Butter
50 g gehackte Zartbitter-Schokolade oder Zartbitter-Raspelschokolade

Für den Belag:
6 Blatt weiße Gelatine
500 g Speisequark (Magerstufe)
125 g Crème double
60 g Zucker
1 Pck. Dr. Oetker Vanillin-Zucker
100 ml Blutorangensaft
50 ml Zitronensaft (von 1–2 Zitronen)
50 g geriebene Zartbitter-Schokolade oder Zartbitter-Raspelschokolade

Für die Füllung:
80 g Löffelbiskuits

Für den Guss:
250 ml Maracujasaft
20 g Zucker
1 Pck. Tortenguss, klar

Zum Verzieren:
200 g Schlagsahne
1 Pck. Dr. Oetker Sahnesteif

Zubereitungszeit: 45 Minuten, ohne Kühlzeit

1. Für den Boden Löffelbiskuits in einen Gefrierbeutel geben und den Beutel verschließen. Löffelbiskuits mit einer Teigrolle fein zerbröseln. Die Biskuitbrösel in eine Rührschüssel geben. Butter zerlassen, zu den Bröseln geben und gut verrühren. Schokolade hinzugeben und gut unterrühren.

2. Einen Springformrand (Ø 26 cm) auf eine mit Tortenspitze oder Backpapier belegte Tortenplatte stellen. Die Bröselmasse gleichmäßig darin verteilen und mit einem Löffel gut zu einem Boden andrücken. Den Tortenboden kalt stellen (Kühlschrank).

3. Für den Belag Gelatine in kaltem Wasser nach Packungsanleitung einweichen.

4. Quark mit Crème double, Zucker und Vanillin-Zucker gut verrühren. Eingeweichte Gelatine leicht ausdrücken und in einem kleinen Topf unter Rühren bei schwacher Hitze auflösen (nicht kochen).

5. Zwei bis drei Esslöffel der Quarkmasse mit der Gelatine verrühren, dann mit der restlichen Quarkmasse verrühren. Die Quarkmasse halbieren.

6. Unter eine Quarkhälfte den Blutorangensaft rühren. Die restliche Quarkmasse mit dem Zitronensaft und der geriebenen Schokolade oder Raspelschokolade (etwa 1 Esslöffel zurücklassen) verrühren.

7. Die Blutorangensaft-Masse auf den Boden geben und glatt streichen. Die Löffelbiskuits darauf verteilen. Die Masse etwa 15 Minuten kalt stellen.

8. Anschließend vorsichtig die Zitronen-Quark-Masse daraufgeben und glatt streichen. Die Torte etwa 2 Stunden kalt stellen.

9. Für den Guss aus Maracujasaft, Zucker und Tortengusspulver einen Guss nach Packungsanleitung zubereiten. Den Guss etwas abkühlen lassen und vorsichtig von der Mitte aus auf die Torte geben. Dabei außen einen etwa 2 cm breiten Rand frei lassen. Die Torte etwa 1 Stunde kalt stellen (Kühlschrank).

10. Den Tortenring lösen und entfernen. Zum Verzieren Sahne mit Sahnesteif steif schlagen.

11. Die Sahne auf die Fruchtschicht geben und so verstreichen, dass ein etwa 1 cm breiter Rand bleibt.

12. Zum Schluss die Sahne mit der beiseitegestellten geriebenen Schokolade oder Raspelschokolade bestreuen.

Tipp: Statt Maracujasaft Blutorangensaft verwenden.

Rätsel-Blechkuchen mit Kirschen | Etwas aufwendiger

Insgesamt:
E: 131 g, F: 681 g, Kh: 523 g, kJ: 37976, kcal: 9073

Für die 1. Lage:
300 g Butterkekse
250 g Butter

Für die 3. Lage:
200 g gemahlene Haselnusskerne

Für die 2. Lage:
500 g Doppelrahm-Frischkäse
75 g gesiebter Puderzucker
200 g Schlagsahne
2 Pck. Dr. Oetker Sahnesteif

Für die 4. Lage:
600 g Schlagsahne
2 Pck. Dr. Oetker Vanillin-Zucker
3 Pck. Dr. Oetker Sahnesteif

Für die 5. Lage:
2 Gläser Sauerkirschen (Abtropfgewicht je 370 g)
2 Pck. Tortenguss, rot
500 ml (1/2 l) Kirschsaft aus den Gläsern

Zubereitungszeit: 55 Minuten, ohne Abkühl- und Kühlzeit

1. Für die 1. Lage Butterkekse in einen Gefrierbeutel geben. Den Beutel verschließen. Butterkekse mit einer Teigrolle fein zerbröseln und in eine Rührschüssel geben. Butter zerlassen, zu den Keksbröseln geben und gut verrühren. Die Keksbrösel auf einem Backblech (30 x 40 cm, gefettet, mit Backpapier belegt) verteilen und mit einem Löffel gut zu einem Boden andrücken. Einen Backrahmen darumstellen.

2. Für die 3. Lage Haselnusskerne in einer Pfanne ohne Fett unter Rühren bei schwacher Hitze leicht bräunen lassen, sofort herausnehmen und auf einem Teller erkalten lassen.

3. Für die 2. Lage Frischkäse mit Puderzucker verrühren. Sahne mit Sahnesteif steif schlagen und unter den Frischkäse heben. Die Frischkäse-Sahne-Creme auf dem Bröselboden verteilen. Als dritte Lage die Haselnusskerne gleichmäßig daraufstreuen.

4. Für die 4. Lage die Sahne mit Vanillin-Zucker und Sahnesteif steif schlagen. Die Sahne auf den Haselnusskernen verteilen und glatt streichen.

5. Für die 5. Lage Sauerkirschen in einem Sieb abtropfen lassen, dabei den Saft auffangen und 500 ml (1/2 l) abmessen, eventuell mit Wasser auffüllen. Die Sauerkirschen auf der 4. Lage verteilen. Aus Tortengusspulver und Kirschsaft einen Guss nach Packungsanleitung zubereiten und vorsichtig mit einem Esslöffel auf den Sauerkirschen verteilen.

6. Den Kuchen etwa 2 Stunden kalt stellen (Kühlschrank). Den Backrahmen vorsichtig lösen und entfernen.

Tipps: Den Kuchen maximal einen Tag vor dem Verzehr zubereiten. Anstelle der Kirschen können auch Erdbeeren, Himbeeren oder Brombeeren verwendet werden.

Rätsel-Torte | Mit Alkohol – einfach

Insgesamt:
E: 88 g, F: 329 g, Kh: 450 g, kJ: 22231, kcal: 5307

1 Lage von 1 hellen Wiener Boden (Ø 26 cm)

Für die Vanillecreme:
4 Blatt weiße Gelatine
1 Pck. Dr. Oetker Pudding-Pulver Vanille-Geschmack
4 EL Zucker
500 ml (1/2 l) Milch
600 g Schlagsahne
2–3 Pck. Dr. Oetker Sahnesteif

Zum Tränken:
250 ml (1/4 l) Milch
2 EL Rum
200 g Löffelbiskuits

Zum Verzieren und Garnieren:
250 g Schlagsahne
1 Pck. Dr. Oetker Sahnesteif
1 EL gesiebter Puderzucker
etwa 50 ml Eierlikör
etwa 20 g gehackte Pistazienkerne

Zubereitungszeit: 30 Minuten, ohne Abkühl- und Kühlzeit

1. Den Biskuitboden auf eine Tortenplatte legen und einen Tortenring darumstellen.

2. Für die Vanillecreme Gelatine in kaltem Wasser nach Packungsanleitung einweichen. Aus Pudding-Pulver, Zucker und Milch einen Pudding nach Packungsanleitung, aber mit 4 Esslöffeln Zucker zubereiten. Eingeweichte Gelatine leicht ausdrücken und unter Rühren in dem heißen Pudding auflösen. Den Pudding erkalten lassen, dabei ab und zu umrühren.

3. Sahne mit Sahnesteif eventuell in 2 Portionen steif schlagen und unter den erkalteten Pudding heben. Ein Drittel der Vanillecreme auf dem Biskuitboden verstreichen.

4. Zum Tränken Milch mit Rum verrühren. Die Löffelbiskuits darin kurz wenden. Die Hälfte der getränkten Löffelbiskuits auf die Creme legen und mit der Hälfte der restlichen Creme bestreichen. Torte mit den restlichen Löffelbiskuits belegen und mit der restlichen Creme bestreichen. Die Torte etwa 2 Stunden kalt stellen (Kühlschrank). Den Tortenring lösen und entfernen.

5. Zum Verzieren und Garnieren die Sahne mit Sahnesteif und Puderzucker steif schlagen, in einen Spritzbeutel mit Lochtülle füllen und Tupfen auf die Tortenoberfläche spritzen. Die Tortenoberfläche mit Eierlikör verzieren und mit Pistazienkernen garnieren.

Tipps: Verwenden Sie für Kinder zum Tränken nur Milch und zum Verzieren der Torte statt Eierlikör Vanillesauce. Die restlichen 2 Lagen des Wiener Bodens für eine Torte einfrieren oder für ein Dessert verwenden.

Ricotta-Torte | Mit Alkohol

Insgesamt:
E: 108 g, F: 319 g, Kh: 317 g, kJ: 20303, kcal: 4850

Für den Boden:
50 g Löffelbiskuits
80 g Butter

Für die Ricotta-Creme:
1 Pck. gemahlene Gelatine, weiß
6 EL Wasser
3 Eigelb (Größe M)
125 g Zucker
1 Pck. Dr. Oetker Bourbon-Vanille-Zucker
1 Pck. Dr. Oetker Finesse Geriebene Zitronenschale
1 Prise Salz
250 g Ricotta (ital. Frischkäse)
250 g Speisequark (40 % Fett)
3 EL Sambuca (Anislikör)
250 g Schlagsahne

Für den Rand:
30 g gehobelte Mandeln

Für den Belag:
250 g Schlagsahne
1 Pck. Dr. Oetker Sahnesteif
1 Pck. Dr. Oetker Vanillin-Zucker

Zum Bestäuben:
Kakaopulver

Zubereitungszeit: 45 Minuten, ohne Kühl-, Quell- und Abkühlzeit

1. Für den Boden Löffelbiskuits in einen Gefrierbeutel geben und den Beutel verschließen. Löffelbiskuits mit einer Teigrolle fein zerbröseln. Die Brösel in eine Rührschüssel geben. Butter zerlassen, zu den Biskuitbröseln geben und gut verrühren.

2. Einen Springformrand (Ø 22 cm) auf eine mit Tortenspitze oder Backpapier belegte Tortenplatte stellen. Die Bröselmasse darin gleichmäßig verteilen und mit einem Löffel gut zu einem Boden andrücken. Tortenboden kalt stellen.

3. Für die Creme Gelatine mit kaltem Wasser in einem kleinen Topf anrühren und etwa 10 Minuten quellen lassen.

4. Eigelb, Zucker, Vanille-Zucker, Zitronenschale und Salz in eine Rühr- oder Edelstahlschüssel geben und im heißen Wasserbad bei mittlerer Hitze schaumig schlagen, bis eine dickflüssige Masse entstanden ist. Die Schüssel aus dem Wasserbad nehmen. Gequollene Gelatine unter Rühren erwärmen (nicht kochen), bis sie völlig gelöst ist. Unter die Eigelbcreme rühren.

5. Ricotta und Quark unterrühren. Die Ricotta-Creme mit Sambuca abschmecken.

6. Sahne steif schlagen. Sobald die Masse anfängt dicklich zu werden, Sahne unterheben. Die Ricotta-Sahne-Creme auf den Bröselboden geben und glatt streichen. Die Torte etwa 2 Stunden kalt stellen (Kühlschrank).

7. Mandeln in einer Pfanne ohne Fett unter Rühren goldbraun rösten, herausnehmen und auf einem Teller abkühlen lassen. Springformrand lösen und entfernen.

8. Für den Belag Sahne mit Sahnesteif und Vanillin-Zucker steif schlagen. Drei Viertel der Sahne in einen Spritzbeutel mit Sterntülle füllen. Den Tortenrand mit der restlichen Sahne bestreichen.

9. Mit dem Spritzbeutel auf die Tortenoberfläche kleine Sahnehäubchen spritzen und die Torte etwa 30 Minuten kalt stellen (Kühlschrank). Die Torte vor dem Servieren mit Kakao bestäuben.

Ricotta-Torte mit Pfirsichen I

Raffiniert

Insgesamt:
E: 116 g, F: 259 g, Kh: 500 g, kJ: 20425, kcal: 4879

2 Lagen von 1 hellen Wiener Boden (Ø 26 cm)

Für den Belag:
6 Blatt weiße Gelatine
1 Bio-Zitrone (unbehandelt, ungewachst)
500 g Ricotta (ital. Frischkäse, ersatzweise Speisequark [40 % Fett] oder Schichtkäse)
100 g Zucker
1 Pck. Dr. Oetker Vanillin-Zucker
300 g Joghurt
1 Dose Pfirsichhälften (Abtropfgewicht 240 g)
3 Nektarinen
250 g Schlagsahne

Für den Guss:
1 Pck. Tortenguss, klar
2 EL Zucker
250 ml (¹/₄ l) Pfirsichsaft aus der Dose

Zum Verzieren und Bestreuen:
250 g Schlagsahne
1 gestr. TL Dr. Oetker Sahnesteif
1 EL gehackte Pistazienkerne

Zubereitungszeit: 40 Minuten, ohne Kühlzeit

1. Einen Biskuitboden auf eine Tortenplatte legen und einen Springformrand oder Tortenring darumstellen.

2. Für den Belag Gelatine in kaltem Wasser nach Packungsanleitung einweichen. Zitrone heiß abwaschen, abtrocknen und die Schale abreiben. Zitrone halbieren und den Saft auspressen. Ricotta mit Zitronenschale, -saft, Zucker, Vanillin-Zucker und Joghurt verrühren.

3. Die eingeweichte Gelatine leicht ausdrücken und in einem kleinen Topf unter Rühren bei schwacher Hitze auflösen (nicht kochen). Gelatine mit etwa 3 Esslöffeln von der Ricotta-Masse verrühren, dann unter die restliche Ricotta-Masse rühren. Kalt stellen.

4. Pfirsichhälften in einem Sieb abtropfen lassen, dabei den Saft auffangen und 250 ml (¹/₄ l) abmessen, eventuell mit Wasser auffüllen. Die Pfirsichhälften mit einem Stabmixer pürieren.

5. Die Sahne steif schlagen. Wenn die Ricotta-Masse anfängt dicklich zu werden, die Sahne unterheben. Pfirsichpüree unter die Ricotta-Sahne-Creme rühren.

6. Die Hälfte der Creme auf den unteren Biskuitboden geben und glatt streichen. Den zweiten Biskuitboden darauflegen. Restliche Creme daraufgeben und glatt streichen. Die Torte etwa 2 Stunden kalt stellen (Kühlschrank).

7. Die Nektarinen waschen, trocken tupfen, halbieren, entsteinen und in schmale Spalten schneiden. Die Nektarinenspalten in Form einer Blüte auf die Tortenoberfläche legen, dabei den äußeren Rand frei lassen.

8. Für den Guss aus Tortengusspulver, Zucker und dem Pfirsichsaft einen Guss nach Packungsanleitung zubereiten. Den Guss auf der Nektarinenblüte verteilen. Die Torte etwa 30 Minuten kalt stellen (Kühlschrank). Springformrand oder Tortenring lösen und entfernen.

9. Zum Verzieren und Bestreuen Sahne mit Sahnesteif steif schlagen, in einen Spritzbeutel mit kleiner Lochtülle füllen. Den Tortenrand damit verzieren. Zusätzlich kleine Tupfen auf die Tortenoberfläche spritzen. Mit Pistazienkernen bestreuen.

Tipp: Im Sommer frische Pfirsiche oder Nektarinen verwenden. Den Guss dann mit Apfelsaft zubereiten.

Riesen-Himbeertortelette | Für Kinder

Insgesamt:
E: 51 g, F: 261 g, Kh: 338 g, kJ: 16826, kcal: 4014

Für die Creme:
10 Blatt weiße Gelatine
1 Vanilleschote
250 g Mascarpone (ital. Frischkäse)
200 g Joghurt
100 g Zucker
Saft von
2 kleinen Limetten oder Zitronen
125 g Schlagsahne

Für den Boden:
150 g Cantuccini (ital. Mandelgebäck), ohne ganze Mandeln
100 g Butter

Für den Belag:
500 g Himbeeren
100 g Himbeergelee
30 g gehobelte Mandeln

Zubereitungszeit: 35 Minuten, ohne Kühlzeit

1. Für die Creme die Gelatine in kaltem Wasser nach Packungsanleitung einweichen. Vanilleschote längs einritzen und das Mark herauskratzen. Mascarpone, Joghurt, Zucker, Limetten- oder Zitronensaft und Vanillemark in einer Schüssel verrühren.

2. Die eingeweichte Gelatine leicht ausdrücken und in einem kleinen Topf unter Rühren bei schwacher Hitze auflösen (nicht kochen).

3. Gelatine mit etwa 3 Esslöffeln der Mascarpone-Joghurt-Masse verrühren, dann unter die restliche Mascarpone-Joghurt-Masse rühren. Sahne steif schlagen und unterheben.

4. Eine Obstbodenform (Ø 22 cm) kalt ausspülen. Die Mascarpone-Joghurt-Creme in die Form füllen und glatt streichen. Die Form 3–4 Stunden kalt stellen (Kühlschrank).

5. Für den Boden Cantuccini in einen Gefrierbeutel geben. Den Beutel verschließen. Cantuccini mit einer Teigrolle zerbröseln. Brösel in eine Rührschüssel geben. Butter zerlassen, zu den Cantuccini-Bröseln geben und gut verrühren.

6. Einen Springformrand (Ø 24 cm) auf eine mit Backpapier belegte Tortenplatte stellen. Die Bröselmasse darin gleichmäßig verteilen und mit einem Löffel gut zu einem Boden andrücken. Tortenboden kalt stellen. Den Springformrand lösen und entfernen.

7. Die Mascarpone-Joghurt-Creme-Torte mit der Form kurz in kaltes Wasser stellen, damit sie sich besser löst.

8. Den Cantuccini-Boden vorsichtig auf die fest gewordene Mascarpone-Joghurt-Creme-Torte legen. Backpapier entfernen. Die Torte ebenfalls vorsichtig auf eine Tortenplatte stürzen.

9. Für den Belag Himbeeren putzen (nicht waschen). Die Cremetorte mit den Himbeeren belegen. Himbeergelee in einem kleinen Topf unter Rühren erwärmen. Die Himbeeren mithilfe eines Löffels mit dem Gelee besprenkeln.

10. Die Mandeln in einer Pfanne ohne Fett anrösten, herausnehmen und abkühlen lassen. Den oberen Tortenrand mit den Mandeln bestreuen.

Tipp: Statt Himbeeren können auch Erdbeeren oder gemischte frische Beeren verwendet werden.

Rosentraum oder Blütentraum | Mit Alkohol

Insgesamt:
E: 32 g, F: 213 g, Kh: 343 g, kJ: 15153, kcal: 3613

Für den Boden:
1 Pck. Griesson Soft Cake Orange (Eigebäck mit Fruchtfüllung, 300 g)

Für die Füllung:
5 Blatt weiße Galatine
1 Pck. Saucenpulver Vanille-Geschmack, zum Kochen
200 ml Prosecco
60 g Zucker
400 g Schlagsahne

Zum Einstreichen:
200 g Schlagsahne
1 Pck. Dr. Oetker Sahnesteif
20 g Zucker
abgeriebene Schale von ½ Bio-Zitrone (unbehandelt, ungewachst)
1 EL Zitronensaft

Nach Belieben:
einige ungespritzte, essbare Blütenblätter oder essbare Blüten

Zubereitungszeit: 40 Minuten, ohne Kühl- und Abkühlzeit

1. Von den Keksen 14 Stück beiseitelegen. Für den Tortenboden die restlichen Kekse halbieren. Einen Springformrand (Ø 18 cm) auf eine mit Backpapier belegte Tortenplatte stellen.

2. Die halbierten Kekse mit der Schokoladenseite nach oben als Tortenboden nebeneinander in den Springformrand legen (eventuell 1–2 Kekse in kleine Stücke schneiden und die Lücken damit füllen).

3. Für die Füllung Gelatine nach Packungsanleitung in kaltem Wasser einweichen. Aus dem Saucenpulver, Prosecco und Zucker einen Pudding nach Packungsanleitung (aber mit den hier angegebenen Zutaten) zubereiten.

4. Eingeweichte Gelatine leicht ausdrücken und in dem noch heißen Pudding unter Rühren auflösen. Danach den Pudding unter gelegentlichem Rühren erkalten lassen.

5. Sahne steif schlagen. Wenn der Pudding anfängt dicklich zu werden, die Sahne unterheben. Etwa ein Drittel der Füllung auf den Tortenboden geben und glatt streichen. Die Hälfte der beiseitegelegten Kekse nebeneinander darauflegen.

6. Die Hälfte der restlichen Füllung daraufgeben und glatt streichen. Die restlichen Kekse nebeneinander darauflegen und dann mit der restlichen Füllung bestreichen. Die Torte etwa 2 Stunden kalt stellen (Kühlschrank).

7. Zum Einstreichen Sahne mit Sahnesteif und Zucker steif schlagen. Zitronenschale und -saft unterheben.

8. Den Springformrand lösen und entfernen. Den Tortenrand und die Tortenoberfläche mit der Sahne einstreichen.

9. Nach Belieben mit Blütenblättern oder Blüten garnieren. Die Torte zum Servieren auf eine Tortenplatte umsetzen.

Tipps: Gut schmecken auch gezuckerte Blütenblätter, die Sie einen Tag vorher zubereiten sollten. Für die Blütenblätter 1 Esslöffel Gummi arabicum und 1 Esslöffel Zucker mischen. ½ Eiweiß (Größe L) und 50 ml Wasser unterrühren. Die Blütenblätter von 3–4 ungespritzten Rosen abzupfen und in die Gummimischung tauchen. Blütenblätter abtropfen lassen. Etwa 125 g Zucker auf eine Platte geben und die Blütenblätter darauflegen. Die Blütenblätter mit etwa 75 g Zucker bestreuen und etwa 1 Tag trocknen lassen. Dann die Torte damit garnieren. Die Rosenblätter können Sie auch durch andere ungespritzte, essbare Blüten ersetzen. Gummi arabicum erhalten Sie unter anderem bei der Firma Städter (im Internet unter www.tortissimo.de, oder telefonisch: 06407 4034 1000).

Rotwein-Heidelbeer-Torte I

Mit Alkohol

Insgesamt:
E: 58 g, F: 185 g, Kh: 273 g, kJ: 12952, kcal: 3089

Für den Boden:

125 g Zartbitter-Kuvertüre
150 g Vitalis Müsli Plus ohne Zuckerzusatz
100 g gehobelte Mandeln

Für die Rotweincreme:

6 Blatt weiße Gelatine
200 ml Rotwein oder roter Traubensaft
40 g Zucker
250 g Schlagsahne

Für den Belag:

300 g Heidelbeeren
50 g rotes Johannisbeergelee
3 EL Rotwein oder Traubensaft
1 Pck. Tortenguss, klar
250 ml (1/4 l) Saft von den Heidelbeeren, mit Wein oder Saft aufgefüllt
1 geh. TL Zucker

Zubereitungszeit: 35 Minuten, ohne Kühl- und Saftziehzeit

1. Für den Boden Kuvertüre hacken, in einem kleinen Topf im heißen Wasserbad bei schwacher Hitze schmelzen. Müsli und Mandeln unterrühren. Einen Springformrand (Ø 26 cm) auf eine mit Tortenspitze oder Backpapier belegte Tortenplatte stellen. Müslimasse darin gleichmäßig verteilen und mit einem Löffel gut zu einem Boden andrücken. Boden kalt stellen.

2. Für die Creme Gelatine in kaltem Wasser nach Packungsanleitung einweichen. 100 ml von dem Rotwein oder Saft mit Zucker in einem kleinen Topf erhitzen (nicht kochen), bis der Zucker gelöst ist. Den Topf von der Kochstelle nehmen. Eingeweichte Gelatine leicht ausdrücken und in der Flüssigkeit unter Rühren auflösen (nicht kochen). Restlichen Wein oder Saft unterrühren. Kalt stellen.

3. Sahne steif schlagen. Wenn die Wein-Gelatine-Flüssigkeit anfängt dicklich zu werden, Sahne unterheben. Die Creme auf den Müsliboden geben und glatt streichen. Torte mindestens 1 Stunde kalt stellen (Kühlschrank).

4. Für den Belag Heidelbeeren putzen, waschen, abtropfen lassen und in eine Schüssel geben. Gelee mit Wein oder Saft verrühren, zu den Heidelbeeren geben und etwa 30 Minuten zum Saftziehen stehen lassen.

5. Heidelbeeren in ein Sieb geben, dabei den Saft auffangen. Mit Wein oder Wasser auf 250 ml (1/4 l) auffüllen. Die Heidelbeeren auf der Weincreme verteilen.

6. Aus Tortengusspulver, Zucker und der abgemessenen Flüssigkeit nach Packungsanleitung einen Guss zubereiten. Den Guss auf den Heidelbeeren verteilen. Die Torte etwa 1 Stunde kalt stellen. Springformrand lösen und entfernen.

Tipp: Statt Heidelbeeren können Sie auch Brombeeren verwenden.

Sandwich-Schnitten | Raffiniert

Insgesamt:
E: 58 g, F: 394 g, Kh: 356 g, kJ: 22514, kcal: 5379

9 Butter- oder Toastwaffeln (1 1/2 Pck.)

Für die Salatblätter:
100 g Marzipan-Rohmasse
50 g gesiebter Puderzucker
4 Tropfen grüne Speisefarbe

Für die Apfelfüllung:
250 g Schlagsahne
1/2 Pck. Dr. Oetker Sahnesteif
1 EL gesiebter Puderzucker
1 grüner Apfel, z. B. Granny Smith
2 EL Zitronensaft

Für die Himbeerfüllung:
150 g TK-Himbeeren
250 g Mascarpone (ital. Frischkäse) oder Speisequark (Magerstufe)
1 EL gesiebter Puderzucker

6 grüne Weintrauben
6 blaue Weintrauben
6 Holzstäbchen

Zubereitungszeit: 35 Minuten, ohne Auftauzeit

1. Die Waffeln diagonal halbieren.

2. Für die Salatblätter Marzipan mit Puderzucker verkneten und mit Speisefarbe einfärben. Marzipan zwischen Frischhaltefolie etwa 3 mm dünn ausrollen. Die Marzipanplatte in etwa 5 cm breite Streifen schneiden und als Salatblätter auf 6 der Waffeldreiecke legen. Die Marzipanreste sehr klein schneiden.

3. Für die Apfelfüllung die Sahne mit Sahnesteif und Puderzucker steif schlagen. Den Apfel waschen, abtrocknen, vierteln und entkernen. Apfelviertel zuerst in dünne Scheiben, dann in feine Streifen schneiden. Apfelstreifen unter die Sahne heben. Die Apfel-Sahne auf den Salatblättern verteilen und mit je einem Waffeldreieck belegen.

4. Für die Himbeerfüllung die Himbeeren auftauen lassen. Den Mascarpone oder Quark mit Puderzucker verrühren. Die Himbeeren mit dem entstandenen Saft unterrühren. Die Himbeer-Mascarpone-Masse auf die Waffeldreiecke streichen und mit je einem Waffeldreieck belegen.

5. Weintrauben waschen und trocken tupfen. Jeweils 1 helle und blaue Weintraube auf ein Holzstäbchen stecken. Die Sandwiches damit garnieren. Die gehackten Marzipanreste als „Schnittlauch" über die Sandwiches streuen. Sandwich-Schnitten servieren.

Tipps: Nach Belieben die aufgetauten Himbeeren pürieren und durch ein Sieb streichen. Statt Mascarpone Doppelrahm-Frischkäse verwenden.

Schlange | Für Kinder

Insgesamt:
E: 63 g, F: 548 g, Kh: 467 g, kJ: 30347, kcal: 7250

Für die Schokoladencreme:
100 g Zartbitter-Kuvertüre
400 g Vollmilch-Kuvertüre
250 g Kokosfett
250 g Schlagsahne
2 Pck. Dr. Oetker Vanillin-Zucker
1 Pck. Dr. Oetker Finesse Natürliches Orangenschalen-Aroma

2 Pck. Mini-Butterkekse (je 150 g)

2 Schokolinsen
Zuckerschrift
Weingummiband

Zubereitungszeit: 20 Minuten, ohne Kühlzeit

1. Für die Schokoladencreme beide Kuvertüresorten in Stücke hacken, mit Kokosfett und Sahne in einem Topf im heißen Wasserbad bei schwacher Hitze unter Rühren schmelzen. Den Vanillin-Zucker und Orangenschalen-Aroma gut unterrühren.

2. Den Boden einer Kranzform (Ø 24 cm) mit einigen Butterkeksen auslegen und mit so viel Schokocreme bestreichen, dass die Kekse bedeckt sind. Wieder mit Keksen belegen und mit Creme bestreichen.

3. Den Vorgang so lange wiederholen, bis Kekse und Creme aufgebraucht sind. Die letzte Schicht sollte aus Keksen bestehen. Die Form über Nacht kalt stellen (Kühlschrank).

4. Dann die Form kurz in heißes Wasser stellen. Den Kuchen auf eine Platte stürzen. Den Kuchen senkrecht vierteln. Die Kuchenviertel zu einer Schlange zusammenlegen.

5. Ein Kuchenende als Kopf spitz zuschneiden. Die abgeschnittenen Gebäckstücke als Schwanz ansetzen. Die Schokolinsen mit Zuckerschrift als Augen an den Kopf kleben. Das Weingummiband als Zunge zurechtschneiden, einen kleinen Spalt in den Schlangenkopf schneiden und die Zunge hineinstecken. Die Schlange gut gekühlt servieren.

Tipps: Gut gekühlt ist die Schlange einige Tage haltbar. Nach Belieben die Kranzform mit Frischhaltefolie auslegen.

Deko-Tipp: Setzen Sie die Schlange auf eine längliche Platte und dekorieren diese mit Weingummischnüren und nach Belieben dschungelmäßig mit Papierblumen.

Schneekönigin-Eistorte I

Für Gäste – gut vorzubereiten

Insgesamt:
E: 53 g, F: 351 g, Kh: 482 g, kJ: 22500, kcal: 5376

Für den Boden:
175 g Löffelbiskuits
125 g Butter

Zum Bestreichen:
50 g Zartbitter-Schokolade

Für die Füllung:
100 g weiße Schokolade
600 g Schlagsahne
75 g Zucker
1 Pck. Dr. Oetker Vanillin-Zucker
1 Pck. Dr. Oetker Finesse Geriebene Zitronenschale
200 g Feines Schaumgebäck Tropfen (Mini-Meringues Natural)

Zubereitungszeit: 45 Minuten, ohne Kühl-, Abkühl- und Gefrierzeit

1. Für den Boden Löffelbiskuits in einen Gefrierbeutel geben. Den Beutel verschließen. Löffelbiskuits mit einer Teigrolle fein zerbröseln. Die Brösel in eine Rührschüssel geben. Butter zerlassen, zu den Biskuitbröseln geben und gut verrühren.

2. Einen Springformrand (Ø 22 cm) auf eine mit Tortenspitze oder Backpapier belegte Tortenplatte stellen. Die Bröselmasse darin gleichmäßig verteilen und mit einem Löffel gut zu einem Boden andrücken. Tortenboden kalt stellen.

3. Zum Bestreichen Schokolade in Stücke brechen, in einem kleinen Topf im heißen Wasserbad bei schwacher Hitze unter Rühren schmelzen. Die Schokolade etwas abkühlen lassen.

4. Den Tortenboden mit einem Teil der Schokolade bestreichen. Schokolade fest werden lassen. Restliche Schokolade dünn auf ein Stück Backpapier streichen und zum Garnieren beiseitelegen (nicht kalt stellen).

5. Für die Füllung weiße Schokolade fein hacken, in einem kleinen Topf im heißen Wasserbad bei schwacher Hitze unter Rühren schmelzen, abkühlen lassen. Sahne mit Zucker, Vanillin-Zucker und Zitronenschale steif schlagen. Baisertropfen (8–10 Tropfen beiseitelegen) halbieren oder vierteln und mit der geschmolzenen Schokolade unter die Sahne heben. Dann die Schokoladen-Sahne-Creme auf den mit Schokolade bestrichenen Bröselboden geben und mit einem Löffel wellenartig verzieren.

6. Beiseitegelegte Baisertupfen dekorativ auf der Torte verteilen. Die Torte in den Gefrierschrank stellen. Die Torte mindestens 5 Stunden gefrieren lassen.

7. Die Torte aus dem Gefrierschrank nehmen. Springformrand lösen und entfernen. Dann die beiseitegelegte Schokolade in Locken vom Backpapier schaben. Die Torte damit garnieren.

Tipps: Lassen Sie die Torte vor dem Servieren etwa 15 Minuten antauen. Aufgetaute Eistorte nicht noch einmal einfrieren.

Schnelle Afrika-Torte | Einfach

Insgesamt:
E: 28 g, F: 229 g, Kh: 364 g, kJ: 15527, kcal: 3703

Für den Boden:
125 g Afrika-Kekse edelherb (Schoko-Waffelgebäck von Bahlsen)
60 g Eierplätzchen oder Zwieback
100 g Butter

Für den Belag:
250 g Schlagsahne
2 Pck. Galetta Vanille-Geschmack (Pudding-Pulver ohne Kochen)
600 ml Multivitamin- oder Orangensaft

etwa 20 Afrika-Kekse edelherb (etwa 80 g)

Zubereitungszeit: 25 Minuten, ohne Kühlzeit

1. Für den Boden Afrika-Kekse und Eierplätzchen oder Zwieback in einen Gefrierbeutel geben. Den Beutel verschließen. Das Gebäck mit einer Teigrolle fein zerbröseln. Butter zerlassen, zu den Gebäckbröseln geben und gut verrühren.

2. Einen Backrahmen (etwa 24 x 24 cm) auf eine mit Tortenspitze oder Backpapier belegte Tortenplatte stellen. Die Bröselmasse darin gleichmäßig verteilen und mit einem Löffel gut zu einem Boden andrücken. Tortenboden kalt stellen.

3. Für den Belag die Sahne steif schlagen. Pudding-Pulver mit Saft nach Packungsanleitung, aber mit der hier angegebenen Saftmenge zubereiten. Sahne unterheben. Die Pudding-Sahne-Creme auf den Bröselboden geben und glatt streichen. Dann die Torte etwa 1 Stunde kalt stellen (Kühlschrank). Den Backrahmen lösen und entfernen.

4. Die Torte schachbrettartig mit den Afrika-Keksen belegen.

Tipp: Mit Multivitaminsaft zubereitet wird der Belag schön orange, so dass man zur Garnierung auch fein zerbröselte Afrika-Kekse wie Tigerstreifen aufstreuen kann, z.B. für eine Dschungelparty.

Schnelle Cappuccino-Schnittchen | Mit Alkohol

Insgesamt:
E: 64 g, F: 188 g, Kh: 283 g, kJ: 13327, kcal: 3182

Zum Vorbereiten:
1 Beutel (10 g) Instant-Cappuccino-Pulver
100 ml heißes Wasser

Für die Füllungen:
6 Blatt weiße Gelatine
4 Becher Mousse au Chocolat (je 100 g, aus dem Kühlregal)
300 g Schlagsahne

1 Beutel (10 g) Instant-Cappuccino-Pulver
1 Pck. Dr. Oetker Bourbon Vanille-Zucker
4 EL Mandel- oder Vanillelikör

etwa 175 g Butterkekse

Zum Garnieren:
½ Pck. Mini-Butterkekse
1 TL Kakaopulver

Zubereitungszeit: 30 Minuten, ohne Abkühl- und Kühlzeit

1. Zum Vorbereiten Cappuccino-Pulver mit heißem Wasser auflösen und abkühlen lassen. Eine kleine, rechteckige Auflaufform (etwa 12 x 22 cm) mit Frischhaltefolie auslegen.

2. Für die Füllungen Gelatine in kaltem Wasser nach Packungsanleitung einweichen.

3. Für die dunkle Creme die Mousse in eine Schüssel geben. Sahne steif schlagen.

4. Eingeweichte Gelatine leicht ausdrücken und mit etwa 4 Esslöffeln der aufgelösten Cappuccino-Flüssigkeit in einem kleinen Topf unter Rühren erwärmen (nicht kochen), bis sie völlig gelöst ist.

5. Die Hälfte der Gelatinemischung mit 2–3 Esslöffeln Mousse verrühren, dann unter die restliche Mousse rühren. Ein Drittel der Sahne unterheben, kalt stellen.

6. Für die helle Creme Cappuccino-Pulver und Vanille-Zucker vorsichtig unter die restliche Sahne rühren. Die restliche Gelatinemischung mit 2–3 Esslöffeln der hellen Creme verrühren, dann unter die restliche helle Creme rühren.

7. Die Hälfte der hellen Creme auf den Boden der Form streichen. Eine Lage Butterkekse darauflegen. Den restlichen aufgelösten Cappuccino mit dem Likör verrühren. Kekse mit etwas von der Cappuccino-Likör-Mischung beträufeln. Die Hälfte der dunklen Creme daraufstreichen, wieder eine Lage Butterkekse darauflegen und diese mit etwas von der Cappuccino-Likör-Mischung beträufeln. Nochmals helle Creme, Kekse, dunkle Creme und Kekse einschichten. Den Kuchen mindestens 2 Stunden kalt stellen (Kühlschrank).

8. Den Kuchen mithilfe der Folie aus der Form heben und auf eine Kuchenplatte stürzen. Folie entfernen. Den Kuchen mit Mini-Butterkeksen garnieren und mit Kakao bestäuben.

Schnelle Frischkäsetorte | Klassisch

Insgesamt:
E: 64 g, F: 336 g, Kh: 288 g, kJ: 18704, kcal: 4464

Für den Tortenboden:

180 g Löffelbiskuits
120 g Butter oder Margarine

Für die Füllung:

1 Beutel aus 1 Pck. Götterspeise Zitronen-Geschmack
200 ml Wasser
200 g Doppelrahm-Frischkäse
125 g Zucker
1 Pck. Dr. Oetker Vanillin-Zucker
2 EL Zitronensaft
500 g gekühlte Schlagsahne

Zubereitungszeit: 30 Minuten, ohne Abkühl- und Kühlzeit

1. Für den Boden Löffelbiskuits in einen Gefrierbeutel geben. Den Beutel verschließen. Löffelbiskuits mit einer Teigrolle fein zerbröseln. 30 g der Brösel zum Garnieren beiseitelegen. Butter oder Margarine zerlassen, zu den Biskuitbröseln geben und gut verrühren.

2. Einen Springformrand (Ø 26 cm) auf eine mit Tortenspitze oder Backpapier belegte Tortenplatte stellen. Die Bröselmasse darin gleichmäßig verteilen und mit einem Löffel gut zu einem Boden andrücken. Tortenboden kalt stellen.

3. Für die Füllung die Götterspeise mit 200 ml Wasser, aber ohne Zucker nach Packungsanleitung zubereiten. Etwas abkühlen lassen.

4. Frischkäse mit Zucker, Vanillin-Zucker und Zitronensaft mit einem Schneebesen verrühren. Die lauwarme Götterspeise unterrühren, kalt stellen.

5. Sahne steif schlagen. Wenn die Masse anfängt dicklich zu werden, Sahne unterheben. Die Frischkäsecreme auf dem Bröselboden verteilen und wellenartig verstreichen. Die Torte etwa 3 Stunden kalt stellen (Kühlschrank).

6. Beiseitegelegte Biskuitbrösel dekorativ auf den Rand der Tortenoberfläche streuen. Den Springformrand lösen und entfernen. Die Torte bis zum Verzehr kalt stellen (Kühlschrank).

Tipp: Für andere Geschmacksrichtungen können Sie statt Götterspeise Zitronen-Geschmack auch Götterspeise Himbeer- oder Waldmeister-Geschmack verwenden.

Abwandlung: Kinder-Glibber-Torte. Für eine Kindertorte 1 Beutel aus 1 Päckchen Götterspeise Zitronen-, Himbeer- oder Waldmeister-Geschmack nach Packungsanleitung zubereiten, etwas abkühlen lassen, auf die erstarrte Frischkäsemasse gießen und fest werden lassen. Die Torte mit Gummibärchen garnieren.

Schnelle Sommertörtchen | Einfach

Insgesamt:
E: 11 g, F: 51 g, Kh: 69 g, kJ: 3363, kcal: 803

Für die Böden:

125 g Löffelbiskuits
50 g Butter
1 EL Nuss-Nougat

Für den Belag:

1 Glas Stachelbeeren (Abtropfgewicht 370 g)
250 g Speisequark (Magerstufe)
2 EL Zitronensaft
40 g Zucker
1 Pck. Dr. Oetker Vanillin-Zucker
frische Minzeblättchen

Auserdem:

8–10 kleine Papiertorteletteförmchen

Zubereitungszeit: 20 Minuten, ohne Kühlzeit

1. Für die Böden Löffelbiskuits in einen Gefrierbeutel geben. Die Beutel verschließen. Löffelbiskuits mit einer Teigrolle fein zerbröseln. Brösel in eine Rührschüssel geben. Butter und Nougat in einem kleinen Topf im heißen Wasserbad bei schwacher Hitze unter Rühren schmelzen. Die Butter-Nougat-Masse zu den Biskuitbröseln geben und gut verrühren.

2. Die Bröselmasse in 8–10 kleine Papiertorteletteförmchen geben und mit einem Löffel gut zu einem Boden andrücken. Förmchen kalt stellen.

3. Für den Belag Stachelbeeren in einem Sieb abtropfen lassen. Quark mit Zitronensaft, Zucker und Vanillin-Zucker gut verrühren. Die Quarkcreme auf den Törtchen verteilen. Die Stachelbeeren darauflegen. Minzeblättchen abspülen und trocken tupfen. Die Törtchen mit den Minzeblättchen garnieren und sofort servieren.

Tipp: Statt Stachelbeeren abgetropfte Mandarinen aus der Dose verwenden. Dann den Belag mit Mandarinensaft statt Zitronensaft zubereiten.

Schoko-Igel | Für Kinder

Insgesamt:
E: 60 g, F: 284 g, Kh: 539 g, kJ: 21222, kcal: 5068

1 dunkler Wiener Boden (Ø 26 cm, 3 Lagen)

Für die Schokocreme:
1 Pck. Dr. Oetker Pudding-Pulver Schokoladen-Geschmack
100 g Zucker
1 Pck. Dr. Oetker Bourbon-Vanille-Zucker
500 ml (1/2 l) kalte Milch
50 g grob gehackte Zartbitter- oder Mokka-Schokolade
200 g weiche Butter

125 g Schlagsahne
1/2 TL Dr. Oetker Sahnesteif
1 Pck. Mikado zartherb (Schoko-Gebäckstäbchen, 100 g)
bunte Schokolinsen mit Zuckerglasur
1 TL Kakaopulver

Zubereitungszeit: 35 Minuten, ohne Abkühl- und Kühlzeit

1. Mit einer Schablone aus dem ganzen Wiener Boden einen Igel (tropfenförmig) schneiden. Die abgeschnittenen Gebäckränder zerbröseln und beiseitelegen.

2. Für die Creme Pudding-Pulver, Zucker und Vanille-Zucker mit etwas Milch anrühren. Restliche Milch mit Schokolade in einem Topf unter Rühren zum Kochen bringen.

3. Angerührtes Pudding-Pulver in die von der Kochstelle genommene Schoko-Milch rühren und unter Rühren nochmals aufkochen lassen. Den Topf von der Kochstelle nehmen. Pudding erkalten lassen, dabei ab und zu umrühren.

4. Butter in einer Rührschüssel mit Handrührgerät mit Rührbesen geschmeidig rühren. Den Pudding esslöffelweise unterrühren. Dabei darauf achten, dass Butter und Pudding Zimmertemperatur haben, da die Creme sonst gerinnt. Die Hälfte der Schokocreme mit den beiseitegelegten Gebäckbröseln vermengen. Die Igel-Gebäcklagen mit der Schoko-Brösel-Creme dünn bestreichen und zu einem Igel zusammensetzen.

5. Den Igel ganz mit der restlichen Schokocreme bestreichen, dabei den Körper etwas dicker als den Kopf bestreichen.

6. Sahne mit Sahnesteif steif schlagen und in einen Spritzbeutel mit Lochtülle füllen. Den Igel damit verzieren.

7. Schoko-Gebäckstäbchen als Stacheln in den Igel stecken. Das Gesicht mit Schokolinsen markieren. Den Schoko-Igel eine Zeit lang kalt stellen (Kühlschrank). Den Schoko-Igel vor dem Servieren mit Kakao bestäuben.

Schokoladen-Cornflakes-Schnitten | Raffiniert – mit Alkohol

Insgesamt:
E: 33 g, F: 247 g, Kh: 272 g, kJ: 14841, kcal: 3547

Für den Boden:
100 g Butter
300 g Vollmilch-Kuvertüre
70 g Cornflakes
1–2 EL Kokoslikör
50 g Kokosraspel
100 g rote Belegkirschen

Für den Guss:
50 g weiße Kuvertüre
½ TL Speiseöl

Zubereitungszeit: 40 Minuten, ohne Kühlzeit

1. Für den Boden die Butter in einem Topf zerlassen. Die Kuvertüre in kleine Stücke hacken, zu der Butter geben und bei schwacher Hitze unter Rühren in der Butter schmelzen.

2. Die Cornflakes in einen Gefrierbeutel geben. Den Beutel verschließen. Cornflakes mit einer Teigrolle zerbröseln. Brösel in eine Rührschüssel geben. Likör, Kokosraspel und die Schokoladenbutter hinzufügen. Die Zutaten gut verrühren.

3. Die Schoko-Brösel-Masse in einer Springform (Ø 20 cm, Boden gefettet, mit Backpapier belegt) gleichmäßig verteilen und mit einem Löffel gut zu einem Boden andrücken.

4. Belegkirschen vierteln und auf dem Schokoladen-Cornflakes-Boden verteilen. Den Kuchen etwa 1 Stunde kalt stellen (Kühlschrank). Den Schokoladenboden aus der Form lösen und auf eine Tortenplatte legen.

5. Für den Guss Kuvertüre in kleine Stücke hacken, mit Speiseöl in einem kleinen Topf im heißen Wasserbad bei schwacher Hitze unter Rühren schmelzen. Kuvertüre etwas abkühlen lassen, in einen kleinen Gefrierbeutel füllen und anschließend eine kleine Ecke abschneiden.

6. Den Kuchen mit dem Guss besprenkeln. Guss fest werden lassen. Den Kuchen in kleine Stücke schneiden.

Tipp: Anstelle der Kirschen kandierte Ananasstücke verwenden.

Schokoladen-Creme-Torte I

Für Gäste

Insgesamt:
E: 68 g, F: 271 g, Kh: 303 g, kJ: 16471, kcal: 3932

Für die Schokoladencreme:

250 ml (1/4 l) Milch
1 gestr. EL Speisestärke
3 Eigelb (Größe M)
300 g Zartbitter-Schokolade
150 g weiche Butter

125 ml (1/8 l) Milch
1/2 Pck. Dr. Oetker Vanillin-Zucker
etwa 200 g Löffelbiskuits

Zubereitungszeit: 35 Minuten, ohne Abkühl- und Kühlzeit

1. Für die Schokoladencreme Milch mit Speisestärke in einem Topf verrühren. Eigelb unterrühren. Die Eigelbmilch unter ständigem Rühren erhitzen, bis eine Kochblase aufsteigt. Topf von der Kochstelle nehmen.

2. Schokolade in Stücke brechen, in einem kleinen Topf im heißen Wasserbad bei schwacher Hitze unter Rühren schmelzen. Etwa 2 Esslöffel Schokolade zum Verzieren beiseitestellen.

3. Die Butter mit Handrührgerät mit Rührbesen auf höchster Stufe geschmeidig rühren. Schokolade unterrühren, zu der Eigelbcreme geben und gut verrühren. Etwas abkühlen lassen.

4. Einen Springformrand (Ø 24 cm) auf eine mit Backpapier belegte Tortenplatte stellen.

5. Milch mit Vanillin-Zucker verrühren. Die Hälfte der Löffelbiskuits kurz darin wenden. Den Boden in dem Springformrand damit auslegen (mit der gezuckerten Seite nach unten). Die Hälfte der Schokoladencreme daraufgeben und glatt streichen.

6. Restliche Löffelbiskuits ebenfalls in der Vanillemilch wenden und auf die Schokoladencreme legen. Restliche Schokoladencreme darauf verteilen und glatt streichen. Die Torte etwa 2 Stunden kalt stellen (Kühlschrank).

7. Die Torte vom Springformrand lösen und auf eine Tortenplatte stürzen. Springformrand und Backpapier entfernen.

8. Beiseitegestellte Schokolade nochmals kurz im heißen Wasserbad (wie unter Punkt 1 beschrieben) schmelzen. Die Tortenoberfläche mithilfe eines Teelöffels mit der Schokolade besprenkeln. Die Torte kalt stellen (Kühlschrank).

Schokoladenpavé mit Cranberries | Raffiniert

Insgesamt:
E: 43 g, F: 159 g, Kh: 274 g, kJ: 11307, kcal: 2700

Für die Füllung:
75 g Cranberries
2 EL Mandarinensaft von 1 Mandarine oder Orangensaft
200 g Zartbitter-Kuvertüre
70 g Butter
50 g weiße Kuvertüre oder Schokolade

Für den Rand und Boden:
etwa 200 g Löffelbiskuits (35 Stück)

Zum Bestreichen:
4 EL Mandarinensaft von 2 Mandarinen oder Orangensaft

Zubereitungszeit: 35 Minuten, ohne Durchzieh- und Kühlzeit

1. Für die Füllung Cranberries (4–5 Cranberries beiseitelegen) in kleine Würfel schneiden. Cranberrywürfel in eine Schüssel geben, mit Mandarinen- oder Orangensaft tränken und durchziehen lassen.

2. Zartbitter-Kuvertüre in kleine Stücke hacken, mit der Butter in einem kleinen Topf im heißen Wasserbad bei schwacher Hitze unter Rühren schmelzen. Weiße Kuvertüre oder Schokolade in kleine Stücke schneiden oder hacken.

3. Für den Rand und den Boden eine Kastenform (25 x 11 cm) mit Backpapier auslegen. Den Rand mit halbierten und den Boden mit ganzen Löffelbiskuits auslegen, jeweils mit der Zuckerseite nach außen. Die Löffelbiskuits mit etwas von dem Mandarinen- oder Orangensaft bestreichen.

4. Knapp ein Drittel der aufgelösten Schokoladenmasse auf die Löffelbiskuits streichen. Mit einem Drittel der Cranberries belegen und mit einem Drittel der weißen Schokoladenstücke (gut 1 Esslöffel beiseitelegen) bestreuen. Jeweils 2 Löffelbiskuits nebeneinander und hintereinander darauflegen und etwas in die Schokoladenschicht drücken. Die Löffelbiskuits mit Mandarinen- oder Orangensaft bestreichen.

5. Wieder ein Drittel der aufgelösten Schokoladenmasse auf die Löffelbiskuits geben und verstreichen. Mit einem Drittel der Cranberries belegen und mit einem Drittel der Schokoladenstücke bestreuen. 3 Löffelbiskuits nebeneinander und je 3 Löffelbiskuits hintereinander darauflegen und etwas in die Schokoladenschicht drücken. Löffelbiskuits mit Mandarinen- oder Orangensaft bestreichen.

6. Die Löffelbiskuits mit der restlichen aufgelösten Schokoladenmasse (etwa 1 Esslöffel beiseitelegen) bestreichen, mit den restlichen Cranberries belegen und mit Schokoladenstücken bestreuen. Die restlichen Löffelbiskuits mit der Zuckerseite nach oben darauflegen und etwas in die Schokoladenschicht drücken. Schokoladenpavé etwa 2 Stunden kalt stellen (Kühlschrank).

7. Schokoladenpavé auf eine Tortenplatte stürzen, das Backpapier entfernen. Beiseitegelegte Schokoladenmasse in ein kleines Pergamentpapiertütchen füllen und eine kleine Ecke abschneiden (sollte die Masse fest geworden sein, nochmals kurz im heißen Wasserbad schmelzen). Die Schokoladenpavé-Oberfläche damit verzieren, mit den beiseitegelegten Schokoladenstücken bestreuen und mit den beiseitegelegten Cranberries garnieren.

Tipp: Schokoladenpavé kann gut vorbereitet werden und hält sich mit Frischhaltefolie abgedeckt im Kühlschrank 3–4 Tage.

Schoko-Mandel-Parfait-Torte I

Für Gäste

Insgesamt:
E: 55 g, F: 294 g, Kh: 298 g, kJ: 17130, kcal: 4089

1 Lage von 1 hellen Wiener Boden (Ø etwa 24 cm)

Für die Schokoladenlocken:
150 g Zartbitter-Kuvertüre
25 g Kokosfett

Für die Füllung:
100 g gehobelte Mandeln
100 g Feines Schaumgebäck Tropfen (Mini-Meringues Natural)
500 g Schlagsahne
1 Pck. Dr. Oetker Sahnesteif
1 Pck. Dr. Oetker Bourbon-Vanille-Zucker

Zum Bestäuben:
evtl. Kakaopulver
evtl. Puderzucker

Zubereitungszeit: 30 Minuten, ohne Abkühl- und Gefrierzeit

1. Den Biskuitboden auf eine Tortenplatte legen und einen Tortenring darumstellen.

2. Für die Schokoladenlocken Kuvertüre in Stücke hacken, mit Kokosfett in einem kleinen Topf im heißen Wasserbad bei schwacher Hitze unter Rühren schmelzen. Den Biskuitboden mit etwa 3 Esslöffeln der Kuvertüre bestreichen. Tortenboden kalt stellen.

3. Restliche Kuvertüre dünn auf einer glatten Platte oder Tortenplatte verteilen und fest werden lassen. Von der Kuvertürenplatte mit einem Spachtel Locken schaben.

4. Für die Füllung die Mandeln in einer Pfanne ohne Fett goldbraun rösten, herausnehmen und auf einem Teller erkalten lassen. Die Baiserschalen in sehr kleine Stücke brechen.

5. Die Sahne mit Sahnesteif und Vanille-Zucker steif schlagen.

6. Von den Mandeln etwa 1 Esslöffel zum Garnieren beiseitelegen. Ein Viertel der Baiserstücke und ein Viertel der Schokoladenlocken zum Garnieren beiseitelegen.

7. Restliche Mandeln, Baiserstückchen und Schokoladenlocken unter die Sahne heben.

8. Die Sahnemasse auf dem Tortenboden geben und glatt streichen. Die Torte mindestens 4 Stunden in den Gefrierschrank stellen und gefrieren lassen.

9. Den Tortenring lösen und entfernen. Die Tortenoberfläche mit den beiseitegelegten Baiserstückchen, Schokoladenlocken und Mandeln garnieren. Nach Belieben mit Kakao und Puderzucker bestäuben.

Tipps: Die Sahnemasse nach Belieben mit 2–3 Esslöffeln Sherry abschmecken. Aufgetautes Parfait nicht noch einmal einfrieren, Sie sollten es möglichst innerhalb eines Tages verzehren.

Schwarze Johannisbeertorte I

Mit Alkohol

Insgesamt:
E: 64 g, F: 263 g, Kh: 271 g, kJ: 16725, kcal: 3997

Für den Boden:

150 g Löffelbiskuits
120 g Butter

Für die Füllung:

1 Pck. gemahlene Gelatine, weiß
4 EL kaltes Wasser
250 g Speisequark (Magerstufe)
6 EL Zucker
1 Pck. Dr. Oetker Vanillin-Zucker
Saft von 2 Zitronen
250 ml (1/4 l) Rotwein
500 g Schlagsahne

Für den Belag:

250 g vorbereitete, schwarze Johannisbeeren
50 g vorbereitete, rote Johannisbeeren
100 g Himbeeren

Für den Guss:

1 Pck. Tortenguss, klar
250 ml (1/4 l) Wasser oder Fruchtsaft
2 EL Zucker

Zubereitungszeit: 35 Minuten, ohne Kühlzeit

1. Für den Boden Löffelbiskuits in einen Gefrierbeutel füllen und den Beutel verschließen. Löffelbiskuits mit einer Teigrolle fein zerbröseln. Butter zerlassen, zu den Biskuitbröseln geben und gut verrühren.

2. Einen Springformrand (Ø 26 cm) auf eine mit Tortenspitze oder Backpapier belegte Tortenplatte stellen. Die Bröselmasse darin gleichmäßig verteilen und mit einem Löffel gut zu einem Boden andrücken. Tortenboden kalt stellen.

3. Für die Füllung die Gelatine mit kaltem Wasser in einem kleinen Topf anrühren, etwa 10 Minuten quellen lassen.

4. Quark mit Zucker, Vanillin-Zucker, Zitronensaft und Wein verrühren. Die Gelatine unter Rühren erwärmen (nicht kochen), bis sie völlig gelöst ist. Gelatine zuerst mit etwa 2 Esslöffeln der Quarkmasse verrühren, dann unter die restliche Quarkmasse rühren. Kalt stellen.

5. Sahne steif schlagen. Wenn die Masse anfängt dicklich zu werden, Sahne unterheben. Die Quark-Sahne-Creme auf den Bröselboden geben und glatt streichen. Die Johannisbeertorte etwa 2 Stunden kalt stellen (Kühlschrank).

6. Für den Belag Johannisbeeren waschen, abtropfen lassen und entstielen. Himbeeren verlesen. Johannisbeeren und Himbeeren auf der Quark-Sahne-Creme verteilen.

7. Für den Guss aus Tortengusspulver, Wasser oder Fruchtsaft und Zucker einen Guss nach Packungsanleitung zubereiten. Den Guss auf den Johannisbeeren und Himbeeren verteilen. Die Torte etwa 1 Stunde kalt stellen (Kühlschrank). Den Springformrand lösen und entfernen.

Schwarzwälder Kirschtorte I

Mit Alkohol

Insgesamt:
E: 81 g, F: 211 g, Kh: 330 g, kJ: 15487, kcal: 3698

Für den Boden:
100 g Löffelbiskuits
100 g Pumpernickel
75 g Butter

Für den Belag:
1 Glas Sauerkirschen (Abtropfgewicht 370 g)
1 Pck. Tortenguss, klar
200 ml Sauerkirschsaft aus dem Glas
2–3 EL Kirschwasser

Für die Füllung:
5 Blatt weiße Gelatine
500 g Sahne-Pudding Bourbon-Vanille (aus dem Kühlregal)
250 g Speisequark (20 % Fett)

Zum Verzieren:
200 g Schlagsahne
1 Pck. Dr. Oetker Sahnesteif
1 Pck. Dr. Oetker Vanillin-Zucker

Zum Bestreuen:
2–3 EL Zartbitter-Raspelschokolade oder Schokoröllchen

Zubereitungszeit: 35 Minuten, ohne Kühl- und Abkühlzeit

1. Für den Boden Löffelbiskuits in einen Gefrierbeutel geben und den Beutel verschließen. Löffelbiskuits mit einer Teigrolle fein zerbröseln. Die Brösel in eine Rührschüssel geben.

2. Pumpernickel ebenfalls fein zerbröseln (eventuell mit einer Gabel), zu den Biskuitbröseln geben und gut vermischen. 50 g von der Bröselmischung abnehmen und beiseitestellen.

3. Butter zerlassen, zu der restlichen Bröselmischung geben und gut verrühren.

4. Einen Springformrand (Ø 26 cm) auf eine mit Tortenspitze oder Backpapier belegte Tortenplatte stellen. Die Bröselmasse darin gleichmäßig verteilen und mit einem Löffel gut zu einem Boden andrücken. Tortenboden kalt stellen (Kühlschrank).

5. Für den Belag Sauerkirschen in einem Sieb abtropfen lassen, dabei den Saft auffangen und 200 ml abmessen. 12 Sauerkirschen beiseitelegen.

6. Aus Tortengusspulver und Kirschsaft einen Guss nach Packungsanleitung (aber ohne Zucker) zubereiten. Die Sauerkirschen und das Kirschwasser unterrühren.

7. Die Kirschmasse auf den Bröselboden geben und glatt streichen. Kirschmasse erkalten lassen.

8. Für die Füllung Gelatine in kaltem Wasser nach Packungsanleitung einweichen.

9. Sahne-Pudding mit Quark in einer Schüssel verrühren. Eingeweichte Gelatine leicht ausdrücken und in einem kleinen Topf unter Rühren bei schwacher Hitze auflösen (nicht kochen).

10. Zwei bis drei Esslöffel der Pudding-Quark-Masse mit der Gelatine verrühren, dann mit der restlichen Pudding-Quark-Masse verrühren.

11. Knapp die Hälfte der Pudding-Quark-Masse auf den Sauerkirschen verteilen und mit der Hälfte der beiseitegestellten Bröselmischung bestreuen. Restliche Pudding-Quark-Masse daraufgeben und glatt streichen. Die Torte etwa 2 Stunden kalt stellen (Kühlschrank). Den Springformrand lösen und entfernen.

12. Zum Verzieren Sahne mit Sahnesteif und Vanillin-Zucker steif schlagen. Die Sahne in einen Spritzbeutel mit Sterntülle füllen. Die Torte damit verzieren. Mit der restlichen Bröselmischung und Raspelschokolade (Schokoröllchen) bestreuen. Die Tortenoberfläche mit den beiseitegelegten Kirschen garnieren.

Sektschaumtorte mit Eierlikör

Mit Alkohol

Insgesamt:
E: 36 g, F: 135 g, Kh: 187 g, kJ: 9776, kcal: 2336

Für den Boden:

125 g Nussplätzchen
75 g Butter

Für die Sektcreme:

2 Blatt weiße Gelatine
1/2 Bio-Zitrone (unbehandelt, ungewachst)
1/2 Bio-Orange (unbehandelt, ungewachst)
100 ml Sekt
70 g Zucker
2 Eier (Größe M)
50 g Schlagsahne

Für das Eierlikörgelee:

2 Blatt weiße Gelatine
150 ml Eierlikör

Zubereitungszeit: 45 Minuten, ohne Kühlzeit

1. Für den Boden Nussplätzchen in einen Gefrierbeutel geben. Den Beutel verschließen. Nussplätzchen mit einer Teigrolle fein zerbröseln. Brösel in eine Rührschüssel geben. Butter zerlassen, zu den Plätzchenbröseln geben und gut verrühren.

2. Einen Springformrand (Ø 20 cm) auf eine mit Tortenspitze oder Backpapier belegte Tortenplatte stellen. Die Bröselmasse darin gleichmäßig verteilen und mit einem Löffel gut zu einem Boden andrücken. Tortenboden kalt stellen.

3. Für die Sektcreme Gelatine in kaltem Wasser nach Packungsanleitung einweichen. Zitrone und Orange heiß abwaschen und abtrocknen. Jeweils die Schale abreiben und den Saft auspressen. Sekt, Zucker, Eier, Zitronen-, Orangenschale und Saft in eine Rühr- oder Edelstahlschüssel geben und im heißen Wasserbad bei mittlerer Hitze schaumig schlagen, bis eine dickflüssige Masse entstanden ist.

4. Eingeweichte Gelatine leicht ausdrücken, zu der Sektcreme geben und unter Rühren auflösen. Die Schüssel aus dem Wasserbad nehmen. Die Sektcreme unter Schlagen erkalten lassen.

5. Die Sahne steif schlagen, vorsichtig unter die Sektcreme heben. Die Creme auf den Bröselboden geben und glatt streichen. Die Torte etwa 1 Stunde kalt stellen (Kühlschrank).

6. Für das Gelee Gelatine in kaltem Wasser nach Packungsanleitung einweichen. Eierlikör in einem kleinen Topf erwärmen. Eingeweichte Gelatine leicht ausdrücken, unter Rühren in dem Eierlikör auflösen (nicht kochen), leicht abkühlen lassen.

7. Eierlikör gleichmäßig auf der fest gewordenen Sektcreme verteilen. Die Torte nochmals etwa 1 Stunde kalt stellen (Kühlschrank).

Tipp: Die Sektschaumtorte mit verschiedenen Fruchtsaucen garnieren, z.B. die Fruchtsaucen in je ein kleines Pergamentpapiertütchen füllen und je eine kleine Ecke abschneiden. Die Torte damit verzieren.

Hinweis: Nur ganz frische Eier verwenden, die nicht älter als 5 Tage sind (Legedatum beachten!).

Sommer-Schokotorte | Für Kinder

Insgesamt:
E: 96 g, F: 362 g, Kh: 392 g, kJ: 22288, kcal: 5326

Für den Knusperboden:

2 Erdnussriegel (80 g)
100 g Haferfleks (z. B. von Kölln)
150 g Zartbitter-Schokolade (50 % Kakao)
20 g Butter

Für die Creme:

6 Blatt weiße Gelatine
1 Pck. Dr. Oetker Pudding-Pulver Schokoladen-Geschmack
50 g Zucker
500 ml (1/2 l) Milch
100 g Zartbitter-Schokolade (50 % Kakao)
200 g Schmand (Sauerrahm, 24 % Fett)
200 g Schlagsahne
1 Erdnussriegel (40 g)

Zum Verzieren und Garnieren:

1 Erdnussriegel (40 g)
200 g Schlagsahne
30 g Zartbitter-Schokolade (50 % Kakao)

Zubereitungszeit: 40 Minuten, ohne Kühlzeit

1. Für den Knusperboden Erdnussriegel grob hacken und mit Haferfleks in einer Rührschüssel mischen. Die Schokolade in Stücke brechen, mit der Butter in einem kleinen Topf im heißen Wasserbad bei schwacher Hitze unter Rühren schmelzen. Die Schüssel aus dem Wasserbad nehmen.

2. Die Schoko-Butter-Masse zu dem Erdnuss-Haferfleks-Gemisch geben und gut verrühren. Dann einen Springformrand (Ø 26 cm) auf eine mit Tortenspitze oder Backpapier belegte Tortenplatte stellen. Die Haferfleks-Schoko-Masse darin gleichmäßig verteilen und mit einem Löffel gut zu einem Boden andrücken. Tortenboden kalt stellen.

3. Für die Creme Gelatine in kaltem Wasser nach Packungsanleitung einweichen. Aus Pudding-Pulver, Zucker und Milch einen Pudding nach Packungsanleitung zubereiten.

4. Eingeweichte Gelatine leicht ausdrücken und unter Rühren in dem heißen Pudding auflösen. Schokolade in kleine Stücke hacken und unterrühren. Dann den Pudding unter gelegentlichem Rühren etwas abkühlen lassen. Schmand unterrühren. Sahne steif schlagen und unterheben. Erdnussriegel in kleine Stücke hacken und unter die Pudding-Sahne-Creme heben.

5. Die Pudding-Sahne-Creme auf den Haferfleks-Schoko-Boden geben und glatt streichen. Die Torte mindestens 4 Stunden kalt stellen (Kühlschrank). Den Springformrand lösen und entfernen.

6. Zum Verzieren und Garnieren den Erdnussriegel klein hacken. Sahne steif schlagen und in einen Spritzbeutel mit Lochtülle (Ø etwa 12 mm) füllen. Dicke Sahnetupfen auf den oberen Tortenrand spritzen.

7. Die Schokolade in Stücke brechen und im heißen Wasserbad wie unter Punkt 2 beschrieben schmelzen. Die Tortenmitte mit den Erdnussriegelstückchen bestreuen. Geschmolzene Schokolade in einen Gefrierbeutel füllen und eine kleine Ecke abschneiden. Die Torte mit der Schokolade besprenkeln. Schokolade fest werden lassen.

Spaghetti-Erdbeertörtchen I

Für Kinder

Insgesamt:
E: 54 g, F: 172 g, KH: 210 g, kJ: 12264, kcal: 2928

Für den Crunch-Boden:

150 g Amarettini (ital. Mandelmakronen) oder Löffelbiskuits
75 g Butter

Für den Belag:

400 g Erdbeeren
1 Pck. Tortenguss mit Erdbeer-Geschmack
150 ml Wasser
100 g Zucker
200 g Schlagsahne
2 Pck. Dr. Oetker Sahnesteif
250 g Ricotta (ital. Frischkäse)
1 Pck. Dr. Oetker Finesse Geriebene Zitronenschale

Außerdem:

5 Dessertringe (Ø etwa 9 cm)

Zubereitungszeit: 40 Minuten, ohne Kühlzeit

1. Backpapier auf eine Tortenplatte oder ein Brett legen und einen Dessertring daraufstellen.

2. Für den Boden Amarettini oder Löffelbiskuits in einen Gefrierbeutel geben. Den Beutel verschließen. Gebäck mit einer Teigrolle fein zerbröseln. Butter zerlassen, zu den Gebäckbröseln geben und gut verrühren.

3. Zwei Esslöffel der Bröselmasse in den Dessertring geben und mit dem Löffelrücken gut andrücken. Dessertring vom Boden nehmen und so insgesamt 5 Böden herstellen. Die Böden auf der Platte bis zur Weiterverarbeitung kalt stellen.

4. Für den Belag Erdbeeren putzen, waschen, abtropfen lassen und entstielen. Aus Tortengusspulver, 150 ml Wasser und 3 Esslöffeln des Zuckers einen Tortenguss nach Packungsanleitung zubereiten. 150 g der Erdbeeren pürieren und mit dem Tortenguss gut verrühren. Erdbeerpüree kalt stellen (Kühlschrank).

5. Sahne mit 1 Päckchen Sahnesteif steif schlagen. Ricotta, Zitronenschale, 2. Päckchen Sahnesteif und restlichen Zucker in einer Rührschüssel verrühren, Die Sahne unterheben. Jeweils 2 Esslöffel der kalten Erdbeersauce auf je einen Bröselboden geben, etwas verstreichen, dabei einen etwa 1/2 cm breiten Rand frei lassen. Die Böden mit den restliche Erdbeeren (2–3 Erdbeeren zum Garnieren beiseitelegen, große Erdbeeren halbieren) belegen (wieder den Rand frei lassen).

6. Die Ricotta-Creme in einen Gefrierbeutel geben und eine kleine Ecke abschneiden. Die Ricotta-Creme wie Spaghetti über die Erdbeeren spritzen. Restliche Erdbeersauce in einen Gefrierbeutel geben und eine kleine Ecke abschneiden. Die Törtchen damit besprenkeln. Die Törtchen mit den beiseitegestellten Erdbeeren garnieren. Törtchen etwa 1 Stunde kalt stellen (Kühlschrank).

Tipps: Für den Dessertring können Sie den oberen Rand (etwa 2 cm breit) des Ricotta-Bechers abschneiden und mit der Schnittfläche nach oben aufstellen. Mit einem breiten Pfannenwender lassen sich die Törtchen einfach von dem Backpapier nehmen. Bleibt etwas Erdbeersauce über, servieren Sie diese zu den Törtchen.

Spekulatiuskuchen | Einfach

Insgesamt:
E: 31 g, F: 160 g, Kh: 195 g, kJ: 10195, kcal: 2436

Für den Boden:
150 g Zartbitter-Schokolade
50 g Butter
120 g Spekulatius
3 EL Kokosraspel
1 EL gehackte Mandeln
1 EL grob gehackte, getrocknete Aprikosen
50 g grob gehackte Vollmilch-Schokolade

Zum Verzieren und Garnieren:
75 g Zartbitter-Schokolade
Kokosraspel
12 EL gewürfelte, getrocknete Aprikosen
evtl. kandierte Orangenscheiben oder Geleefrüchte

Zubereitungszeit: 35 Minuten, ohne Kühlzeit

1. Für den Boden Schokolade in Stücke brechen, mit der Butter in einem kleinen Topf im heißen Wasserbad bei schwacher Hitze unter Rühren schmelzen.

2. Die Spekulatius in einen Gefrierbeutel geben. Den Beutel verschließen. Spekulatius mit einer Teigrolle grob zerbröseln. Brösel in eine Rührschüssel geben. Kokosraspel, Mandeln, Aprikosen und Schokolade hinzufügen. Die geschmolzene Schokolade ebenfalls hinzugeben und gut verrühren.

3. Einen Springformrand (Ø 16–18 cm) auf eine mit Tortenspitze oder Backpapier belegte Tortenplatte stellen. Die Brösel-Schokoladen-Masse darin gleichmäßig verteilen. Den Boden etwa 2 Stunden kalt stellen (Kühlschrank).

4. Zum Verzieren und Garnieren Schokolade in Stücke brechen, in einem kleinen Topf im heißen Wasserbad bei schwacher Hitze unter Rühren schmelzen. Dann die Kuchenoberfläche mithilfe eines Löffels mit der Schokolade besprenkeln. Den Kuchen mit Kokosraspeln und Aprikosenstückchen bestreuen. Nach Belieben mit Orangenscheiben oder Geleefrüchten garnieren.

Tipps: Den Kuchen möglichst frisch verzehren. Wenn er länger steht, wird er weicher. Anstelle der Spekulatius können auch Nussplätzchen verwendet werden. Nach Belieben aus geschmolzener, weißer Kuvertüre ein Gitter und einige Ornamente auf Backpapier spritzen. Kuvertüregitter und -ornamente kalt stellen und fest werden lassen. Schokoladengitter und Ornamente vorsichtig vom Backpapier lösen und dekorativ auf den Kuchen legen.

Spekulatius-Reis-Torte | Mit Alkohol

Insgesamt:
E: 58 g, F: 301 g, Kh: 378 g, kJ: 19553, kcal: 4464

Für den Spekulatiusboden:
100 g Spekulatius
125 g Butter
50 g Zucker
100 g gehobelte Mandeln

Für die Füllung:
1 Glas Sauerkirschen (Abtropfgewicht 350 g)
6 Blatt weiße Gelatine
1 Pck. Milchreis nach klassischer Art
400 ml heiße Milch
500 g Schlagsahne
2 EL Rum

Für den Guss:
1 Pck. Tortenguss, rot
30 g Zucker
250 ml (1/4 l) Kirschsaft aus dem Glas

125 g Schlagsahne
einige Spekulatius

Zubereitungszeit: 55 Minuten, ohne Kühl- und Abkühlzeit

1. Für den Boden Spekulatius in einen Gefrierbeutel geben. Den Beutel verschließen. Spekulatius mit einer Teigrolle fein zerbröseln. Butter zerlassen, mit dem Zucker und den Mandeln zu den Gebäckbröseln geben und gut verrühren.

2. Einen Springformrand (Ø 26 cm) auf eine mit Tortenspitze oder Backpapier belegte Tortenplatte stellen. Die Bröselmasse darin gleichmäßig verteilen und mit einem Löffel gut zu einem Boden andrücken. Tortenboden kalt stellen.

3. Für die Füllung Sauerkirschen in einem Sieb abtropfen lassen, dabei den Saft auffangen und 250 ml (1/4 l) abmessen. Die Gelatine in kaltem Wasser nach Packungsanleitung einweichen.

4. Dann den Milchreis mit der heißen Milch nach Packungsanleitung zubereiten. Eingeweichte Gelatine leicht ausdrücken und in dem heißen Milchreis unter Rühren auflösen. Den Reis erkalten lassen. Sahne steif schlagen, mit dem Rum unter den Reis heben.

5. Die Hälfte der Reis-Sahne-Creme auf dem Bröselboden verteilen. Zwei Drittel der Kirschen darauflegen. Restliche Reis-Sahne-Masse darauf verteilen. Die Torte etwa 1 Stunde kalt stellen (Kühlschrank). Die Tortenoberfläche mit den restlichen Sauerkirschen belegen.

6. Für den Guss aus Tortengusspulver, Zucker und Saft einen Guss nach Packungsanleitung zubereiten. Den Guss auf der Tortenoberfläche verteilen. Die Torte nochmals 2 Stunden kalt stellen (Kühlschrank). Springformrand lösen und entfernen.

7. Zum Verzieren und Garnieren Sahne steif schlagen. Die Sahne in kleinen Häufchen auf die Tortenoberfläche setzen. Nach Belieben mit halbierten Spekulatius garnieren.

Sterntorte | Einfach

Insgesamt:
E: 50 g, F: 255 g, Kh: 400 g, kJ: 17372, kcal: 4153

1 heller Wiener Boden (Ø 26 cm, 3 Lagen)
100 ml Orangensaft
3 EL Orangenmarmelade

Für die Füllung und den Belag:
500 g Schlagsahne
2 Pck. Dr. Oetker Sahnesteif
1 EL Zucker
1 große Sternfrucht (Karambole)

Für den Guss:
1 Pck. Tortenguss, klar
100 ml klarer Apfelsaft
150 ml Wasser

125 g Schlagsahne
1 Pck. Dr. Oetker Sahnesteif
1 Pck. Dr. Oetker Vanillin-Zucker
gehackte Pistazienkerne

Zubereitungszeit: 30 Minuten, ohne Kühlzeit

1. Den unteren Boden auf eine Tortenplatte legen und mit der Hälfte des Orangensaftes tränken. Orangenmarmelade durch ein Sieb streichen. Biskuitboden damit bestreichen. Den mittleren Boden darauflegen und mit dem restlichen Orangensaft tränken. Einen Tortenring darumstellen.

2. Für die Füllung und den Belag Sahne mit Sahnesteif und Zucker steif schlagen. Die Hälfte der Sahne auf den mittleren Boden streichen. Den oberen Boden darauflegen und mit der restlichen Sahne vorsichtig bestreichen.

3. Die Sternfrucht waschen, trocken tupfen, in dünne Scheiben schneiden und auf der Torte verteilen.

4. Für den Guss aus Tortengusspulver, Apfelsaft und Wasser einen Guss nach Packungsanleitung zubereiten. Den Guss mit einem Pinsel auf die Sternfruchtscheiben geben. Die Torte etwa 2 Stunden kalt stellen (Kühlschrank).

5. Zum Verzieren und Garnieren Sahne mit Sahnesteif und Vanillin-Zucker steif schlagen und in einen Spritzbeutel mit Sterntülle füllen. Tortenoberfläche und -rand damit verzieren. Die Tortenoberfläche mit Pistazienkernen bestreuen.

Stracciatella-Schoko-Torte I

Raffiniert

Insgesamt:
E: 43 g, F: 279 g, Kh: 275 g, kJ: 16135, kcal: 3854

Für den Boden:
150 g Löffelbiskuits
100 g Butter

Für die Schokocreme:
1 Pck. Saucenpulver Schokoladen-Geschmack, ohne Kochen
75 ml Milch
200 g Vanillejoghurt

Für die Stracciatellacreme:
500 g Schlagsahne
2 Pck. Dr. Oetker Sahnesteif
30 g Zucker
70 g Zartbitter-Raspelschokolade

10 g Raspelschokolade

Zubereitungszeit: 25 Minuten, ohne Kühlzeit

1. Löffelbiskuits in einen Gefrierbeutel geben. Den Beutel verschließen. Löffelbiskuits mit einer Teigrolle fein zerbröseln. Brösel in eine Rührschüssel geben. Butter zerlassen, zu den Biskuitbröseln geben und gut verrühren.

2. Einen Springformrand (Ø 26 cm) auf eine mit Tortenspitze oder Backpapier belegte Tortenplatte stellen. Die Bröselmasse darin gleichmäßig verteilen und mit einem Löffel gut zu einem Boden andrücken. Tortenboden kalt stellen.

3. Für die Schokoladencreme Saucenpulver nach Packungsanleitung, aber nur mit 75 ml Milch und 200 g Joghurt zubereiten. Die Creme kuppelartig in die Mitte des Bröselbodens streichen, dabei einen etwa 2 cm breiten Rand frei lassen. Den Boden kalt stellen (Kühlschrank).

4. Für die Stracciatellacreme Sahne mit Sahnesteif und Zucker steif schlagen, Raspelschokolade unterheben. Die Creme vorsichtig auf der Schokocreme glatt verstreichen. Die Torte etwa 2 Stunden kalt stellen (Kühlschrank). Den Springformrand lösen und entfernen. Die Torte mit Raspelschokolade bestreuen.

Tartufo-Torte | Mit Alkohol

Insgesamt:
E: 61 g, F: 347 g, Kh: 291 g, kJ: 19535, kcal: 4670

Für den Boden:
75 g Schokoladen-Cookies
25 g Semmelbrösel
40 g Butter

Für den Belag:
4 Blatt weiße Gelatine
100 ml Milch
100 g Zartbitter-Kuvertüre
3 EL Rum oder Amaretto (Mandellikör)
225 g Schokoladen-Cookies
400 g Schlagsahne

Zum Bestreichen:
200 g Schlagsahne
1 Pck. Dr. Oetker Sahnesteif
1 Pck. Dr. Oetker Vanillin-Zucker
10 g Kakaopulver

Zum Garnieren:
etwa 40 g gestiftelte Mandeln
tropffreie, dünne Kerzen

Zubereitungszeit: 45 Minuten, ohne Kühlzeit

1. Für den Boden die Schokoladen-Cookies in einen Gefrierbeutel geben. Beutel verschließen. Schokoladen-Cookies mit einer Teigrolle fein zerbröseln. Die Gebäckbrösel in eine Rührschüssel geben und mit den Semmelbröseln vermischen. Butter zerlassen, zu der Bröselmischung geben und gut verrühren.

2. Einen Springformrand (Ø 18 cm) auf eine mit Tortenspitze oder Backpapier belegte Tortenplatte stellen. Die Bröselmasse darin gleichmäßig verteilen und mit einem Löffel gut zu einem Boden andrücken.

3. Für den Belag die Gelatine in kaltem Wasser nach Packungsanleitung einweichen. Milch in einem kleinen Topf zum Kochen bringen. Topf von der Kochstelle nehmen. Gelatine leicht ausdrücken und in der heißen Milch unter Rühren auflösen.

4. Kuvertüre in kleine Stücke hacken, zu der Milch in den Topf geben und unter Rühren auflösen. Rum oder Likör unterrühren. Die Schokoladenmasse unter Rühren erkalten lassen.

5. Schokoladen-Cookies in kleine Stücke schneiden. Sahne steif schlagen. Wenn die Schokoladenmasse anfängt dicklich zu werden, zuerst die Sahne, dann die Schokoladen-Cookies-Stückchen vorsichtig unterheben. Die Schokoladen-Sahne-Creme auf den Bröselboden geben und kuppelartig verstreichen. Die Torte etwa 3 Stunden kalt stellen (Kühlschrank).

6. Zum Bestreichen die Torte vom Springformrand lösen. Sahne mit Sahnesteif, Vanillin-Zucker und Kakao steif schlagen. Die Kakaosahne ebenfalls kuppelartig auf die Torte streichen. Tortenoberfläche mit Kakao bestäuben, dabei die Torte schräg halten.

7. Zum Garnieren Mandelstifte igelartig in die Kakaosahne stecken. Die unteren Enden der Kerzen etwa ½ cm mit Alufolie umwickeln. Die Torte mit den Kerzen garnieren.

Tipps: Statt Alkohol für den Belag können Sie auch 25 ml Milch verwenden. Die Kerzen in kleine Kerzenhalter stecken und die Torte damit garnieren.

Tequila-Sunrise-Torte I

Mit Alkohol

Insgesamt:
E: 74 g, F: 277 g, Kh: 406 g, kJ: 19844, kcal: 4742

Für den Boden:
125 g Orangenplätzchen
50 g abgezogene, gemahlene Mandeln
125 g Butter

Für die Creme:
8 Blatt weiße Gelatine
500 g Orangenjoghurt
75 ml Tequila
125 g Zucker
400 g Schlagsahne
1 Granatapfel

Für den Spiegel:
4 Blatt rote Gelatine
100 ml Grenadinesirup
150 ml Orangensaft
1 EL Tequila

Zum Garnieren:
2 Orangen

Zubereitungszeit: 60 Minuten, ohne Kühlzeit

1. Für den Boden Orangenplätzchen in einen Gefrierbeutel geben. Den Beutel verschließen. Die Plätzchen mit einer Teigrolle fein zerbröseln. Die Brösel in eine Rührschüssel geben und mit den Mandeln vermischen. Butter zerlassen, zu der Plätzchen-Mandel-Mischung geben und gut verrühren.

2. Einen Springformrand (Ø 26 cm) auf eine mit Tortenspitze oder Backpapier belegte Tortenplatte stellen. Die Bröselmasse darin gleichmäßig verteilen und mit einem Löffel gut zu einem Boden andrücken. Tortenboden kalt stellen.

3. Für die Creme Gelatine in kaltem Wasser nach Packungsanleitung einweichen. Joghurt mit Tequila und Zucker in einer Schüssel verrühren. Eingeweichte Gelatine leicht ausdrücken und in einem kleinen Topf unter Rühren bei schwacher Hitze auflösen (nicht kochen).

4. Gelatine mit etwa 3 Esslöffeln von der Joghurtmasse verrühren, dann unter die restliche Joghurtmasse rühren. Kalt stellen (Kühlschrank).

5. Sahne steif schlagen. Sobald die Masse anfängt dicklich zu werden, Sahne unterheben.

6. Granatapfel vierteln und die Kerne vorsichtig herauslösen (Trennhäute entfernen). Einige Kerne zum Garnieren beiseitelegen.

7. Restliche Kerne unter die Joghurtcreme heben. Die Creme auf dem Bröselboden verteilen und glatt streichen. Torte etwa 3 Stunden kalt stellen (Kühlschrank).

8. Für den Spiegel Gelatine in kaltem Wasser nach Packungsanleitung einweichen.

9. Grenadinesirup mit Orangensaft und Tequila verrühren. Eingeweichte Gelatine leicht ausdrücken und in einem kleinen Topf unter Rühren bei schwacher Hitze auflösen (nicht kochen).

10. Die Saftmischung langsam unter die Gelatineflüssigkeit rühren und vorsichtig auf die Tortenoberfläche gießen. Die Torte nochmals etwa 1 Stunde kalt stellen (Kühlschrank). Den Springformrand lösen und entfernen.

11. Die Tortenoberfläche mit den beiseitegelegten Granatapfelkernen bestreuen.

12. Zum Garnieren die Orangen so schälen, dass die weiße Haut vollständig entfernt wird. Die Orangen in Scheiben schneiden. Die Orangenscheiben an den Tortenrand drücken.

Tipps: Die Torte schmeckt frisch am besten. Anstelle des Joghurts können Sie auch Schmand (Sauerrahm) verwenden, dann zusätzlich 1 Päckchen Dr. Oetker Finesse Natürliches Orangenschalen-Aroma unterrühren. Für eine alkoholfreie Variante kann der Tequila durch Orangensaft ersetzt werden.

Tiramisu-Charlotte | Mit Alkohol

Insgesamt:
E: 80 g, F: 468 g, Kh: 484 g, kJ: 29414, kcal: 7028

Für den Boden:

2 Gebäckrollen mit Schokocremefüllung (je 300 g)

Für die Füllung:

4 Blatt weiße Gelatine
2 Pck. Tiramisu-Creme (Dessertpulver)
200 ml Milch
200 g Schlagsahne
500 g Mascarpone (ital. Frischkäse)
4 EL Amaretto (Mandellikör)
70 g Amarettini (ital. Mandelmakronen)

2 TL Kakaopulver

Zubereitungszeit: 30 Minuten, ohne Kühlzeit

1. Für den Boden die Gebäckrollen in etwa 1 cm dicke Scheiben schneiden. Dann die Gebäckscheiben dicht nebeneinander in eine Schüssel (Ø 20–22 cm, 2-Liter-Inhalt, mit Frischhaltefolie ausgelegt) einschichten (einige Scheiben zum Belegen der Creme beiseitelegen).

2. Für die Füllung Gelatine in kaltem Wasser nach Packungsanleitung einweichen. Das Dessertpulver mit den hier angegebenen Mengen Milch und Sahne zubereiten. Mascarpone und Amaretto unterrühren.

3. Eingeweichte Gelatine leicht ausdrücken, in einem Topf unter Rühren bei schwacher Hitze auflösen (nicht kochen). Gelatine mit etwa 4 Esslöffeln von der Creme verrühren, danach unter die restliche Creme rühren. Die Amarettini unterheben. Die Creme in die Schüssel füllen und glatt streichen. Die Oberfläche mit den beiseitegelegten Gebäckscheiben belegen. Die Charlotte zugedeckt über Nacht kalt stellen (Kühlschrank).

4. Die Charlotte auf eine Tortenplatte stürzen und die Frischhaltefolie vorsichtig abziehen. Vor dem Servieren den Rand der Charlotte mit Kakao bestäuben.

Tipps: Die Charlotte nach Belieben mit Schlagsahne verzieren. Dafür 125 g Sahne steif schlagen, in einen Spritzbeutel mit kleiner Lochtülle füllen. Den Rand der Charlotte verzieren. Anstelle der Gebäckrollen können auch aufgetaute TK-Biskuitrollen verwendet werden.

Torte zum Advent | Raffiniert

Insgesamt:
E: 54 g, F: 343 g, Kh: 368 g, kJ: 20953, kcal: 5007

Für den Boden:
150 g Spekulatius
100 g abgezogene, gemahlene Mandeln
100 g Butter

Für den Belag:
1 Glas Sauerkirschen (Abtropfgewicht 370 g)
1 Glas Wild-Preiselbeerdessert (Abtropfgewicht 175 g)
1 Pck. Tortenguss, rot
2 EL Zucker
250 ml (1/4 l) Sauerkirsch-Preiselbeer-Saft-Mischung aus den Gläsern

Zum Verzieren und Garnieren:
500 g Schlagsahne
1 Pck. Dr. Oetker Sahnesteif
1 Pck. Dr. Oetker Bourbon-Vanille-Zucker
12 Spekulatius

Zubereitungszeit: 30 Minuten, ohne Kühlzeit

1. Für den Boden Spekulatius in einen Gefrierbeutel geben. Den Beutel verschließen. Die Spekulatius mit einer Teigrolle fein zerbröseln. Brösel mit den Mandeln in eine Rührschüssel geben. Die Butter zerlassen, zu der Gebäckbrösel-Mandel-Mischung geben und gut verrühren.

2. Einen Springformrand (Ø 24–26 cm) auf eine mit Tortenspitze oder Backpapier belegte Tortenplatte stellen. Die Bröselmasse darin gleichmäßig verteilen und mit einem Löffel gut zu einem Boden andrücken. Tortenboden kalt stellen.

3. Für den Belag Sauerkirschen und Preiselbeeren in einem Sieb gut abtropfen lassen. Dabei den Saft auffangen und 250 ml (1/4 l) abmessen. Sauerkirschen und Preiselbeeren auf dem Bröselboden verteilen.

4. Aus Tortengusspulver, Zucker und dem Saft einen Guss nach Packungsanleitung zubereiten. Den Guss auf den Sauerkirschen und Preiselbeeren verteilen. Die Torte kalt stellen (Kühlschrank). Springformrand lösen und entfernen.

5. Zum Verzieren und Garnieren Sahne mit Sahnesteif und Vanille-Zucker steif schlagen. Die Sahne in einen Spritzbeutel mit großer Sterntülle füllen.

6. Auf der Tortenoberfläche 12 Stücke markieren und mit Sahne spiralförmig ausspritzen. An jede Sahnespirale fächerartig einen Spekulatius anlehnen.

Tipps: Nach Belieben die Torte entweder nur mit Sauerkirschen oder nur mit Preiselbeeren (jeweils etwa 550 g) zubereiten. Zum Garnieren mit Schokolade überzogene Spekulatius verwenden.

Traubenkuchen | Raffiniert

Insgesamt:
E: 57 g, F: 183 g, Kh: 454 g, kJ: 15654, kcal: 3719

Für die Füllung:
400 g blaue, kernlose Weintrauben
5 EL Ahornsirup

Für den Boden:
325 g Vollkorn-Zwieback
200 g weiche Butter
75 g flüssiger Wildblütenhonig
1 Pck. Dr. Oetker Bourbon-Vanille-Zucker

Nach Belieben zum Garnieren:
100 g blaue, kernlose Weintrauben
25 g aufgelöste Zartbitter-Schokolade

Zubereitungszeit: 40 Minuten, ohne Kühlzeit

1. Für die Füllung die Weintrauben waschen, gut abtropfen lassen und entstielen. Große Weintrauben in kleine Stücke schneiden. Kleine Weintrauben achteln. Weintraubenstücke in eine Schüssel geben, mit Sirup vermischen und etwa 30 Minuten durchziehen lassen.

2. In der Zwischenzeit für den Boden die Zwiebäcke in einen großen Gefrierbeutel geben und den Beutel verschließen. Zwiebäcke mit einer Teigrolle fein zerbröseln. Butter in eine Rührschüssel geben und mit Handrührgerät mit Rührbesen schaumig rühren. Honig und Vanille-Zucker unterrühren.

3. Weintrauben in einem Sieb abtropfen lassen, dabei den Saft auffangen. Zwiebackbrösel mit dem aufgefangenem Saft gut verrühren.

4. Ein Drittel der Bröselmasse in eine Kastenform (25 x 11 cm, mit Backpapier ausgelegt) geben und mit einem Löffel zu einem Boden andrücken. Die Hälfte der Weintraubenstücke darauf verteilen und mit der Hälfte der restlichen Bröselmasse belegen. Bröselmasse wieder mit einem Löffel fest andrücken.

5. Restliche Weintraubenstücke daraufgeben. Die restliche Bröselmasse darauf verteilen und mit einem Löffel fest andrücken. Danach die Kastenform mit Frischhaltefolie zudecken und über Nacht kalt stellen (Kühlschrank).

6. Den Traubenkuchen aus der Form auf eine mit Backpapier oder Tortenspitze belegte Platte stürzen. Nach Belieben zum Garnieren Weintrauben waschen, gut abtropfen lassen und entstielen. Die Weintrauben halbieren und auf den Kuchen legen.

7. Die aufgelöste Schokolade in ein Pergamentpapiertütchen füllen und eine kleine Ecke abschneiden. Die Weintrauben damit besprenkeln. Kuchen kalt stellen und die Schokolade fest werden lassen.

Traubentorte | Fruchtig – mit Alkohol

Insgesamt:
E: 56 g, F: 317 g, Kh: 600 g, kJ: 23741, kcal: 5673

Für den Tortenboden:
100 g Butter
200 g Zucker
150 g Cornflakes
50 g gehobelte Mandeln
200 g Schlagsahne

Für den Belag:
5 Blatt weiße Gelatine
1 ganz frisches Ei (Größe M)
2 ganz frische Eigelb (Größe M)
150 g Zucker
150 ml Weißwein
400 g Schlagsahne

500 g helle, kernlose Weintrauben
etwas Zucker

Zubereitungszeit: 45 Minuten, ohne Kühl- und Abkühlzeit

1. Für den Tortenboden die Butter in einem Topf zerlassen, den Zucker hinzugeben und unter Rühren erhitzen, bis er gelöst ist und leicht zu bräunen beginnt.

2. Cornflakes und Mandeln unterrühren. Den Topf von der Kochstelle nehmen. Sahne nach und nach hinzugießen. Die Zutaten so lange erhitzen, bis die Masse dicklich wird.

3. Die Cornflakes-Mandel-Masse in eine Springform (Ø 26 cm, mit Backpapier ausgelegt) geben. Die Masse mit einem nassen Löffel gleichmäßig zu einem Boden und zu einen etwa 2 cm hohen Rand andrücken. Tortenboden kalt stellen.

4. Für die Füllung die Gelatine in kaltem Wasser nach Packungsanleitung einweichen. Ei, Eigelb, Zucker und Wein in eine Rühr- oder Edelstahlschüssel geben und im heißen Wasserbad mit Handrührgerät mit Rührbesen bei mittlerer Hitze etwa 5 Minuten aufschlagen, bis die Creme eine Temperatur von etwa 70 °C hat. Die Schüssel aus dem Wasserbad nehmen.

5. Eingeweichte Gelatine leicht ausdrücken und in der Weincreme unter Rühren vollständig auflösen. Die Creme erkalten lassen, dabei ab und zu umrühren.

6. Sahne steif schlagen und unter die Creme heben. Die Creme auf den Tortenboden geben und glatt streichen. Die Torte etwa 2 Stunden kalt stellen (Kühlschrank).

7. Weintrauben waschen, abtropfen lassen und entstielen. Die Weintrauben noch feucht im Zucker wälzen. Die Weintrauben auf die Tortenoberfläche legen und etwas in die Creme drücken. Die Torte sofort servieren, da sich der Zucker sehr schnell auflöst.

Hinweis: Nur ganz frische Eier verwenden, die nicht älter als 5 Tage sind (Legedatum beachten!).

Trüffelhund | Mit Alkohol

Insgesamt:
E: 62 g, F: 341 g, Kh: 385 g, kJ: 21633, kcal: 5168

300 g Zartbitter-Kuvertüre
400 g Schlagsahne
6 ganz frische Eigelb (Größe M)
75 g gesiebter Puderzucker
100 ml Eierlikör
etwa 35 Butterkekse
125 g Schlagsahne
2 EL geschabte Zartbitter-Kuvertüre

Zubereitungszeit: 40 Minuten, ohne Abkühl- und Kühlzeit

1. Kuvertüre in kleine Stücke hacken, in einem kleinen Topf im heißen Wasserbad bei schwacher Hitze unter Rühren schmelzen. Kuvertüre abkühlen lassen.

2. Sahne steif schlagen. Eigelb und Puderzucker in einer Rührschüssel mit Handrührgerät mit Rührbesen weißcremig aufschlagen. Eierlikör und abgekühlte Kuvertüre vorsichtig unterrühren. Sahne unterheben.

3. Einen Teil der Schokoladencreme gut 1 cm dick in eine Kastenform (25 x 11 cm, mit Backpapier ausgelegt) füllen und dicht mit Butterkeksen belegen. Darauf wieder abwechselnd die Schokoladencreme und die Butterkekse schichten, bis die Schokoladencreme aufgebraucht ist. Die Kastenform über Nacht in den Kühlschrank stellen.

4. Den Trüffelhund auf eine Servierplatte stürzen und das Backpapier abziehen. Sahne steif schlagen, in einen Spritzbeutel mit Sterntülle füllen. Den Trüffelhund damit verzieren, mit geschabter Zartbitter-Kuvertüre garnieren.

Hinweis: Nur ganz frische Eigelb verwenden, die nicht älter als 5 Tage sind (Legedatum beachten!).

Turboschnelle Popcorntorte | Einfach

Insgesamt:
E: 58 g, F: 104 g, Kh: 292 g, kJ: 9817, kcal: 2233

Für den Boden:
70 g Popcorn
150 g Zartbitter-Schokolade

Für den Belag:
2 Pck. Mousse au Chocolat (Dessertpulver)
400 ml Milch

Zum Garnieren:
30 g Popcorn
50 g Zartbitter-Schokolade

Zubereitungszeit: 20 Minuten, ohne Kühlzeit

1. Für den Boden Popcorn mit einem Messer grob hacken und in eine Rührschüssel geben. Schokolade in Stücke brechen, in einem kleinen Topf im heißen Wasserbad bei schwacher Hitze unter Rühren schmelzen. Zu den Popcornbröseln geben und gut verrühren.

2. Einen Springformrand (Ø 26 cm) auf eine mit Backpapier belegte Tortenplatte stellen. Popcorn-Schokoladen-Masse darin gleichmäßig verteilen und mit einem Löffel gut zu einem Boden andrücken. Tortenboden kalt stellen.

3. Für den Belag aus Dessertpulver und Milch eine Creme nach Packungsanleitung, aber mit den hier angegebenen Mengen zubereiten. Die Creme auf den Popcorn-Schokoladen-Boden geben und glatt streichen.

4. Zum Garnieren Popcorn auf die Creme häufen und leicht andrücken.

5. Schokolade in Stücke brechen, in einem kleinen Topf im heißen Wasserbad bei schwacher Hitze unter Rühren schmelzen. Die Schokolade mit einem kleinen Löffel auf das Popcorn sprenkeln. Torte etwa 2 Stunden kalt stellen (Kühlschrank).

Tipps: Die Torte lässt sich am besten mit einem scharfen Sägemesser schneiden. Statt Zartbitter-Schokolade kann auch Vollmilch-Schokolade verwendet werden.

Tutti-Frutti-Torte | Fruchtig

Insgesamt:
E: 38 g, F: 185 g, Kh: 384 g, kJ: 14813, kcal: 3536

Für den Boden:
200 g Kokoskekse
100 g Butter

Für die Füllung:
1 Banane
1 Orange
1 Dose Ananasstücke (Abtropfgewicht 140 g)
375 ml (3/8 l) Multivitaminsaft
1 Pck. Dr. Oetker Pudding-Pulver Vanille-Geschmack
20 g Zucker

Für den Joghurtbelag:
3 Blatt weiße Gelatine
250 g Ananas- oder Maracujajoghurt
200 g Schlagsahne
1 Pck. Dr. Oetker Vanillin-Zucker

Für den Obstbelag:
1 Banane
1 Orange
1 Karambole (Sternfrucht)
1 Kumquat (Miniorange)

Für den Guss:
1 Pck. Tortenguss, klar
200 ml Ananassaft aus der Dose, evtl. mit Wasser aufgefüllt

Zubereitungszeit: 45 Minuten, ohne Kühlzeit

1. Für den Boden Kokoskekse in einen Gefrierbeutel geben. Den Beutel verschließen. Die Kekse mit einer Teigrolle fein zerbröseln. Brösel in eine Rührschüssel geben. Butter zerlassen, zu den Kokosbröseln geben und gut verrühren.

2. Einen Springformrand (Ø 26 cm) auf eine mit Tortenspitze oder Backpapier belegte Tortenplatte stellen. Die Bröselmasse darin gleichmäßig verteilen und mit einem Löffel gut zu einem Boden andrücken. Tortenboden kalt stellen.

3. Für die Füllung Banane schälen. Orange so schälen, dass die weiße Haut mitentfernt wird. Ananasstücke in einem Sieb abtropfen lassen, dabei den Saft auffangen und für den Guss beiseitestellen. Banane, Orange und die Hälfte der Ananasstücke in kleine Würfel schneiden. Restliche Ananasstücke für den Belag beiseitelegen.

4. Aus Multivitaminsaft, Pudding-Pulver und Zucker einen Pudding nach Packungsanleitung, aber mit den hier angegeben Zutaten zubereiten. Vorbereitete Obstwürfel unterheben. Den Pudding nochmals kurz aufkochen lassen. Die Pudding-Obst-Masse unter Rühren leicht abkühlen lassen, dann auf dem Bröselboden verteilen und erkalten lassen.

5. Für den Joghurtbelag Gelatine in kaltem Wasser nach Packungsanleitung einweichen. Eingeweichte Gelatine leicht ausdrücken, in einem kleinen Topf bei schwacher Hitze unter Rühren auflösen (nicht kochen). Gelatine mit etwa 4 Esslöffeln des Joghurts verrühren, dann unter den restlichen Joghurt rühren. Kalt stellen.

6. Sahne mit Vanillin-Zucker steif schlagen. Sobald die Joghurtmasse anfängt dicklich zu werden, Sahne unterheben. Die Joghurtcreme auf der Pudding-Obst-Masse verteilen und glatt streichen. Die Torte etwa 2 Stunden kalt stellen (Kühlschrank). Den Springformrand lösen und entfernen.

7. Für den Obstbelag Banane schälen. Die Orange so schälen, dass die weiße Haut mitentfernt wird. Orange filetieren. Karambole und Kumquat abspülen, trocken tupfen und in Scheiben schneiden. Die Tortenoberfläche dekorativ mit den Obstscheiben, Orangenfilets und den beiseitegelegten Ananasstücken belegen.

8. Für den Guss aus Tortengusspulver und dem beiseitegestellten Ananassaft (eventuell mit Wasser auf 200 ml aufgefüllt) einen Guss nach Packungsanleitung (aber ohne Zucker) zubereiten. Den Guss mithilfe eines Löffels auf dem Obst verteilen. Die Torte etwa 30 Minuten kalt stellen (Kühlschrank).

Waffelröllchentorte mit Eierlikör I

Dauert länger – mit Alkohol

Insgesamt:
E: 87 g, F: 387 g, Kh: 506 g, kJ: 25118, kcal: 6000

Für den Boden:
150 g Löffelbiskuits
100 g Zwieback
125 g Butter

Für den Rand:
200–300 g Waffelröllchen mit Zartbitter-Schokolade

Für die Füllung:
9 Blatt weiße Gelatine
3 Eigelb (Größe M)
125 g Puderzucker
2 Pck. Dr. Oetker Vanillin-Zucker
100 ml Eierlikör
500 g Schlagsahne

Zum Garnieren:
etwa 2 EL Zartbitter-Raspelschokolade

Zubereitungszeit: 50 Minuten, ohne Kühlzeit

1. Für den Boden Löffelbiskuits und Zwiebäcke in einen Gefrierbeutel geben. Den Beutel verschließen. Löffelbiskuits und Zwiebäcke mit einer Teigrolle fein zerbröseln und in eine Rührschüssel geben. Butter zerlassen, zu den Löffelbiskuit- und Zwiebackbröseln geben und gut verrühren.

2. Einen Springformrand (Ø 26 cm) auf eine mit Tortenspitze oder Backpapier belegte Tortenplatte stellen. Die Bröselmasse darin gleichmäßig verteilen und mit einem Löffel gut zu einem Boden andrücken.

3. Für den Rand die Waffelröllchen mit der Schokoladenseite nach oben an den Springformrand stellen und leicht in den Bröselboden drücken. Tortenboden kalt stellen.

4. Für die Füllung Gelatine in kaltem Wasser nach Packungsanleitung einweichen. Eigelb, Puderzucker und Vanillin-Zucker in eine Rühr- oder Edelstahlschüssel geben und im heißen Wasserbad bei mittlerer Hitze schaumig schlagen, bis eine dickflüssige Masse entstanden ist. Die Schüssel aus dem Wasserbad nehmen.

5. Eingeweichte Gelatine leicht ausdrücken, zu der Eigelbcreme geben und unter Rühren auflösen. Eierlikör unterrühren. Die Creme unter Rühren erkalten lassen.

6. Sahne steif schlagen. Wenn die Eigelbcreme anfängt dicklich zu werden, Sahne unterheben. Die Sahnecreme auf den Bröselboden geben und glatt streichen. Die Torte etwa 2 Stunden kalt stellen (Kühlschrank). Springformrand lösen und entfernen.

7. Zum Garnieren die Tortenoberfläche mit der Raspelschokolade garnieren.

Tipps: Für den Rand können auch Waffelröllchen mit Vollmilch- und Zartbitter-Schokolade im Wechsel eingesetzt werden. Für Kinder statt Eierlikör fertige Bananen- oder Vanillemilch verwendet.

Hinweis: Nur ganz frische Eier verwenden, die nicht älter als 5 Tage sind (Legedatum beachten!). Die fertige Torte im Kühlschrank aufbewahren und innerhalb von 24 Stunden verzehren.

Waffelschnitten mit Milchreis und Pflaumen | Fruchtig

Insgesamt:
E: 75 g, F: 408 g, Kh: 701 g, kJ: 28982, kcal: 6912

Für den Boden:
500 g quadratische Waffeln, z. B. Toastwaffeln

Für die Reiscreme:
2 Pck. Milchreis Vanille-Geschmack
500 ml (1/2 l) Milch
400 g Schlagsahne

Für den Belag:
2 Gläser Pflaumenhälften (Abtropfgewicht je 385 g)
700 ml Pflaumensaft aus dem Glas, evtl. mit Wasser aufgefüllt
50 ml Zitronensaft
3 Pck. Tortenguss, klar

Zum Verzieren:
200 g Schlagsahne
1 Pck. Dr. Oetker Vanillin-Zucker

Zubereitungszeit: 35 Minuten, ohne Abkühl- und Kühlzeit

1. Für den Boden einen Backrahmen (30 x 40 cm) auf ein Backblech stellen. Waffeln zu einem glatten Boden hineinlegen. Restliche Waffeln (etwa 2 Stück) zum Garnieren beiseitelegen.

2. Für die Reiscreme den Milchreis nach Packungsanleitung, aber nur mit insgesamt 500 ml (1/2 l) Milch zubereiten. Milchreis erkalten lassen und gut durchrühren. Sahne steif schlagen und unterheben. Die Reiscreme auf den Waffeln glatt verstreichen. Den Kuchen etwa 30 Minuten kalt stellen (Kühlschrank).

3. Für den Belag die Pflaumenhälften in einem Sieb gut abtropfen lassen, dabei den Saft auffangen und 700 ml abmessen. Die Pflaumenhälften auf der Reiscreme verteilen. Aus Pflaumensaft, Zitronensaft und Tortengusspulver einen Guss nach Packungsanleitung zubereiten. Den Guss auf den Pflaumenhälften verteilen. Den Kuchen nochmals etwa 1 Stunde kalt stellen.

4. Zum Verzieren die Sahne mit Vanillin-Zucker steif schlagen. Sahne in einen Spritzbeutel mit Lochtülle geben und kleine Spiralen auf die Kuchenoberfläche spritzen. Beiseitegelegte Waffeln jeweils vierteln und diagonal durchschneiden, sodass kleine Dreiecke entstehen. Den Backrahmen lösen und entfernen. Die Waffeldreiecke an die Sahnespiralen legen. Die Torte bis zum Servieren kalt stellen.

Tipps: Die Schnitten schmecken auch mit Milchreis klassischer Art. Statt mit Pflaumenhälften schmeckt der Belag auch mit Kirschen.

Waldmeister-Nippon-Torte I

Erfrischend

Insgesamt:
E: 97 g, F: 301 g, Kh: 455 g, kJ: 20879, kcal: 4986

Für den Boden:

400 g Nippon (Schoko-Puffreis-Quadrate)

Für den Belag:

1 Beutel aus 1 Pck. Götterspeise Waldmeister-Geschmack
200 ml Wasser
100 g Zucker
300 g Doppelrahm-Frischkäse
150 g Joghurt
250 g Schlagsahne

Zum Garnieren:

1 Beutel aus 1 Pck. Götterspeise Waldmeister-Geschmack
250 ml (1/4 l) Wasser
100 g Zucker

Zubereitungszeit: 40 Minuten, ohne Quell-, Abkühl- und Kühlzeit

1. Für den Boden einen Backrahmen (24 x 24 cm) auf eine Tortenplatte stellen. Die Schoko-Puffreis-Quadrate in dem Backrahmen zu einem Boden zusammenlegen. Restliche Schoko-Puffreis-Quadrate zum Garnieren beiseitelegen.

2. Für den Belag Götterspeise in einem Topf nach Packungsanleitung, aber nur mit 200 ml Wasser quellen lassen. Zucker hinzufügen. Die Götterspeise unter Rühren erhitzen (nicht kochen) und auflösen. Götterspeise abkühlen lassen.

3. Frischkäse und Joghurt in einer Rührschüssel verrühren, die abgekühlte Götterspeiseflüssigkeit unterrühren. Kalt stellen.

4. Sahne steif schlagen und unter die Frischkäse-Joghurt-Masse heben. Die Frischkäse-Joghurt-Creme auf den Schoko-Puffreis-Quadraten in dem Backrahmen verstreichen. Die Torte etwa 3 Stunden kalt stellen (Kühlschrank).

5. Zum Garnieren in der Zwischenzeit Götterspeise wie unter Punkt 2 beschrieben, aber mit 250 ml (1/4 l) Wasser und Zucker zubereiten. Götterspeiseflüssigkeit in eine flache Schale füllen und ebenfalls kalt stellen (Kühlschrank). Die beiseitegelegten Schoko-Puffreis-Quadrate in Stäbchen schneiden oder diagonal halbieren.

6. Vor dem Servieren Backrahmen lösen und entfernen. Die fest gewordene Götterspeise aus der Schale auf einen Teller stürzen. Die Götterspeise in Stäbchen schneiden und dekorativ mit den Schoko-Puffreis-Stücken auf der Torte verteilen.

Tipps: Anstelle von Götterspeise Waldmeister-Geschmack schmeckt auch Götterspeise Zitronen-Geschmack oder Himbeer-Geschmack. Die Torte sieht auch sehr schön aus, wenn Sie abgekühlte Götterspeise zum Garnieren direkt auf die gekühlte Tortenoberfläche gießen und fest werden lassen. Dann 100 g Sahne steif schlagen. Die Tortenoberfläche damit verzieren und die Schoko-Puffreis-Stücke an die Sahne legen.

Walnuss-Orangen-Torte | Vollwert

Insgesamt:
E: 80 g, F: 384 g, Kh: 302 g, kJ: 21078, kcal: 5037

Für den Boden:
150 g Walnusskerne
150 g Butter-Vollkornkekse
90 g Butter

Für den Krokant:
40 g Zucker
1 Messerstich Butter

Für die Füllung:
3–4 Orangen
4 Blatt weiße Gelatine
200 g Doppelrahm-Frischkäse
30 g Zucker
50 ml Orangensaft von den Orangen

Für den Belag:
4 Blatt weiße Gelatine
400 g Schlagsahne
50 g Puderzucker
50 ml Orangensaft von den Orangen

Zum Garnieren:
1 Bio-Orange (unbehandelt, ungewachst)
evtl. Walnusskerne

Zubereitungszeit: 45 Minuten, ohne Kühlzeit

1. Für den Boden die Walnusskerne in kleine Würfel schneiden. 50 g von den Walnusskernen abnehmen und in eine Rührschüssel geben. Vollkornkekse in einen Gefrierbeutel geben. Den Beutel verschließen. Die Vollkornkekse mit einer Teigrolle fein zerbröseln. Brösel zu den Walnusskernwürfeln in die Rührschüssel geben und vermischen. Butter zerlassen, zu der Bröselmischung geben und gut verrühren.

2. Einen Springformrand (Ø 26 cm) auf eine mit Tortenspitze oder Backpapier belegte Tortenplatte stellen. Die Bröselmasse darin gleichmäßig verteilen und mit einem Löffel gut zu einem Boden und zu einem etwa 1 cm hohen Rand andrücken. Tortenboden kalt stellen.

3. Für den Krokant Butter mit Zucker in einer Pfanne so lange erhitzen, bis die Masse leicht gebräunt und der Zucker gelöst ist. Restliche Walnusskernwürfel (100 g) hinzufügen und unter Rühren erhitzen, bis der Krokant genügend gebräunt ist. Die Krokantmasse auf eine Platte (mit Backpapier belegt) geben und erkalten lassen.

4. Für die Füllung Orangen so schälen, dass die weiße Haut vollständig entfernt wird. Orangen filetieren, den Saft dabei auffangen. Orangenfilets in Stücke schneiden, in ein Sieb geben und den Saft auffangen. Die Orangen auspressen. Von dem Orangensaft insgesamt 100 ml abmessen. Gelatine in kaltem Wasser nach Packungsanleitung einweichen. Frischkäse mit Zucker und 50 ml Orangensaft verrühren.

5. Eingeweichte Gelatine leicht ausdrücken und in einem kleinen Topf unter Rühren bei schwacher Hitze auflösen (nicht kochen). Gelatine mit etwa 2 Esslöffeln von der Frischkäsemasse verrühren, dann unter die restliche Frischkäsemasse rühren. Die Orangenstücke unterheben. Die Orangen-Frischkäse-Masse auf den Bröselboden geben und glatt streichen. Die Torte etwa 30 Minuten kalt stellen (Kühlschrank).

6. Krokant eventuell zerkleinern. Knapp die Hälfte davon auf die Tortenoberfläche streuen. Für den Belag Gelatine in kaltem Wasser nach Packungsanleitung einweichen. Die Sahne mit Puderzucker steif schlagen. Eingeweichte Gelatine leicht ausdrücken und in einem kleinen Topf unter Rühren bei schwacher Hitze auflösen (nicht kochen). Gelatine mit 50 ml Orangensaft verrühren und unter die Sahne heben. Restliches Krokant unterheben. Die Sahnemasse auf die Krokantschicht geben und kuppelartig darauf verstreichen. Die Torte etwa 2 Stunden kalt stellen (Kühlschrank).

7. Zum Garnieren Orange heiß abwaschen und abtrocknen. Orange in Scheiben schneiden. Orangenscheiben vierteln. Tortenoberfläche mit den Orangenvierteln und nach Belieben mit Walnusskernen garnieren.

Weihnachtlicher Kalter Hund I

Mit Alkohol

Insgesamt:
E: 78 g, F: 438 g, Kh: 494 g, kJ: 26328, kcal: 6294

Für die Füllung:

150 g Vollmilch-Kuvertüre
150 g Zartbitter-Kuvertüre
125 g Schlagsahne
125 g Butter
1 EL Kirschwasser

Für die Böden:

1 ½ Pck. Vollkorn-Zwieback (etwa 330 g)
1 gestr TL Kakaopulver
200 g Butter

Zum Bestreichen:

75 g Schwarzkirschkonfitüre

Für die Sterne:

75 g Zartbitter-Kuvertüre

Zum Bestäuben:

etwas Kakaopulver
etwas Puderzucker

Zubereitungszeit: 50 Minuten, ohne Kühlzeit

1. Für die Füllung beide Kuvertüresorten in Stücke schneiden, mit Sahne in einem kleinen Topf im heißen Wasserbad bei schwacher Hitze unter Rühren schmelzen. Die Masse abkühlen, aber nicht fest werden lassen.

2. Die Butter in einer Rührschüssel mit Handrührgerät mit Rührbesen schaumig rühren, die Kuvertüremasse unterrühren. Kirschwasser hinzufügen. Die Creme zugedeckt erkalten lassen, aber nicht kalt stellen. Für die Böden Vollkorn-Zwieback in einen Gefrierbeutel geben. Den Beutel verschließen. Zwiebäcke mit einer Teigrolle fein zerbröseln. Brösel (1 Esslöffel Brösel abnehmen) in eine Rührschüssel geben. Kakaopulver hinzufügen und vermischen. Butter zerlassen, zu der Bröselmischung geben und gut verrühren.

3. Auf ein mit Backpapier belegtes Backblech (oder großes Arbeitsbrett) einen Backrahmen (22 x 40 cm) stellen. Die Bröselmasse hineingeben und mit einem Löffel gut zu einem Boden andrücken. Kalt stellen.

4. Zum Bestreichen Konfitüre in einem kleinen Topf pürieren und unter Rühren kurz aufkochen lassen. Den Bröselboden damit bestreichen, wieder kalt stellen (etwa 30 Minuten).

5. Den Bröselboden mit einem Messer in 5 Rechtecke von etwa 22 x 8 cm schneiden.

6. Ein Fünftel der weichen Kuvertürecreme in eine Kastenform (25 x 11 cm, leicht gefettet, mit Backpapier ausgelegt) geben und mit einem Esslöffel glatt streichen. Eine Bröselplatte mit Hilfe eines langen Kuchenmessers (Palette) vom Backpapier lösen. Mit der mit Konfitüre bestrichenen Seite nach oben auf die Creme legen, etwas andrücken. Die restlichen Platten mit der Creme nacheinander in die Form schichten.

7. Die Form mit Frischhaltefolie abdecken und den Kalten Hund 3–4 Stunden kalt stellen.

8. Für die Sterne Kuvertüre in Stücke schneiden, in einem kleinen Topf im heißen Wasserbad bei schwacher Hitze unter Rühren schmelzen. Die beiseitegestellten Brösel (1 Esslöffel) zu der Kuvertüremasse geben, auf eine mit Backpapier belegte Platte gießen und gut ½ cm dick verstreichen. Kalt stellen und fest werden lassen. Aus der fest gewordenen Kuvertüremasse Sterne mit einem Ausstecher ausstechen und dick mit Puderzucker bestäuben.

9. Den Kuchen aus der Form auf eine Kuchenplatte stürzen, Backpapier entfernen. Den Kalten Hund mit Kakao bestäuben. Die Kuvertüresterne auf die Kuchenoberfläche legen und vorsichtig andrücken.

Tipps: Aus der restlichen Kuvertüremasse kleine Kugeln formen und fest werden lassen.
Der Kuchen kann gut vorbereitet werden. Er hält sich gut gekühlt, mit Frischhaltefolie zugedeckt, mehrere Tage. Wenn Kinder mitessen, dann das Kirschwasser durch 1 Esslöffel Kirschsaft ersetzen.

Weihnachtstorte mit Spekulatius |

Zum Advent

Insgesamt:
E: 118 g, F: 417 g, Kh: 411 g, kJ: 24571, kcal: 5873

Für den Tortenboden und Tortenrand:
50 g Zartbitter-Schokolade (50 % Kakao)
75 g Butter
250 g Mandel-Spekulatius (ersatzweise Buttergebäck mit Mandeln)

Zum Garnieren:
200 g Zartbitter-Schokolade (50 % Kakao)
2 TL Speiseöl

Für den Belag:
6 Blatt weiße Gelatine
600 g Doppelrahm-Frischkäse
40 g Zucker
100 ml Milch
1 Pck. Dr. Oetker Bourbon-Vanille-Zucker
1 Glas Apfelkompott (Einwaage 360 g)
je 1 Msp. gemahlene Gewürznelken, Zimt und Kardamom

Außerdem:
Stern-Ausstecher in verschiedenen Größen

Zubereitungszeit: 50 Minuten, ohne Kühlzeit

1. Für den Tortenboden Schokolade in Stücke brechen. Butter in einem Topf zerlassen. Den Topf von der Kochstelle nehmen. Schokolade zu der Butter geben und unter Rühren auflösen.

2. Für den Tortenrand so viele Spekulatius an einen Springformrand (Ø 26 cm) stellen, dass ein geschlossener Rand entsteht. Spekulatius wieder herausnehmen und mit einem Sägemesser quer halbieren. Jeweils die obere Hälfte der Spekulatius für den Tortenrand beiseitelegen.

3. Restliche Spekulatius (auch die unteren Hälften) in einen Gefrierbeutel füllen. Den Beutel verschließen. Spekulatius mit einer Teigrolle fein zerbröseln. Die Brösel in eine Rührschüssel geben. Die Butter-Schoko-Masse zu den Bröseln geben und gut verrühren.

4. Den Springformrand (Ø 26 cm) auf eine mit Tortenspitze oder Backpapier belegte Tortenplatte stellen. Die Bröselmasse darin gleichmäßig verteilen und mit einem Löffel gut zu einem Boden andrücken. Die beiseitegelegten Spekulatiushälften wieder als Tortenrand an den Springformrand stellen und vorsichtig in den Bröselboden drücken. Tortenboden kalt stellen.

5. Zum Garnieren Schokolade in Stücke brechen, mit Speiseöl in einem kleinen Topf im heißen Wasserbad bei schwacher Hitze unter Rühren schmelzen. Den Topf aus dem Wasserbad nehmen.

6. Ein Viertel der Schokolade auf ein Stück Backpapier geben und etwa 2 mm dünn verstreichen. Schokolade fest werden lassen. Mit Stern-Ausstechern 8–10 unterschiedlich große Sterne ausstechen. Den Topf mit der restlichen Schokolade wieder in das heiße Wasserbad setzen.

7. Für den Belag Gelatine in kaltem Wasser nach Packungsanleitung einweichen. Frischkäse mit Zucker, Milch und Vanille-Zucker verrühren. Eingeweichte Gelatine leicht ausdrücken, in einem kleinen Topf unter Rühren bei schwacher Hitze auflösen (nicht kochen). Die Gelatine mit etwa 4 Esslöffeln von der Frischkäsemasse verrühren, dann unter die restliche Frischkäsemasse rühren.

8. Knapp ein Drittel der Frischkäsemasse abnehmen und mit dem Apfelkompott verrühren. Auf den Bröselboden geben und glatt streichen. Die restliche Frischkäsemasse mit den Gewürzen und der restlichen geschmolzenen Schokolade verrühren. Dann die Masse vorsichtig esslöffelweise auf der Apfelmus-Frischkäse-Masse verteilen und glatt streichen. Die Torte etwa 3 Stunden kalt stellen (Kühlschrank). Springformrand lösen und entfernen.

9. Die Tortenoberfläche mit den Schokosternen garnieren.

Weiße Zitronen-Flakes-Torte I

Raffiniert

Insgesamt:
E: 74 g, F: 215 g, Kh: 416 g, kJ: 16792, kcal: 4004

Für den Tortenboden:

200 g Vitalis Knusper Flakes mit gerösteten Mandeln
150 g weiße Schokolade
75 g Butter

Für den Belag:

7 Blatt weiße Gelatine
1 Pck. Quarkfein, Zitrone (Dessertpulver)
250 g Speisequark (20 % Fett)
300 g Joghurt (3,5 % Fett)
1 Pck. Dr. Oetker Finesse Geriebene Zitronenschale
50 g Zucker
200 g Schlagsahne

Zum Garnieren:

1 Zitrone
einige Zitronenmelisseblättchen

Zubereitungszeit: 45 Minuten, ohne Kühlzeit

1. Für den Boden Knusper Flakes in einen Gefrierbeutel geben. Den Beutel verschließen. Knusper Flakes mit einer Teigrolle zerbröseln.

2. Schokolade grob zerkleinern. Butter in einem Topf zerlassen. Den Topf von der Kochstelle nehmen. Schokoladenstücke unter Rühren in der Butter schmelzen. Anschließend die Flakesbrösel unterrühren.

3. Von der Bröselmasse mit zwei Teelöffeln 12 haselnussgroße Häufchen auf ein Schneidbrett (mit Backpapier belegt) setzen und kalt stellen.

4. Einen Springformrand (Ø 26 cm) auf eine mit Tortenspitze oder Backpapier belegte Tortenplatte stellen. Die Bröselmasse darin gleichmäßig verteilen und mit einem Löffel gut zu einem Boden andrücken. Tortenboden etwa 20 Minuten kalt stellen.

5. Für den Belag die Gelatine in kaltem Wasser nach Packungsanleitung einweichen. Das Dessertpulver mit Quark verrühren, dann Joghurt, Zitronenschale und Zucker unterrühren. Eingeweichte Gelatine leicht ausdrücken und in einem kleinen Topf unter Rühren bei schwacher Hitze auflösen (nicht kochen).

6. Gelatine mit etwa 4 Esslöffeln der Quarkmasse verrühren, dann unter die restliche Quarkmasse rühren, kalt stellen.

7. Sahne steif schlagen. Wenn die Quarkmasse anfängt dicklich zu werden, Sahne vorsichtig unterheben. Die Quark-Sahne-Creme auf den Bröselboden geben und dann wellenförmig verstreichen. Die Torte 2–3 Stunden kalt stellen (Kühlschrank). Springformrand lösen und entfernen.

8. Zum Garnieren Zitrone so schälen, dass die weiße Haut mitentfernt wird. Die Fruchtfilets herausschneiden und auf Küchenpapier abtropfen lassen. Zitronenmelisseblättchen abspülen und trocken tupfen. Die Torte mit den Knusperhäufchen, Zitronenfilets und Zitronenmelisse garnieren.

White Chocolate Cheesecake (Weißer Schokoladen-Käse-Kuchen) | Gut vorzubereiten

Insgesamt:
E: 111 g, F: 500 g, Kh: 447 g, kJ: 28242, kcal: 6740

Für den Boden:
250 g Amarettini (ital. Mandelmakronen)
120 g Butter

Für die Füllung:
350 g weiße Kuvertüre
125 g Crème double
600 g Doppelrahm-Frischkäse
1 Pck. Dr. Oetker Finesse Natürliches Bourbon-Vanille-Aroma

50 g weiße Kuvertüre

Zubereitungszeit: 30 Minuten, ohne Kühl- und Abkühlzeit

1. Für den Boden Amarettini in einen Gefrierbeutel geben. Den Beutel verschließen. Amarettini mit einer Teigrolle fein zerbröseln. Brösel in eine Rührschüssel geben. Butter zerlassen, zu den Amarettinibröseln geben und gut verrühren.

2. Einen Springformrand (Ø 24 cm) auf eine mit Tortenspitze oder Backpapier belegte Tortenplatte legen. Die Bröselmasse gleichmäßig darin verteilen und mit einem Löffel gut zu einem Boden andrücken. Den Boden kalt stellen.

3. Für die Füllung Kuvertüre in Stücke hacken, in einem kleinen Topf im heißen Wasserbad bei schwacher Hitze unter Rühren schmelzen, erkalten lassen. Crème double unterrühren.

4. Frischkäse mit Vanille-Aroma verrühren, Kuvertüremasse gut unterrühren. Die Frischkäse-Schokoladen-Creme auf den Bröselboden geben und glatt streichen. Anschließend den Käsekuchen etwa 5 Stunden kalt stellen (Kühlschrank). Springformrand lösen und entfernen.

5. Die Tortenoberfläche mit geschabter Kuvertüre garnieren. Torte in kleine Stücke schneiden.

Tipps: Den Rand der Torte mit etwa 50 g fein zerbröselten Amarettini garnieren. Dazu einen frischen, säuerlichen Obstsalat servieren.

Winzerschnitten | Mit Alkohol

Insgesamt:
E: 49 g, F: 229 g, Kh: 413 g, kJ: 16853, kcal: 4030

Für den Boden:
150 g Zwieback
120 g Butter
1 EL Zucker
1 Pck. Dr. Oetker Vanillin-Zucker

Für die Creme:
6 Blatt weiße Gelatine
250 g Mascarpone (ital. Frischkäse)
300 g Joghurt
1 Pck. Dr. Oetker Finesse Geriebene Zitronenschale
150 g Zucker

Für den Belag:
250 g blaue Weintrauben
250 g grüne Weintrauben

Für den Guss:
1 Pck. Tortenguss, klar
150 ml Apfelsaft
100 ml Weißwein
1 EL Zucker

Zubereitungszeit: 30 Minuten, ohne Kühlzeit

1. Für den Boden Zwiebäcke in einen Gefrierbeutel geben. Den Beutel verschließen. Zwiebäcke mit einer Teigrolle fein zerbröseln. Brösel in eine Rührschüssel geben. Die Butter zerlassen, mit Zucker und Vanillin-Zucker zu den Zwiebackbröseln geben und gut verrühren.

2. Eine Kastenform (30 x 11 cm) so mit Frischhaltefolie auslegen, dass die Folie über dem Rand hängt. Die Bröselmasse in der Form verteilen und mit einem Löffel gut zu einem Boden andrücken. Den Boden kalt stellen.

3. Für die Creme Gelatine in kaltem Wasser nach Packungsanleitung einweichen. Mascarpone mit Joghurt, Zitronenschale und Zucker verrühren. Eingeweichte Gelatine leicht ausdrücken, in einem kleinen Topf unter Rühren bei schwacher Hitze auflösen (nicht kochen). Gelatine mit etwa 3 Esslöffeln der Mascarpone-Joghurt-Masse verrühren, dann unter die restliche Mascarpone-Joghurt-Masse rühren.

4. Die Mascarpone-Joghurt-Masse auf den Bröselboden geben und glatt streichen. Die Form etwa 1 Stunde kalt stellen (Kühlschrank).

5. Für den Belag die Weintrauben abspülen, trocken tupfen, entstielen, halbieren und entkernen. Die Weintraubenhälften auf die Mascarpone-Joghurt-Masse legen.

6. Für den Guss aus Tortengusspulver, Apfelsaft, Wein und Zucker einen Guss nach Packungsanleitung zubereiten. Den Guss auf den Weintraubenhälften verteilen. Den Kuchen etwa 1 Stunde kalt stellen (Kühlschrank).

7. Den Kuchen mithilfe der Frischhaltefolie aus der Form heben und die Folie vorsichtig entfernen. Den Kuchen auf eine Servierplatte legen und in Schnitten schneiden.

Tipps: Die Schnitten nach Belieben mit steif geschlagener Sahne verzieren. Anstelle von Apfelsaft, Weißwein und Zucker können Sie für den Guss auch nur 250 ml (1/4 l) Apfelsaft verwenden. Statt der Weintrauben können auch Erdbeeren, Himbeeren oder Brombeeren verwendet werden.

Zimt-Flakes-Torte I

Raffiniert

Insgesamt:
E: 46 g, F: 267 g, Kh: 335 g, kJ: 17081, kcal: 4083

Für den Boden:

150 g Zimt-Flakes
150 g Butter

Für die Creme:

1 Glas Sauerkirschen (Abtropfgewicht 370 g)
6 Blatt weiße Gelatine
500 g Joghurt
Saft von 1 Zitrone
50 g Zucker
1 Pck. Dr. Oetker Vanillin-Zucker
200 g Schlagsahne

Zum Verzieren und Garnieren:

200 g Schlagsahne
1 Pck. Dr. Oetker Sahnesteif
2 EL Zimt-Flakes

Zubereitungszeit: 45 Minuten, ohne Kühlzeit

1. Die Zimt-Flakes in einen Gefrierbeutel geben. Den Beutel verschließen. Zimt-Flakes mit einer Teigrolle fein zerbröseln. Brösel in eine Rührschüssel geben.

2. Butter zerlassen, zu den Flakesbröseln geben und gut verrühren.

3. Einen eckigen Backrahmen (etwa 21 x 23 cm) auf eine mit Backpapier belegte Tortenplatte stellen (oder Boden und Rand einer rechteckigen Auflaufform in der angegebenen Größe mit Backpapier auslegen).

4. Die Bröselmasse darin gleichmäßig verteilen und mit einem Löffel gut zu einem Boden andrücken. Tortenboden kalt stellen.

5. Für die Creme Sauerkirschen in einem Sieb abtropfen lassen. Gelatine in kaltem Wasser nach Packungsanleitung einweichen.

6. Joghurt mit Zitronensaft, Zucker und Vanillin-Zucker verrühren. Eingeweichte Gelatine leicht ausdrücken und in einem kleinen Topf unter Rühren bei schwacher Hitze auflösen (nicht kochen). Gelatine mit etwa 4 Esslöffeln der Joghurtmasse verrühren, dann unter die restliche Joghurtmasse rühren. Die abgetropften Sauerkirschen unter die Joghurtmasse heben, kalt stellen.

7. Sahne steif schlagen. Sobald die Joghurt-Kirsch-Masse anfängt dicklich zu werden, Sahne unterheben. Die Joghurt-Kirsch-Creme auf den Bröselboden geben und glatt streichen. Die Torte etwa 3 Stunden kalt stellen (Kühlschrank).

8. Den Backrahmen lösen und entfernen (oder die Torte aus der Auflaufform lösen und das Backpapier entfernen).

9. Zum Verzieren und Garnieren Sahne mit Sahnesteif steif schlagen, in einen Spritzbeutel mit Lochtülle füllen. Die Tortenoberfläche mit der Sahne verzieren und mit Zimt-Flakes, nach Belieben zu Bröseln zerdrückt, garnieren.

Tipps: Nach Belieben können anstelle der Sauerkirschen z. B. Aprikosenhälften oder Fruchtcocktail verwendet werden. Die Torte kann auch in einer Springform (Ø 24 cm) zubereitet werden.

Zitronen-Mallow-Schnitten I

Raffiniert

Insgesamt:
E: 35 g, F: 279 g, Kh: 376 g, kJ: 17565, kcal: 4195

Für den Boden:

40 g geschälte Sesamsamen
150 g Butterkekse
150 g Butter

Für den Zitronenbelag:

150 ml Zitronensaft
1/2 Pck. Dr. Oetker Finesse Geriebene Zitronenschale
120 g Zucker
20 g gesiebte Speisestärke
70 g Butter

Für die Creme:

6 Blatt weiße Gelatine
100 ml Zitronensaft
1/2 Pck. Dr. Oetker Finesse Geriebene Zitronenschale
100 ml Wasser
120 g Zucker
1 Pck. Dr. Oetker Sahnesteif

Für den Guss:

1–2 EL Maracujanektar
1 geh. EL gesiebter Puderzucker
50 g Butter

Zubereitungszeit: 50 Minuten, ohne Abkühl- und Kühlzeit

1. Einen Backrahmen (25 x 25 cm) auf ein mit Backpapier belegtes Backblech oder eine Platte stellen.

2. Für den Boden Sesam in einer Pfanne ohne Fett leicht bräunen, herausnehmen und auf einem Teller erkalten lassen.

3. Butterkekse in einen Gefrierbeutel füllen. Den Beutel verschließen. Butterkekse mit einer Teigrolle fein zerbröseln. Brösel mit Sesam in einer Rührschüssel mischen. Butter zerlassen, zu der Brösel-Sesam-Mischung geben und gut verrühren. Dann die Brösel-Sesam-Masse in dem Backrahmen verteilen und mit einem Löffel gut zu einem Boden andrücken. Boden kalt stellen.

4. Für den Zitronenbelag Zitronensaft mit Zitronenschale, Zucker und Speisestärke verrühren. Butter in einem kleinen Topf zerlassen. Zitronensaft-Mischung unterrühren, unter Rühren aufkochen lassen. Den Topf von der Kochstelle nehmen. Die Zitronenmasse etwa 5 Minuten abkühlen lassen.

5. Die Zitronenmasse auf dem Brösel-Sesam-Boden verteilen und kalt stellen (Kühlschrank). Zitronenmasse fest werden lassen.

6. Für die Creme die Gelatine in kaltem Wasser nach Packungsanleitung einweichen. Zitronensaft, Zitronenschale und Wasser in einem kleinen Topf erhitzen. Den Topf von der Kochstelle nehmen. Die eingeweichte Gelatine leicht ausdrücken, zu dem Zitronensaft geben und unter Rühren vollständig auflösen. Zitronensaft etwas abkühlen lassen.

7. Den Zucker und Sahnesteif in einer Rührschüssel mischen. Nach und nach den Zitronen-Gelatine-Saft mit Handrührgerät mit Rührbesen auf höchster Stufe unterrühren. Etwa 2 Minuten weiterschlagen, bis eine weiße, schaumige Creme entstanden ist. Die Creme etwa 5 Minuten kalt stellen (Kühlschrank).

8. Anschließend die Creme wieder 1–2 Minuten aufschlagen. Diesen Vorgang noch 2–3-mal wiederholen, bis die Creme halb fest ist. Die Creme auf der Zitronenmasse verteilen. Den Kuchen kalt stellen (Kühlschrank) und die Creme fest werden lassen.

9. Für den Guss Nektar mit Puderzucker verrühren in einem kleinen Topf erhitzen. Butter in kleinen Stücken mit einem Schneebesen unterschlagen. Den Guss kalt stellen (Kühlschrank). Wenn der Guss anfängt dicklich zu werden, ihn in einen Gefrierbeutel füllen und eine kleine Ecke abschneiden. Den Guss in Streifen auf die Creme spritzen. Den Guss fest werden lassen.

10. Backrahmen lösen und entfernen. Den Kuchen in kleine Quadrate (etwa 5 x 5 cm) schneiden, kalt stellen.

Zitrus-Rosen-Torte | Mit Alkohol

Insgesamt:
E: 58 g, F: 383 g, Kh: 357 g, kJ: 21811, kcal: 5213

Für die Canache-Creme:
300 g Schlagsahne
200 g Edelbitter-Schokolade (70–80 % Kakao)
100 g Noisette-Schokolade
½ TL Dr. Oetker Finesse Natürliches Orangenschalen-Aroma

Für die Böden:
400 g Spritzgebäckringe
50 g Butter

Zum Bestreichen:
3 EL Grand Marnier (Orangenlikör)

Zum Bestäuben und Garnieren:
etwas Kakaopulver
evtl. Zitrusrosen

Zubereitungszeit: 50 Minuten, ohne Abkühl- und Kühlzeit

1. Für die Canache-Creme Sahne in einem Topf unter Rühren erhitzen. Schokolade in Stücke brechen und in die Sahne geben. Den Topf von der Kochstelle nehmen. Die Sahne-Schokoladen-Mischung etwa 1 Minute stehen lassen. Anschließend die Sahne-Schokoladen-Mischung mit einem Schneebesen unter Rühren auflösen.

2. Die Schokoladensahne in eine Rührschüssel geben und erkalten lassen, dabei ab und zu umrühren. Schokoladensahne kalt stellen (aber nicht in den Kühlschrank stellen, die Masse soll zur Verarbeitung noch weich sein).

3. Für den Boden von dem Spritzgebäck 125 g abwiegen und in einen Gefrierbeutel geben. Den Beutel verschließen. Gebäck mit einer Teigrolle fein zerbröseln. Die Brösel in eine Rührschüssel geben. Butter zerlassen, zu den Gebäckbröseln geben und gut verrühren.

4. Einen Springformrand (Ø 18 cm) auf eine mit Backpapier belegte Tortenplatte stellen. Die Bröselmasse darin gleichmäßig verteilen und mit einem Löffel gut zu einem Boden andrücken.

5. Etwa ein Drittel der restlichen Spritzgebäckringe (etwa 3 ½ Gebäckringe) nebeneinander auf den Bröselboden legen und etwas andrücken. Die Gebäckringe mit 1 Esslöffel des Likörs bestreichen. Den Tortenboden kalt stellen.

6. Von der Schokoladensahne 8 Esslöffel abnehmen, in eine Rührschüssel geben und zugedeckt kalt stellen (nicht in den Kühlschrank). Die restliche Schokoladensahne mit Handrührgerät mit Rührbesen zu einer Creme aufschlagen.

7. Ein Drittel der Creme auf den Bröselboden geben und glatt streichen. Die Hälfte der restlichen Spritzgebäckringe nebeneinander darauflegen. Die Gebäckringe mit 1 Esslöffel des restlichen Likörs bestreichen.

8. Die Hälfte der restlichen, aufgeschlagenen Creme daraufgeben und glatt streichen. Die restlichen Spritzgebäckringe nebeneinander darauflegen und mit dem restlichen Likör bestreichen. Die restliche, aufgeschlagene Creme daraufgeben und glatt streichen. Torte etwa 30 Minuten kalt stellen (Kühlschrank). Den Springformrand lösen und entfernen.

9. Die beiseitegestellte Schokoladensahne ebenfalls mit Handrührgerät mit Rührbesen kurz aufschlagen. Den Tortenrand und die -oberfläche damit bestreichen. Torte etwa 1 Stunde kalt stellen (Kühlschrank).

10. Die Torte kurz vor dem Servieren mit Kakao bestäuben. Die Torte vom Backpapier lösen und auf eine Tortenplatte umsetzen. Die Tortenoberfläche nach Belieben mit Zitrusrosen garnieren. Die Torte servieren.

Tipp: Für die Zitrusrosen 500 g Zucker mit 400 ml Wasser in einem Topf zum Kochen bringen. So lange kochen lassen, bis der Zucker vollständig gelöst ist. Je 2 Bio-Zitronen und Bio-Orangen heiß abwaschen und abtrocknen. Jeweils die Zitronen- und Orangenschale

mit einem Sparschäler dünn spiralförmig abschälen. Die Schalen in den Zuckersirup geben und etwa 5 Minuten köcheln lassen. Die Schalen mit einem Schaumlöffel herausnehmen, abtropfen lassen und zu Rosenblüten formen (aufwickeln). Zitrusrosen mit 50 g Zucker bestreuen.

Zweifrucht-Torte mit Erdbeerhaube | Raffiniert

Insgesamt:
E: 74 g, F: 203 g, Kh: 324 g, kJ: 14624, kcal: 3491

Für den Boden:

150 g Mürbegebäck mit Milchschokolade oder Butterkekse mit Edelbitter-Schokolade (63 % Kakao)
40 g Kokosraspel
90 g Butter

Für die Füllung:

500 g Erdbeeren
8 Blatt weiße Gelatine
500 g griechischer Joghurt (10 % Fett)
250 g Speisequark (20 % Fett)
70 g Puderzucker
1 Pck. Dr. Oetker Vanillin-Zucker
75 ml Orangensaft

Für den Belag:

50 g gesiebter Puderzucker
1 EL Zitronensaft
1 EL gehackte Pfefferminzblätter

Für den Guss:

etwas Orangensaft
1 Pck. Tortenguss, klar
20 g Zucker
250 ml (1/4 l) Erdbeer-Orangen-Saft

evtl. einige Pfefferminzblättchen

Zubereitungszeit: 45 Minuten, ohne Kühl- und Durchziehzeit

1. Für den Boden Mürbegebäck oder Butterkekse mit einem Messer in kleine Würfel schneiden. Gebäckwürfel in eine Rührschüssel geben. Die Kokosraspel untermischen. Butter zerlassen, zu der Gebäckwürfel-Kokosraspel-Mischung geben und gut verrühren.

2. Einen Springformrand (Ø 26 cm) auf eine mit Tortenspitze oder Backpapier belegte Tortenplatte stellen. Die Gebäck-Kokosraspel-Masse darin gleichmäßig verteilen und mit einem Löffel gut zu einem Boden andrücken. Tortenboden kalt stellen.

3. Für die Füllung Erdbeeren putzen, waschen, abtropfen lassen und entstielen. 100 g der Erdbeeren mit einem Stabmixer pürieren. Restliche Erdbeeren beiseitestellen.

4. Gelatine in kaltem Wasser nach Packungsanleitung einweichen. Dann Joghurt mit Quark, Puderzucker und Vanillin-Zucker verrühren. Eingeweichte Gelatine leicht ausdrücken und in einem kleinen Topf unter Rühren bei schwacher Hitze auflösen (nicht kochen). Gelatine mit etwa 2 Esslöffeln von der Joghurt-Quark-Masse verrühren, dann unter die restliche Joghurt-Quark-Masse rühren. Ein Drittel der Joghurt-Quark-Masse abnehmen und mit dem Erdbeerpüree verrühren. Den Orangensaft unter die restliche Joghurt-Quark-Masse rühren.

5. Zuerst die Joghurt-Quark-Orangensaft-Masse auf den Gebäckboden geben und glatt streichen. Dann die Joghurt-Quark-Erdbeer-Masse auf einmal in die Mitte der hellen Masse geben, sodass sich ein roter Fruchtkern bildet. Nicht verstreichen. Die Torte etwa 2 Stunden kalt stellen (Kühlschrank).

6. Für den Belag die restlichen Erdbeeren halbieren und in eine Schüssel geben. Die Erdbeerhälften mit Puderzucker bestäuben. Mit Zitronensaft und Minze vermischen. Die Erdbeerhälften zugedeckt etwa 1 Stunde durchziehen lassen.

7. Erdbeerhälften in einem Sieb abtropfen lassen, dabei den Saft auffangen. Die Erdbeerhälften in die Mitte der Tortenoberfläche legen. Nach Belieben mit einigen abgespülten und trocken getupften Pfefferminzblättchen garnieren.

8. Den aufgefangenen Erdbeersaft mit Orangensaft auf 250 ml (1/4 l) auffüllen. Für den Guss aus Tortengusspulver, Zucker und der Saftmischung einen Guss nach Packungsanleitung zubereiten. Den Guss vorsichtig von der Mitte aus nur auf den Erdbeerhälften verteilen. Die Torte etwa 1 Stunde kalt stellen (Kühlschrank). Den Springformrand lösen und entfernen.

Für Kinder

Mit Alkohol

Einfach und schnell

Für Gäste

Gut vorzubereiten

Fruchtig

Für Fragen, Vorschläge oder Anregungen steht Ihnen der Verbraucherservice der Dr. Oetker Versuchsküche Telefon: 00800 71 72 73 74 Mo.–Fr. 8:00–18:00 Uhr, Sa. 9:00–15:00 Uhr (gebührenfrei in Deutschland) oder die Mitarbeiter des Dr. Oetker Verlages Telefon: +49 (0) 521 520650 Mo.-Fr. 9:00–15:00 Uhr zur Verfügung.

Oder schreiben Sie uns:
Dr. Oetker Verlag KG, Am Bach 11, 33602 Bielefeld oder besuchen Sie uns im Internet unter www.oetker-verlag.de oder www.oetker.de.

Umwelthinweis Dieses Buch und der Einband wurden auf chlorfrei gebleichtem Papier gedruckt. Die Einschrumpffolie – zum Schutz vor Verschmutzung – ist aus umweltfreundlichem und recyclingfähigem PE-Material.

Redaktion Carola Reich, Annette Riesenberg

Innenfotos
Kai Boxhammer, Hamburg (S. 42, 45, 61, 62, 212)
Walter Cimbal, Hamburg (S. 63, 117, 173, 249, 279, 299, 311)
Thomas Diercks, Hamburg (S. 6, 10, 15, 17, 22, 24, 28, 41, 44, 49, 53, 65, 73, 74, 78, 81, 83, 85, 87, 91, 92, 103, 105, 112, 115, 121, 122, 130, 132, 143, 147, 151, 152, 158, 161, 165, 167, 174, 180–183, 189, 191, 194, 204, 207, 215, 218, 224, 235, 240, 258, 260, 271, 288–291, 300, 302, 308)
Ulli Hartmann, Bielefeld (S. 14, 20, 47, 52, 89, 124, 131, 137, 144, 153, 156, 185, 200, 201, 210, 223, 228, 231, 255, 277, 294, 295)
Ulrich Koop, Sindelfingen (S. 21, 222, 226, 270)
Christiane Krüger, Hamburg (S. 13, 18, 32, 33, 35, 36, 39, 40, 54, 57, 71, 75, 77, 95, 98, 101, 123, 125, 127, 134, 142, 148, 150, 162, 168, 177, 199, 203, 232, 238, 241, 242, 250, 257, 263, 265, 266, 269, 275, 276, 285, 296, 312)
Bernd Lippert (S. 27, 43, 58, 86, 126, 135, 237, 273)
Antje Plewinski, Berlin (S. 211)
Axel Struwe, Bielefeld (S. 46, 50, 66, 99, 102, 109, 141, 145, 155, 192, 209, 225, 254, 280)
Norbert Toelle, Bielefeld (S. 159)
Brigitte Wegner, Bielefeld (S. 8, 9, 11, 25, 31, 60, 68, 69, 72, 82, 88, 96, 106, 110, 113, 114, 118, 120, 128, 133, 138, 164, 170, 171, 178, 184, 186, 187, 190, 193, 195–197, 205, 208, 216, 219, 221, 227, 244, 246, 252, 253, 256, 259, 261, 274, 282, 283, 286, 292, 303–307)
Bernd Wohlgemuth, Hamburg (S. 97)

Rezeptentwicklung und -beratung Eike Upmeier-Lorenz, Hamburg

Lektorat no:vum, Susanne Noll, Leinfelden-Echterdingen

Wir danken für die freundliche Unterstützung
August Storck, Berlin
Bahlsen, Hannover
Continental Bakeries, Gronau
Griesson - de Beukelaer, Polch
Henkell & Co., Wiesbaden
Hosta, Stimpfach-Randenweiler
Kraft Foods, Bremen
Nestlé, Frankfurt/Main
Peter Kölln, Elmshorn

Nährwertberechnungen Nutri Service, Hennef

Grafisches Konzept und Gestaltung MDH Haselhorst, Bielefeld
Titelgestaltung kontur:design GmbH, Bielefeld
Satz und Layout MDH Haselhorst, Bielefeld
Druck und Bindung Mohn media Mohndruck GmbH, Gütersloh

ISBN: 978–3–7670–0525–9